見えない敵との闘い

パストゥール最後の弟子エルサンの生涯

アンリ・H・モラレ
ジャックリーヌ・ブロソレ
瀬戸昭＝訳

人文書院

イヴォンヌ・バスタルド－エルサン夫人に捧ぐ

目次

見えない敵との闘い

――パストゥール最後の弟子エルサンの生涯

まえがき

私がペストの研究を職業としてからもう随分になる。そのペストについて私は三人の師から教えを受けた。ジョルジュ・ブラン、ジョルジュ・ジラール、マルセル・バルタザールの三人で、それぞれ、カサブランカ、タナナリヴ、テヘランのパストゥール研究所で所長を務めた方々である。いずれも任地でペストに遭遇し、ペストを研究し、ペストと闘うことになったのだが、その当時はまだ確立された治療法がなく、流行地で研究に携わるには本当の勇気のいる英雄的時代だった。

ペストといえば、今では多くの人がもう絶滅した病気と思ったり、ハンセン病とよく混同したりするが、この疫病は相変わらず中近東、東アフリカ、南アフリカ、アジア、南北アメリカの各地でのさばっているのである。確かに、ヨーロッパではもう一世紀以上も前に無くなった病気だが、人々の潜在意識の中にこれほど深い傷跡を残した病気はペスト以外にはない。私はかつてパストゥール研究所の微生物学講習会を受講した折に、ペストの講義が異様な雰囲気で展開したことをよく憶えている。それは、ペストの生ワクチン開発者のジョルジュ・ジラールが、マダガスカルにおける二〇年にわたるペストとの闘いを語った時のことである。静聴していた受講生たちがノートを取る手を止めて聞き入るほど真に迫る話だった。緊張がいっそう高まったのは、助手のマドレーヌ・ブタンがガラス蓋のついた亜鉛容器を手に、身を強ばらせながら慎重な足取りで講堂に入って来た時である。その容器にはペストで死んだモルモットが解剖され供覧用標本になっていた。容器が実験台の上に置かれ、マドレーヌが蓋を取ったとき、粛として物音一つしなかった。ジラール博士以外はだれも死体に触れてはならず、博士はゴム手袋をはめ白衣の袖口を紐で締めつけてから、自ら顕微鏡用塗抹標本を作り、そのスライドガラスをアルコールの炎であぶって殺菌したのち、われわれの観察用に配布した。この慣例は毎年繰り返され、英国ボルトンの自分の実験室でペストに感染して亡くなったG・ベーコンの話を前もって聞かされていた受講生たちは、ペスト感染動物の死体を前にして同様の緊張の高まりを感じていた。ちょうど、シンクレア・ルイスが『ドクター・アロースミス』の中で描写しているように、《学生たちは気分が悪くなり、実験室で炭疽病に感染して亡くなった学生について、動揺のざわめきが長椅子の間を駆けめぐった》のである。

一九五七年にパストゥール研究所ペスト研究部に入った私は、その後定期的に実験室の静寂を離れ、ペストの発生地であるベルギー領コンゴ、ケニヤ、ウガンダ、カザフスタン、シベリア、イラン領クルディスタン、コーカサス、ブラジル北東部、モーリタニア、ベトナム、カンボジアへと出かけた。この用務はWHOによって委託されたもので、野生齧歯類におけるペスト保菌状態を定期的に調査し、保菌動物の種類と生態学的条件によって地域毎に異なる流行の様相を研究することだった。

司法官に裁判官と検察官の二種類があるように、細菌学者にも二種類、つまり研究室で座って研究する人と野外に立って研究する人がある。座って仕事する細菌学者たちは——《いや、何も彼らを立ち上がらせることはないのだが！》——とかく、現場に立って仕事する細菌学者たちに対して、《植民地部隊兵》とか、アフリカの奥地漁りとか、永年バカンス野郎とか、さらには、ノーベル賞の見込みなしなどと、ニコルとラヴランがノーベル賞を受賞した前例があるにも拘らず尊大な態度をとる。私は、上司の副所長がいつも好意的態度を装いながら、皮肉っぽく無関心さを丸出しに、私の《ねずみ狩り》について訊ねたことを想い出す。エルサンは、現場に立って仕事する細菌学者だった。

感染症の歴史を十分知らなければ、感染症をよく知っているとは言えない。とりわけペストは過去に大流行が多く、将来を予見するためには、その歴史を知ることが絶対不可欠な疫病であることにまったく異論の余地は無い。二五〇〇万人の犠牲者を出した中世のペストは、十八世紀の末に至るまで何世紀にもわたりヨーロッパ大陸に居座り、医者たちはこの疫病の原因は不可解なものと諦めていた。すなわち、ショーリアック、フラカストル、パレ、デロルム、アスツリュック、マニエ、ゴワフォン、シコワノー、シュノー、ホッジ、ミードやそのほか多くの医者たちは、この疫病が倦むことなく繰り返し流行するのを空しく見守るしか術がなかったのである。

この不可解な病気を理解する必要に迫られて、嫌悪と不安を押し殺し、ペスト患者の死体を解剖する人たちもいた。夜間に、野外で、ろうそくの明かりのもとで解剖したジョルジウスはその一人である。[1] またある者は死刑囚を無理強いして、ペスト患者の古着を着せたり、瀕死の患者たちに交じって寝させたり、死者の出た家に閉じこめたりもした。多くの医者たちが《実験をした》。すなわち、デイディエは犬にペスト患者の胆汁を注射し、さらに大胆にも、サモイロヴィッツ、デジェネット、クローベイ、ヴァリ、ホワイトらは、リンパ腺腫の膿を自らに接種することすら躊躇しなかった。しかし、これらの先駆者たちの勇気、推測、工夫がどうであれ、ペストの正体は暴かれず、一八九四年になってようやく、エルサンがペストの原因となる細菌を発見したのである。

エルサンの発見の反響と重要な意義を理解するためには、ペストによって蹂躙され続けたヨーロッパの六世紀の大流行、さらには一三四八年の大流行以降の絶望的な記録を読んでおく必要がある。何世紀にもわたってペストが持ち続けた形而上学的、宗教的重要性からすれば、その原因菌の発見は細菌学と医学の領域をはるかに超える大きな意義を持っていた。確かにこの発見は、抗血清とワクチンによる治療と予防の希望をもたらしたが、それにもまして、不可解だったことを解き明かし、ペストの正体を暴いたのである。その伝染性の本態を明らかにして原因細菌を発見したことは、超自然も同然の現象を理解できるレベルに立ち戻らせたことである。それは、苛酷な絶えざる苦悩から人間を解放したこと、神の懲罰を終わらせたことだった。ハンセン病、コレラ、結核、その他たくさんの病気の原因菌が発見されたことは、医学的に言えばどれも同じように重要ではあるが、ペスト菌が人類の歴史において占めていた異例の位置を考慮すれば、ペスト菌発見の特別な意味には及ばない。

この発見以来エルサンに付きまとう世界的名声は、結果的には、その他の彼の業績をかなり無視させることになったようである。ペスト菌——*Yersinia pestis*　エルサン菌——の発見は、一般の人々にとっては、その他すべての称賛事由を排除するに足る名誉ある功績だったのだ。エルサンの性格もこの無理解の原因となった。内気な性格で、称賛されても無視、批判されても無関心、会議やジャーナリストを避け、なかんずく口数の少ないエルサンは、自分の名声を吹聴するようなことは、決して、一切しなかった。

ただ、細菌学者たちの間では、《エルサン型》結核と呼ばれる実験的結核と、ルーとエルサン共著のジフテリアに関する基礎研究の三篇の論文はよく知られているものであり、この共著者名の序列はこの研究における第二著者エルサンの貢献度を過小評価させるものではない。

しかし、この細菌学の冒険家が、どんな人物か知っている人がいるだろうか？　敵意をいだき、場合によっては発砲もしかねない、未知のモイ族の国を二年間にわたって調査して安南山脈を踏破した最初のヨーロッパ人であり、未知の大地、ラン科植物、物理学、機械、天文学、写真、航空機にと、彼においては全てが情熱だったのだが、あらゆるものに情熱を傾けた生まれついての探検家であることを。

あこがれのパストゥール研究所、夢に見たフランス郵船、帰化までしたフランスをつぎつぎと捨てて変節を繰り返した、ランボーを思わせるあの冒険趣味は、この寡黙なスイス人にどこから由来したのか？　三十歳で世界的に有名になりながら、何に駆り立てられて世間を逃れ、シナ海の辺鄙な漁村に引きこもり、そこで半世紀近くのあいだ、農園主、畜産業者、天文学者として過ごし、八十歳近くになってギリシャ語とラテン語の古典を読み返しながら、平穏に生涯を終えることになったのだろうか？

エルサンとは何者なのか？　どんな人物だったのか？

アンリ・ジャコトとノエル・ベルナールの二つの主要な情報源とエルサン自身の出版物に加えて、幸いにも私は、エルサンによって書かれた千通に及ぶ手紙を手にすることができた。一八八四年から一九〇五年までは母親に宛てたものであり、母親の死後、一九〇六年から一九三二年までは姉に宛てたものである。これらの手紙は彼の甥の娘Y・バスタルド＝エルサン夫人の手もとにあったものだが、一九七〇年に私はこれを譲り受けることができた。書簡というよりも、毎日規則正しくつけられ定期的に郵送された日記ともいえるものである。いつか公表されるかもしれないという秘められた目的もなく書き綴られた私的な日記など、その著者がなんと言おうと稀なもの、というより、はたして存在するだろうか？　そこに記されているのは、検討した上での告白ではない。エルサンは筆に任せて一気に、字句の抹消もなく、言葉を訂正することもなく、感情を、落胆を、躊躇（ちゅうちょ）を、希望を、計画を、彼が一生のあいだ秘密にしていた全てを母親に打ち明けているのである。

彼は口が堅く、寡黙で、内向的だと、彼と接触した人たちは思った。マルネフによれば[2]、《極端なまでに心を明かさず、感情を殆ど顔に出さない》。自分の過去について沈黙し、《家族、幼少期、学業については何一つ話さなかったし、生涯を通じて口にすることはなかっただろう。自分の関与したこと全てについて断固として沈黙を守った》と、ノエル・ベルナールは書いている。彼の名前すら周囲の人たちは知らなかった。さらに、《名前を知ったのは葬儀の時ですよ》と、ノエル・ベルナールは言う。名刺には名前が書いてなかった。彼は《エルサン》、《エルサンさん》、あるいは《エルサン先生》なのである。彼の勉学期間中、母親に宛てた手紙はいつも《親愛なる息子アレクサンドルより》で終わっているが、学位を授与されてからは、《エルサン博士より》としかサインしなくなる。

この不可解さは、独りでいたいという度外れなまでの欲求と関連していた。本当に親しい友人も仲間も同僚もいなかった。

うるさい人、厄介な人、役人、詮索好きな人から逃避して一人きりでいること。ペスト菌の発見で、香港ではたくさんの客の訪問を受けることになるが、彼にはそれが耐えられない。《みんなにペスト菌が見たいと言われて僕はうんざりしています》とカルメットに嘆く。孤独な探検や、スオイヤオ、ホンバ、ランビアンの山荘での孤独に勝るものはなかったのである。

ユベール・マルネフは彼を次のように描写している。《小柄で、地味な服装をして、消え入りそうなまでに慎み深い物腰、時おり最低限の義務として公式行事に姿を見せる折の極度の戸惑いぶり。一九三六年、ダラットのエルサン高等中学校開校式典で彼の見せた苦悩の表情と、称賛の言葉に困惑する彼の様子を、私は忘れることができない》と。

世論、受賞、栄誉に対する無関心は正真正銘のものであると同時に徹底的なものだった。すでにマールブルグで、彼がユダヤ人学生と親交を結んでいることに憤慨したウィガンド教授夫人がそれを非難し忠告したがまったく意に介さなかったし、パリ大学医学部が彼の学位論文に対してメダルを授与したとき、それを受け取りに行くのを忘れた。一八九四年レジヨン・ドヌール勲章を受章してねたみを買ったときには気にかけることなくこう言った。《すこし嫉妬しているのですよ、僕の知ったことではないですね》。師のパストゥールはこの受章を大喜びしたのだが、現実主義者のエルサンはその実用的な面しか評価しなかった。《一般的に言って、僕には勲章なんかどうでもいいのですが、レジヨン・ドヌール勲章を受章したことには、すごく満足しています。いろんなことで役に立ちますからね》。

いろんなこととは、正確に言えば、新しい任務、豊富な研究資金、行政官庁からの信用であり、栄誉自体はまったく関係のないことだった。これに関して重要なのは、ペスト菌発見の優先権論争が続くあいだの彼の態度である。北里柴三郎はこの発見の優先権を発見直後から自分が亡くなるまで要求し続けた。エルサンは、何十年にもわたって学会を騒がせた議論や用語論争を知らずにいたわけではなかった。ペストの原因菌を、ある人はエルサン菌と呼び、またある人は北里菌と呼び、さらに北里―エルサン菌と呼ぶ人まで現れた。しかし、エルサンは、決して、自分の命名権を守るために介入することはなかった。まったく同様に重要なのは、彼自身が抗ペスト・ワクチンの作成に取り掛かったにも拘らず、同時にルー、カルメット、ボレルにも《彼の》菌株を送り届けたことである。これは彼らがエルサンを出し抜く可能性を与えることになるのだが、エルサンはそんなことには頓着しなかった。《僕はルーさんとは遠慮のない仲ですよ。あなた方のほうがきっと早く成果をあげるでしょう》とカルメットに書き送っている。いや、決定的に、彼は栄誉には無関心であり研究の楽しみだけが問題なのだった。

論文を公表することもまったく同様に、エルサンにはどうでもいいことだった。《血尿性胆汁症について僕が観察したことを雑誌に発表せずにすみました。このことで僕はすごく安堵していいます》と、一八九五年にマダガスカルでこの病気に関する公式任務を終えて書いている。エルサンは半世紀にわたる学術活動で六〇編ほどの論文しか公表していない。ジャコトによれば、それには二つの理由がある。一つには、謙虚さから自分の研究におおっぴらに注意を引くことをためらったからであり、もう一つには、彼において研究とは研究欲が満たされるだけで十分だったからである。彼は一つの課題を完結するとすぐにその課題に興味を失い、そのことについてはもう話さなくなり別の課題へと進むのである。この件で気まぐれ者だと咎められたこともあるが、実はそうではなかった。彼の研究課題はどれも、いつも厳密に前の課題から派生していたのである。突然家畜の飼育を始めたとしても、それはニャチャン・パストゥール研究所に必要な動物を確保するためだった。農園主になったとしても、それはこの家畜を飼育する必要からだった。気象学者になったのも、農園の収穫をよりよく管理するためだったのである。

彼は頭脳明晰であったことから、全ての問題を単純化して一挙に核心に迫った。彼の観察感覚は、極度の精度欲求や殆どマニアックともいえる几帳面さと表裏一体のものであり、数値嗜好と極端なまでの知的誠実さが関係していた。いい加減、不正確、綿密さの不足、責任感の欠如を嫌った。ニャチャンからメコン河にいたる三ヵ月の探検のあいだ彼は全行程を歩いた。《なぜなら私は自分でクロノメーターを運んだからである。というのも、この機器は、象や、牛車や、クーリーによる運搬には耐えず、それに気分の高揚にもなるうえ、地域をよく観察できるからである》と報告書に書いている。そのあと、クロノメーターが探検中にわずか四秒しか狂わなかったことを確認して、なんと大喜びしたことか！

エルサンは金銭に対してもと栄誉に対してと同様に無頓着だった。個人的な気難しさはなく、簡素というよりみすぼらしいまでの身なりをし（一九三六年パリの《ショック》屋で自分のスーツを買ったことは彼のパリ旅行手帳にメモされている出来事だった）、懐中時計は紐の端に吊り下げて、食事はと言えば野菜と卵と肉の単調なものを食べ、飲み物は水だけを飲み、給料は自分の情熱を満足させること、つまり自動車、天文学、物理学、写真、それに望遠鏡の改良につぎ込んだ。ちょうど学生時代に母親からの仕送りを顕微鏡の改良につぎ込んだように……。母親が亡くなったときには自分の相続分を放棄して姉と兄に譲った。

二一年間エルサンの同僚だったジャコトから見れば、素朴と公正がエルサンの顕著な特徴だったという。《一種の無邪気さがたぶん気持ちの若さの源となり、彼は晩年にいたるまで断続的に若々しい高揚の発作を起こした》。このような特徴に、深い人類愛、暴力の嫌悪、感受性の強さも加えていいだろう。熱烈な自動車愛好家でもあった彼は、危うく安南人の子供に衝突しそうになったとき、即刻その真新しい車を売り払い、六十七歳だというのに自転車に乗り換えて、それ以後決して車のハンドルを握ることはなかった。

この感受性は非常に内気だったことと相通じるものがある。彼は自分の性格のこの二つの特徴を、共同研究者のランベールに認めてこう書いている。《彼は謙虚さと鋭い感受性による内気な性格を、一見粗野にも見える不器用さのためにうまく隠すことが出来なかった》と。

エルサンの父親は彼の生まれる三週間前になくなり、父親を知らずに育った。このことが、どれほど彼に重圧となったことだろう？　彼の兄は時折父親のことに触れ、《物理学の授業が始まった。僕はパパのように、器用な物理学者になりたい》[3]などと書くのだが、エルサンは生涯決して、身近なものにも母親に宛てた手紙でも、そのことに触れることはなかった。幼少の頃からのこの欲求不満の中で彼の個性は育まれた、と説明されなければならないのだろうか？　若い頃から非難されていた彼の性格の際立った特徴のいくつか、すなわち、決断の早いこと、自分しか信用しないこと、殆ど病的ともいえる独立願望、社会的制約に対する拒絶反応、際立った精神力、そして最後に、殆ど隠者のような生活そのもの、これらの特徴を父親不在のせいにしたい気持ちになるのが人情である。二歳で父親を亡くしたサルトルは文学的自伝『言葉』の中で次のように書いている。《ジャン＝バティストの死は私の人生における大事件だった。それは私の母親を鎖につなぎ、私に自由を与えた》と。またレンチュニック[4]は、政治家、軍人、征服者で、すべて父なし子であった三五〇人のリストを作り、その父親不在が、彼らの野心に必要不可欠な要因であったことを見出している。エルサンが父親と同じアレクサンドルの名を隠すのは、あるいは、亡父の個性に吸収される恐れなしに自分の個性を強化したいという欲求の表れなのだろうか？

　この父親不在にもう二つの影響が加わった。厳格なピューリタン教育と、少女に対して幼い頃から嫌悪感を抱かせることになった女性だけの取巻きである。確かに性向からいえば彼は結婚には向いていなかった。彼の性向はあいまいで、さらにそれをほのめかす人がいるように、怪しげなものだったのだろうか？　私はそうは思わない。もし彼に小児性愛を疑う人がいたとしても、それは彼の内気な性格のせいであり、大人たちよりも子供たちといるほうがずっと気楽だと感じたからである。

　確かに、彼の情緒的成熟は知性の発達よりもはるかに遅れていた。おそらく彼は十分に成熟しきれなかった情緒の代償を、数学、物理学、機械、天文学の中に見つけたのだ。彼の意志、気力、不屈の精神は、多分ある種の劣等感によるものだろう。ジャコトによれば、《彼が決断したときは、その決意はゆるぎないものだった》という。

エルサンの少年期の雰囲気をピエール・ロティの味わった雰囲気と比較対照してみると興味深い。ロティも、エルサン同様に慎ましい家族環境の中で、同じく厳格なプロテスタントの教義のもとで、同じくまったく女性だけの取巻き、つまり、母親、祖母、叔母、姉に取り囲まれて成長した。父親はあまりにも控えめで影の薄い存在だった。そんな中で、内気で、極度に感受性が強く、性的指向のあいまいな、冒険や異国趣味や旅行に夢中になる青年ができあがった。ロティが男性社会を求め、日常生活の重圧から自分を解放してくれる軍隊生活の中に逃避したとするならば、エルサンは、ノエル・ベルナールの言うところによれば、《就学年限の終りに職業上の競争の厳しさを恐れて》科学界に入り、《パストゥール一族の中で……重圧が軽減されるのを知った》のである。確かに、医者たちの中には、実社会では人に言えない不安から、《研究》を志向するものもいる。しかしエルサンは、たとえ最終的には医療行為を行なわなかったとしても、それはもっと気高い動機からであった。二十六歳のとき母親に次のように書き送っている。《僕に診てほしいと言ってくる人たちを治療するのはとても嬉しいですよ、でも医者を職業としたくはありません。なぜなら、病人を治療してお金を払えとは、僕にはどうしても言えないからです。僕は医業を牧師職と同じ聖職と考えています。病人を治療してお金を請求することは、お金か命か！　と、病人に言うようなものです。自分でも分かっているのですが、この点では、僕の同僚たちと同じようには考えられないのです。しかし結局それは僕自身の考えなので、その考えを捨てるのは難しいだろうと思います》。

パストゥール研究所の新しい教育棟にエルサンの名を冠したことでは、それ以上に不幸な選択はありえなかった。エルサンは生涯、教育が大嫌いだったのだから。一八八九年に微生物学技術講習会を開講したルーの助手として、エルサンはそれに参加しなければならなかったとはいえ、何という代価を払うことになったことか！　母親宛ての手紙の中で、彼はいつもそのことに愚痴をこぼしていた。次の抜粋がそれを証明する。《生徒たちは品が良くありません……そのうちの一人にはまったくうんざりします……、ほんとに疲れます！……四週間以上の講習会ですよ！　何とついてないのでしょう！……もうこの講習会はこれでおしまいにしたいと思っています……》。一八九〇年、エルサンがパストゥール研究所を辞めることになったことには、ルーの講習会への嫌気が大いに関係していた。ルーは、彼に教育功労賞を授与してもらって引きとめようとしたが無駄だった！　一九〇二年春には、エルサンは新設のハノイ医学校の校長に任命され、その後二年間、学校管理の気苦労と地方政治の罠に悩まされ続けたが、幸いニャチャンの古巣に戻ることができた。

私は、エルサンの芸術趣味について調べようとしたが、結局、徒労に終わった。彼は他の多くのことと同様にこの点についても口をつぐんでいる。グレールの絵の前で覚えた感激を、ルーブルを出たあとすぐに母親に書き送っているのだが、《僕の見た絵の中で特に見事だと心底思ったのは、グレールの「失われた幻想」です。写真だけを見るとこの絵がそんなに美しいとはとても想像できませんでした》という喜びぶりからはいい予感はしなかった。パリのサン・プラシッド通りの《プロワ・レコード店》は、もう今はなくなった店だが、訪ねてみると、エルサンはここで定期的にレコードを注文していたと教えてくれたが、《でもフランツ・ルアールの軽音楽だけで、彼には音楽の教養はまったくありませんでした》と教えられた。私はニャチャンに残る彼の図書室を訪れることには大いに期待をかけたのだが、悲しいかな、私が一九七〇年そこを訪れた時にはもう一冊の本の痕跡もなかった。空っぽの本棚には飯盒(はんごう)と薬莢(やっきょう)だけが残されていた。明らかに、彼の家を占拠していた憲兵たちは本好きではなかったようだ。別の情報源から私が知りえたことは、彼が推理小説の愛読者だったということである。映画に関しては、最後から二番目のパリ旅行の折、一九三八年十月十一日の日付で、手帳に《白雪姫と七人の小人たち》の書き込みがある。彼は何を楽しんだのだろうか?

一九五二年にマルネフは次のように書いている。《エルサンは子供たちや貧しい人たちの中でしか寛ぎを覚えることが出来ず、彼らに対してだけは心を許し、惜しげもなく極端なまでの優しさを見せた。探検中に彼が出会った山地の原住民たちや彼が生涯を共にすることを望んだ漁師たちは、彼らに向けられたエルサンの深い好意を感じ取り、彼らはそれに対して信頼と愛情でエルサンに答えた。そしてその思い出は、エルサンが第二の故郷として選んだこのカンホアの地方では庇護者であり友人として生き続けている》。

一九七〇年、私はマニラからの帰途サイゴンに立ち寄った折に、この記憶がまだ息づいていることを確認した。米国空軍が私をニャチャンまでは運ぶことを承諾してくれたので、私はスオイヤオに行ってエルサンの墓に詣でることが出来ると思ったのだが、ベトコンが内陸部を押さえていて危険地帯のスオイヤオには行くことは出来なかった。しかたなく私はニャチャンの町をさまよい歩き、パストゥール研究所、エルサンの家、彼の天文台のドームを再訪した。猟師たちが立ち働き子供たちが遊び興じる風景のそこここで、エルサンの姿を想像した。そして道で出会った知らない人たちにエルサンの名前を言ってみた。これが彼のお墓への道を開く鍵となった。どのようにして噂が、つまり、一人のフランス人がナムさんのお墓に行って線香をあげたがっているという噂が、町中に、特に郊外にまで駆け巡ったのだろうか？　誰からか分からなかったが、案内させましょうと申し出があり、《表向きは平静ですから》と請け合ってくれた。翌日、約束の時間に、土砂降りの中をスオイヤオへ向かった。手榴弾と空き缶のぶら下がった有刺鉄線をまたがなければならなかった。とある間道では、軍人なのか民間人なのか分からない私のガイドは、歩みを緩めながら《地雷があるから自分の足跡の上を歩くように》と注意した。私は地面を見据えながらずぶ濡れになって歩き、丘の頂に到着した。お墓はそこにあった。軍人が四人、軽機関銃を下ろし距離をおいて不動の姿勢をとっていた。小さな祠にはまだエルサンの写真が飾ってあった。私はそこで線香に火をともし、降りしきる雨の向こうに、エルサンが愛してやまなかった風景を想像しながらお墓の周囲をめぐった。兵士たちは静かにじっと私を見守っていた。雨はやまなかった。ついにガイドにもう行きましょうと促され、丘を下るまえに私はもう一度、《行動しないのは人生じゃないよ》と二十六歳で言いきった男の眠る墓を見つめた。

アンリ・H・モラレ

第二版（一九九三年）のまえがき

アレクサンドル・エルサンの伝記をいま再版することは時宜を得たものといえる。彼の生まれ故郷のスイスのみならずフランスでも、何十年ものあいだ忘れられ、正当に評価されることのなかったエルサンに対して、一九九四年にはたくさんの行事が催されるからである。彼が幼少年期と青年期を過ごしたヴォー州のモルジュでは、六月から十月までフォレル美術館で記念展覧会が予定され、ついでローザンヌでも展覧会とシンポジウムが同時に開催される予定である。一方、『スイス・ロマンド医学雑誌』ではエルサン特別号が刊行されることになっている。六月にはまた、フランス医学史学会が陸軍衛生学校においてエルサンによるペスト菌発見百周年記念集会を開催する。秋にはパリ・パストゥール研究所において、エルサン（一八九四年六月二十日、彼の名を冠する細菌を発見）とルー（一八八八年、ジフテリア毒素に関するエルサンとの共同研究である抗ジフテリア血清療法をブダペスト国際学会において報告）の二人の生涯における一八九四年の重要性に焦点を当てた展覧会が開催される。映画もアレクサンドル・エルサンを取り上げ、J・ルデュック（『オリヴィエ映画』）がエルサンのインドシナ時代、つまり探検と香港のペストに焦点を当てた長編の撮影を今年の末にベトナムで開始する。テレビでは二チャンネル（一つはスイス、もう一つはベトナム）が準備中であり、あまりにも控えめで、長いあいだ知られることのなかったこの多才な人物を回想する予定になっている。

アレクサンドル・エルサンの名前と業績は、さらにその翌年もたびたび思い起こされることになるだろう。というのは、フランスでも外国でも、ルイ・パストゥール没後百周年記念の行事が準備されているからである。この盛大な行事の反響は、パストゥールと関わりのあった人々にも及び、その中でもエルサンは特別な位置を占める。すなわち、彼はルーのもとで新しいパストゥール研究所の設立に尽力した一人であるばかりでなく、一八九五年九月二十八日に亡くなる老科学者パストゥールに、最後の学問的歓喜をもたらした人物だからである。パストゥールの女婿ルネ・ヴァレリー＝ラドは、著書『パストゥールの生涯』の中で、パストゥール研究所の実験室にパストゥールを最後に訪ねた折のことを回想している。《四月の末、ルーがそこでペスト菌をご覧にいれた》、と。

ルイ・パストゥールとエミール・ルーに早くから分かっていたことは、フランスの影響力は武力にのみ支えられるべきではなく、保健衛生領域での科学の進歩もまた海外の住民にもたらされるべきである、ということだった。本国以外の最初のパストゥール研究所が、一八九一年にアルベール・カルメットを所長にして開設されたのはインドシナだった。ついで、ニャチャン、ハノイ、ダラットに研究所が開設され、フエ、プノンペン、ビエンチャンには附置研究室が置かれた。インドシナ戦争とそれに続くベトナム戦争はパストゥーリアンたちの長年の努力を台無しにしたが、ベトナムの人々はエルサンに対しては変わらぬ忠誠心を抱き続けた。拒絶の歳月の後、ベトナムはフランスとの関係を回復し、最近上映された多くの映画はかつての美しい風景を思い出させてくれた。今日の旅行者たちは、一世紀前にインドシナを探検した男の冒険の反響を、この本の中に見出すことだろう。

最後に、この本の再版を引き受けていただいたブラン出版に心よりお礼申し上げたい。この再版本は、一時的な記念行事以上に、植民地医学黄金時代のパイオニアの一人、エルサン、のことを伝えてくれることだろう。

アンリ・H・モラレ

ジャックリーヌ・ブロソレ

第一章　スイス（一八六三年〜一八八四年）―生い立ち―

出生　レマン湖畔モルジュの邸宅　女子寄宿生のいる家庭環境
厳格なピューリタン教育　昆虫学への関心　医学志向の芽生え
ドイツ医学かフランス医学か

十九世紀初頭のスイスでは、一八一五年九月二十日に調印されたパリ条約により国境と永世中立が保証され、ようやく平和が訪れたとはいえ、ナポレオン戦争による荒廃から容易に立ち直ることができず、疲弊が続いていた。スイス各州は、連邦国家として統一されたばかりで、それぞれ自分達の慣例と風習、度量衡制度、関税、通行税を温存することを執拗に主張した。機械化の普及は、農業ばかりでなくそれ以上に、紡績業や製紙業にも危機的状況を引き起こし、破産した農民や職人たちが労働者街に流入し、飢えた工業プロレタリア階級が生まれた。国の内部でさまざまな障壁を抱えるスイスでは、国際交易のための幹線道路すら整備することができなかった。当時、国際交易には鉄道輸送が好んで用いられたのだが、スイスのインフラ整備は立ち遅れ、一八四四年には鉄道は二五キロしか開通していなかったうえ、鉄道を延長するための法律が公布されたのは漸く一八五二年のことだった。失業、農民の反乱、南アメリカ移住などは、いずれも一八二五年のスイスに衝撃を与えた不幸な出来事だったが、農業が主要産業であったヴォー州ではその影響は比較的少なかった。

ジュラ山脈の東側斜面から丘と平野が互い違いになってレマン湖まで下ってゆくこの州は、穀物、野菜、採油植物、繊維原料植物、特にブドウがよく生育する肥沃な土地であり、地主たちは毎年ブドウの収穫時期になると、数日から数週間のあいだ、フランス人季節労働者を雇い入れた。

ルージュモンのエルサンの曾祖父、ベンジャミン・エルサンの場合がそうだった。農作物とくにブドウ栽培が彼ら三人の生計、つまり、彼、妻のシュザンヌ・ソーヴァン、一人娘で一七九七年生まれのフランソワーズ＝シュザンヌの生活を支えていた。しかし、一八二五年、ベンジャミンとシュザンヌ夫妻は二人きりになってしまう。というのは、その前年の秋、娘はジュラ地方から来た季節労働者にだまされ、数ヵ月後には妊娠を隠し通せなくなったからである。両親は許すことができずに彼女を追い出し、その後、娘にもその子にも会うことはなかった。娘はレマン湖畔のローザンヌの近くにあるモルジュという市場町で小間物商となり、一八二五年四月五日に生まれた子供はジャン・マルク・アレクサンドルと名づけられた。アレクサンドル・エルサン博士の父である。

フランソワーズ・エルサンの生活がどんなものであったかは想像に難くない。リボン、毛糸、ボタン、糸が山と積まれた小さな店で、未婚の母親と疎んじられながら、農民や中産階級の市民を相手に商いをした。しがない商いと貧乏と自己犠牲の中で生きるそんな母親に、息子はいつも思慕の情を寄せていた。モルジュの小学校でも中学校でも優秀な成績を修めた彼は、さらにジュネーブで高等教育を受け、自然科学、植物学、とりわけ昆虫学に対して確かな素質を示した。母親に学費の負担をかけないようにと若い頃からオーボンヌ中学で教師の仕事に就き、モルジュで教師のポストが空席になるとすぐ故郷の町に戻り、中学の授業に加えて報酬つきの個人授業も引き受けながら昆虫学の研究を続けた。[1] 鞘翅類の研究から昆虫学を始めたものの、研究課題をさらに追求するためには分野を限定する必要を感じ、直翅類（バッタ、イナゴ、コオロギ）のまだよく知られていない分野を専攻した。それ以来読書に加えてヴォー州の田舎に旅行に出かけるようになり、とくに夏休みにはフランス南部やイタリーにまで出かけた。コオロギとバッタの種類をその鳴声だけから決めることができるほどの独学昆虫学者となり、自分で捕獲した昆虫を飼育し、交尾させ、解剖して、昆虫の行動、解剖、生理についての観察データを蓄積した。彼は非常に器用で観察力にも優れていたので、解剖の正確を期すために顕微鏡を用いて昆虫の体液循環の研究も行なった。一八五〇年から一八六二年の間にヴォー自然科学学会やフランス昆虫学会に送った論文は二〇編に及び、その殆ど全てが直翅類に関するものだった。彼の昆虫コレクションは有名となり、今日ジュネーブ博物館に残されている。

　一八五八年十二月、コマニーで、ジャン・マルク・アレクサンドル・エルサンはファニー・モシェルと結婚した。彼よりも十歳年下でユゼス司教区出身のプロテスタント家系の出だった。彼の祖先のジャック・ドゥーメールグは、ルイ十四世治世下のドラゴナール迫害の折にガール県を逃れ、それに続く世代はまずジェックスついでジュネーブの地に定住した。一八六一年四月十三日、長女エミリーが生まれ、翌年長男のフランクが生まれた。

　その年、連邦議会は彼をフランス語圏スイスの火薬経理監督官に任命し、一家はモルジュから一〇キロ程はなれたオーボンヌ近郊のラヴォー火薬製造所の公舎に転居した。三階建ての大きな家で正面には窓が八つあり右側には小さなあずまやが付いていた。アレクサンドル・エルサンは相変わらず草原コオロギの神経生理についての自分の研究を続けながら、ラヴォー火薬製造所に幾つかの重要な改革を加えた。単純簿記の導入、使用原材料の選択法の改善、近代的機械の導入である。一年余り火薬製造所の管理を担当していたが、突然の卒中発作で急死した。享年三十八歳、彼の妻は三番目の子を妊娠していた。三週間後の一八六三年九月二十二日に子供が生まれ、彼女は、兄のジョン、祖父のエミール、亡くなった夫のアレクサンドルの名を取って子供の名前とした。

アレクサンドル誕生の数週後、彼の母親は公舎を火薬庫製造所に返して立ち退かなければならず、モルジュ（彼女の義母はここで三年前に亡くなっていた）のローザンヌ通り二二番地のレマン湖畔に、イチジク屋敷と呼ばれる邸宅を購入した。限られた資力に相応の邸宅だったが、それでもドイツやスイスの他州から送られてくる良家の子女たちを寄宿させるには十分だった。この子女たちは家族の希望で、作法、絵画、音楽、料理、将来家庭の主婦になるのにふさわしい教育全般の仕上げをするために寄宿したのである。

この十九世紀後半には、スイス諸州はふたたび繁栄し始めていた。一八四八年九月十二日、連邦憲法は政治的統一を強化し、それによってスイスの経済発展は可能になった。一八五〇年、統一通貨制度は国内最後の障壁を取り除き、商品の自由な流通が容易になった。鉄道網は一〇年間で四〇キロから一三〇〇キロに延びた。[2] 企業家たちは最新の技術にも順応し新しい市場を開拓した。それにとくに重要だったのは、ロマン主義が流行し山々に取り囲まれた湖に新しい旅行愛好家や観光客が集まったことである。経済的にゆとりの出来たこのスイスで、フランス語圏のヴォー州はその特技を発展させることになった。すなわち、礼儀作法、芸事と料理の教育で、もちろん学校でも可能だが、特に個人のお屋敷で女主人を取りまく家族的雰囲気の中で施される教育である。イチジク屋敷の場合がそれに当たり、ここでは、ドイツ人家庭教師のアンナ・バレストレット女史と料理人のマリオンがエルサン夫人を補佐した。日付のない銀板写真[3]には、一〇人ほどの地味な髪型の少女が、長いスカートをはきボタン止めのハイネックを着た姿で、お屋敷の窓際や玄関ポーチの前でエルサン夫人を囲んで写っている。

　この取巻きに対するアレクサンドルの

アレクサンドル・エルサン、5歳、母親の傍らで

感情は複雑なものだった。彼の母親宛ての手紙から分かるように、情熱的にだが密かに母親を敬愛し、姉や二人の忠実な使用人に対してもそれ程ではないにしても同様であった一方で、彼の攻撃的性格は母親の若い寄宿生たちに対しては早くから際立っていた。彼女たちが母親を彼から遠ざけることを恐れたのだろうか？　彼の早熟な独立願望が母親の愛情をときおり重苦しく感じさせたことがあったとしても――亡くなった父親の名を受けついだことで姉と兄以上に過剰な愛情をそそがれていた――この寄宿生たちに母親の愛情を奪われ独占されるのは多分心地よくはなかったことだろう。彼と寄宿生との関係は分からないが、物心ついた頃から二十歳まで彼はいつも、自分の家でありながら他人の少女たちによって占拠された家で生活したことになる。彼と家族が経済的にこの少女たちに依存していることは彼もよく承知していた。時には少女たちに自分の部屋を譲る必要もあったのだろうか？　何通かの手紙の中で、《休暇のあいだ自分の屋根裏部屋を取り返した》と書いている、あたかも一年の残りの期間中は部屋から追い出されていたかのように。いずれにせよ、この寄宿生の少女たちに彼はいらだった。あれは雌猿、と彼は母親宛ての手紙の中で少女らを呼んでいる。すべての少女は雌猿であり、彼女たちとのすべての付き合いは、たとえそれが彼女たちを連れてただ散歩するだけでも軽蔑すべき行為であり、さらに軽蔑すべきはその付き合いにおぼれる男であった。アレクサンドル・エルサンの女嫌いは早熟で根強いものだった。二十二歳のとき彼は母親に次のように書き送っている。《外科学の講義で、抜歯の道具とその取り扱い方法を習いました。帰省したときに、あの女の子達で練習できますね……》。

それまでに彼の目に魅力的に見えた唯一の雌猿は姉のエミリーだけだった。彼女が独身を通し母親の陰に埋もれて生きることがはっきりした時には尚更のことだった。小柄でほっそりして面長な彼女は、弟のエルサンによく似ていたことから、人は彼女のことを《ペチコートをはいたお医者さん！》[4]と呼んだ。夏休みで離れ離れになったときには、子供の彼が手紙を書いたのは母親宛てよりも姉宛てのほうが多かった。

《僕は十二日前からパスケ叔母さんのところにいます……キリスト教連合万国祭のためジュネーブに来たのですが、そこには、ヨーロッパの国々の代表のほか、アメリカ人三〇人ほど、喜望峰から一人、オーストラリアから一人が集まっています。それがどんなバベルの塔になるか分かるでしょう。こちらではドイツ人が *Ya Ya ich finde auf das* あちらではイギリス人が *Yes my dear* など。さようなら、エミリー。　弟より》。

エミリーが一年間ドイツに留学したとき、弟は姉に学校生活を詳細にしらせている。

《モルジュにて、一八七八年四月八日。姉さん、僕は試験にかかりっきりになっています……昨日はフランス語の書き取りと作文。翻訳練習では八点でした（僕は正書法ではまったく才能がありません）。作文では、合格かどうかまだ分かりません。テーマは《雷雨のあとの田園》で、授業で取り上げたばかりのテーマでした！……今日はドイツ語の翻訳練習をしました。八点くらいかな……。明日は、ああ嫌だ、ギリシャ語とラテン語の翻訳練習ですごく心配です……僕が屋根裏部屋にまた上がったことを母さんが報せたかどうか知りませんが、僕はそこで毎朝すばらしい日の出を眺めています。僕の昆虫コレクションは八〇匹ほどになりました。姉さんが僕のために少し採集してくれると嬉しいのだけど……それをアルコールの中に約十二時間浸し、それから吸い取り紙の上で一、二時間乾燥させます。それから、その身体に針をこのように（点Aの上に）、でも点Bの上にならないように突き刺します。[5]毎日、脚を広げてください（C）。この位置に保ったのち、小さな箱の中に虫を突き刺して僕に持って帰ってください。そうしてもらえれば、とても嬉しいです》。

ゲヴォにおける二週間の秋の休暇では考古学の楽しみを経験した。

《湖畔の家の前を掘り返していて湖水の杭を見つけ、その周り一帯に、古代の壺のかけら、鹿の角、野牛のひざの骨、猪と羊の骨などを見つけました。僕がどんなに鼻高々だったか分かるでしょう》。

クリスマスには贈り物の品々がエミリーに報告されたのはもちろんである。

《フランクからはギリシャ語聖書と一八七九年の聖書カレンダー、マドモワゼルからは僕のイニシャル入りの便箋と封筒でその見本がこれ、エミールとエドワールからはペーパーナイフ、ベルトからはお説教のときメモを取るための手帳、そして最後に母さんからはハリファックスのすばらしいスケート靴、もう、一度使ってみました。僕は甘やかされていますね》。

甘やかされた子？　確かに、母親の限られた資産にも拘らず、である。のんきに近くの湖で泳ぎ、早くから自然科学に魅了され、植物標本や昆虫コレクションを作っている姿を想像することが出来る。エミリーがピアノを習えば、若いアレクサンドルは横笛を吹いた。彼がマールブルグで勉強していたとき、部屋に忘れてきた笛を送って欲しいと母親に頼んだことがある。

幸せな子供時代だったが、また同時に厳格な少年時代でもあった。エルサン一家は分離派の自由教会に所属していたが、この分離派教会は一八四五年ローザンヌで起こったヴォー州の新教徒のあいだの分裂から生まれたものである。一八三〇年から一八三三年のあいだに行なわれたヴォー州憲法の改正により、州当局は改革派教会に対する全権を握ることになった。つまり、国家が牧師を任命し、給料を支払い、宿舎をあたえ、牧師たちは当局によって命じられた政治的通達に完全に服従することとした。政治と宗教の二つの権力のあいだで交わされたこの合意は、十六世紀に宗教改革者ウルリッヒ・ツウィングリが主張したものであったが、一八四五年にはヴォー州の牧師の中にはこれを受け入れ難いとし、牧師のうち一六六人は一八四五年十一月十二日に国家の支配を拒否して辞職し、宗教活動のみに自由意思で献身することになった。この辞職により彼らとその家族は社会の仲間はずれとなり、住居からは追い出され、給料は奪われ、集会を禁止された牧師たちは、大家族を抱えるものもいたのだが、人々の敵意と称賛のあいだで板挟みとなりながら不安な数ヵ月を過ごした。一八四五年十一月二十三日、モンドンの牧師は次のように書いている。

《どの道を進むのが神の思し召しに適うのかを知らず、一方ならず心打ちひしがれながらもなお、良心に従って生きる強い悦びに勇気づけられ、私は国家お雇いのヴォー州教会牧師をきっぱりと辞職することを確認いたします。しだいに隷属させられ、私の眼には、不名誉としか思えないような国家教会に、自分の良心に反して留まるよりも、神の御前で今この犠牲を払うことにより、私の祖国と真のイエス・キリスト教会に誠の奉仕が出来るものと私は信じます[6]》。

辞職者たちはヴォー州住民のあいだで十分な反響を勝ち取り、一八四六年十一月十日にはローザンヌのジュスト・ド・シャリエール氏宅で開かれた教会会議で認定され、新しいヴォー自由福音教会が誕生した。三三教区を代表する七八人の牧師によって起草された基本案は、一八四七年三月十二日に投票に付され、それによって自由教会の公式創立と活動、すなわち、礼拝の挙行、洗礼、結婚、葬儀、福音学校の開校、新しい牧師の育成が許可された。それまで、辞職牧師たちは家族や同情者に受け入れられて非合法の礼拝を行なっていたものの、いわれのない攻撃を受け、一八五六年まで追放されていたものもいたのである。この日、ヴォー自由福音教会は活動に必要な場所を公然と借りることが出来るようにはなったが、その資金調達はすべて新教区民の負担だった。

いかに質素とはいえ信者たちが牧師の生計を維持することは、信者たちにとって重い負担であったが、信仰と宗教的自由の理想の下に誰もがそれを受け入れたのである。貧窮生活は、厳格を尊ぶことや物質的幸福を軽蔑することと同じく徳となり、正義を守る無上の喜びと信者集会への熱意は、十九世紀後半、自由教会が現実的影響力を持ったヴォー州において、エリート主義同然の雰囲気を絶やさなかった。彼らは高潔、清廉、公平無私で、スイス・プロテスタンティズムのエリートたちだった。

アレクサンドル・エルサンはこのような厳格なピューリタン教育を受けた。彼は決してそのことをほのめかしはしなかったが、一八六九年三月から九月まで、当時七歳だった彼の兄がつけた短い日記に家族の雰囲気を垣間見ることが出来る。

《七月十八日、ぼくは礼拝に行くための荷車を頼みにオーボンヌに行った。学校でヨシュアの戦の話があった。ヨシュアが首尾よく勝利をもたらせるように、地球が回転を止めた日があったそうだ……九月五日、今朝はファルガ氏がオーボンヌで説教をした。キリスト教徒が広めなければならない聖者の香りについての非常に良い説教だった》。

アレクサンドルは一歳年上のこの兄とはあまり親密な間柄ではなかったようである。陽気で、あけっぴろげで外向的なフランクは、アレクサンドルの控えめな態度を傷つけることはなく、二人の関係は淡々として好意的だったが、熱意はなかった。[7] フランク・エルサンは古典語教育を一八八四年に終えたあと、ベルリンに一年間家庭教師として滞在する。その後フランス南部の家庭で家庭教師をしたのち、コンスタンチノープル郊外ベベックに設立されたアメリカ系教育機関、ロバーツ・カレッジでフランス語教授として雇われた。彼は一八八七年七月にモルジュに戻り、一八八七年から一八九四年まではオルモン・デシュで、次いでボッタンで一九二六年に亡くなるまで自由福音教会の牧師を務めた。コンスタンチノープルから牧師になるつもりで帰国したフランク・エルサンは、一八八七年十月に神学の学位論文を提出し、その二ヵ月後に聖別された。一八八八年、彼はアメリー・ジュノーと結婚し、二人の息子、アドルフとアンリ、と六人の娘、マルグリット、イダ、マリー、エレーヌ、ベルト、エンマをもうけた。日曜礼拝の卓越した説教家、宗教学校の教師、大家族の父であったフランクは、彼の弟とは正反対の人生を歩んだが、二人の少年は同じ教育を受けていた。たとえ、アレクサンドルがモルジュを出て以降、ヴォー州教会の礼拝は他所では行なわれないとか、外国の教会は暖房されてないからと口実をつけて、すべての宗教的実践をやめていたとは言え、彼の生涯を通じての二つの本質的なルール、つまり、自分の考えを自由に述べることと俗世の財産を軽蔑することは、ローザンヌの自由福音教会に負うものであることは確かである。

エミリーがピアノ、パステル画、焼き物の絵付けに没頭する間に、アレクサンドルはモルジュのシャルパンティエ通りにある男子中学、次いでローザンヌの古典語中学、最後に高等中学校で教育を受け、一八八三年七月二十一日に文科バカロレアに合格した。

どんな理由で彼は医学を志したのか？　彼の心は早くから昆虫学に引きつけられていた。彼の姪のイヴォンヌ・バスタルド－エルサンは次のように語っている。

《彼の科学に対する趣味は情熱にまで高まり、暇があれば実験をしたり観察したりしていました。コンクールで発表されたオゾンの研究は、彼の早熟な成長ぶりを示しています。この研究は教授陣に高く評価されて当時の科学雑誌に発表されたほどです……。八歳の時、父親のトランクの中に、さまざまな品物にまじって博物学者が解剖に使うかみそりのように鋭利なメスを見つけました。これを見つけてからというもの、アレクサンドルはこの立派な器具を自分も使ってみたいという考えにすっかり取り付かれてしまいました。でも彼に何を解剖できるでしょう？　ところが、彼がこっそりと内緒でこの貴重なメスを天井裏部屋に持ち込んだとき、まったく間の抜けた猫が天窓から小学生の縄張りに入ってきたのです。それは死刑の判決にサインすることでした……。しかし、猫を解剖するという魅惑的な思いつきも、それに先だって犯さなければならない罪のことを考えると憂鬱でした。この子は殺すことが嫌だったものですから、猫の首に罠結びした紐をかけてテーブルにのせ、そのもう一方の端を天井に結びつけてから、学校に出かけることを思いついたのです。必然的に、彼のいないあいだに猫は飛び降り、そして……》[8]。

この残酷な絞殺法は本当にこの子供によって考案されたものだろうか、それとも、これが実験動物の安楽死のための当時普通の方法であることを、彼はすでに知っていたのだろうか？　何年も後のことになるが、結核に関する研究の中で、エルサンは実験に用いるウサギは解剖する前に絞殺したことを明確に述べている。

エルサンは、もともと自然科学好きであったことに加えて、たぶん二人の医師の影響を受けている。一人は、母親の友人で時折イチジク屋敷の寄宿生のところに呼ばれたフェルディナン・ジャイン、一八一三年生まれで、オーボンヌで開業してエルサンの父親と出会い、一八六七年モルジュに隠遁した[9]。もう一人はジャン＝マルク・モラックス、一八三八年モルジュ生まれで、トルーソー、ベルポー、シャルコの弟子となり、パリの元病院インターン、一八六四年モルジュに戻って開業した。ジャン＝マルク・モラックスは、田舎の医者ではあるが同時にヴォー州保健衛生委員会のメンバー、ついで警察の保健衛生部長、ヴォー医学会のメンバーを経てその会長となり、州の名士であった。[10] この二人がおそらくアレクサンドル・エルサンの医学志向に影響を与えている。エルサンは一八八三年に旧ローザンヌ・アカデミーの医科学部門で第一学年の勉学を始めたが、ここではまだ勉学の継続が保証されず、エルサンは外国の大学を選ばざるを得なかった。それは、フランスかドイツを選ぶということであったが、この十九世紀末には、この両国の教育の形態も内容も根本的に違っていたので、この選択は難しかったに違いない。

ドイツ学派は、教授の威信と質とともに近代的研究室を誇っていた。ドイツ帝国の二二大学の医学部はいずれも、選りすぐりの専門家を教授として招聘することに努めていたのである。

ドイツ文化で最も重要なこの専門性という概念は学生たちに具わっていて、受講する講義と教授を自分で選択することが出来た。したがって、学生はドイツ科学の最良のものをあちこちと探し求めてから、ある都市の、ある教授の下で、ある専門を専攻するということになった。そのため、教授たちは、ほかの講義に学生を取られて自分の講義には学生が集まらないのではないかと心配して切磋琢磨が起こり、この競争のお蔭で研究室は絶えず良くなっていった。たとえば、当時病理解剖学ばかりでなく政治にもかかわりを持ったウィルヒョウ、神経に関する研究で一八五八年に亡くなるまで生理学のエリートたちをベルリンに惹きつけたヨハンネス・ミュラー、さらに、ギーセンに最初の大学研究室を創った化学者ジュスツス・フォン・リービッヒ、などの研究室がそれである。

しかし、この権威ある基礎医学教育はたいていの場合患者不在で行なわれた。学生は臨床的よりも理論的教育を受けたのである。

反対に、フランス学派はその臨床解剖学的方法と病床教育で広く知られていた。この病床教育は指導医師教育と呼ばれ、コルビザールによって始められ、その最も高名な弟子のラエネックによって発展させられ、トルーソーで絶頂期を迎えた。フランスの大学病院制度では、第一学年から学生は病人と接触する。理論の講義を受講することは任意であっても病院の病床教育は必須だった。病院は単に治療センターであるばかりでなく研究と教育の施設であったのである。

一八八四年にはフランス医学の優位はゆるぎないものだったのだが、ジャインはフランスを勧め、モラックスはドイツを推奨した。結局、ドイツ人家庭教師アンナ嬢とエルサン夫人が、マールブルグ－ラーン大学医学部の植物学主任教授、ウィガンド教授、の夫人を知っていたことでドイツが選ばれることになった。

一八八四年十月十四日、アレクサンドルとフランク・エルサンは一緒にモルジュを発ちマールブルグに向かった。フランクは続いてベルリンに行き、一八八六年までそこで家庭教師をした。アレクサンドルはひとりマールブルグに残りウィガンド教授宅に下宿した。

第二章　ドイツ（一八八四年～一八八五年）―マールブルグの医学生―

大学町マールブルグ　医学部の教授たち　学生生活
病気の子供たちへの憐憫（れんびん）　病理解剖学に魅了されるエルサン
転学

ラーン河の穏やかな流れからヘッセン地方の太守館がそびえる高台まで家並みが段状に続き、周囲を丘陵に囲まれたマールブルグの町には、エルサンの心をとらえたに違いない静かな魅力が漂っている。ウィガンド教授の家はたくさんの小窓をつけた木骨造りの美しい邸宅で、丘に向かって登る幅の広い石畳の道に面していたので、その三階に住むエルサンは、三つある部屋の窓から、植物園、駅、大聖堂、病院、そして甍（いらか）の波のかなたには、丘陵のうねりを見ることが出来た。

ユーリウス・ヴィルヘルム・ウィガンド教授は、一八五四年に薬学研究所所長、一八六一年からは植物園園長を兼任し、大学では植物学講座を主宰する哲学博士で、一八八四年十月十五日、若いエルサンが彼の家に下宿した当時、六十三歳の哲学部部長だった。もったいぶった男で、人から反論されることや、食事の折のちょっとした意見の食い違いにさえも我慢のできない質で、自分は間違えるはずがないのだから自分の判断は決定的だと考える傾向があった。ウィガンド夫人は、小柄で、穏やかで、目立たないが活発な女性で、偉い夫の陰に隠れて生きていた。三人の子供はまだ両親と同居で、フレデリックは試験の心配と学友仲間との付き合いに気もそぞろ、二人の娘は意地悪で、世間知らずで、新たな下宿人エルサンのドイツ語文法の誤りをからかった。エルサンは外国に着いたとたんに慢性いらいら症の種、雌猿にまた出会ったのである。

一八八四年にはマールブルグの人口は約一万人で、大学が町の自慢だった。一五二七年の創立で、法学、神学、医学と植物学に学生が集まっていた。一八八四年―一八八五年の大学年度には、七〇八人の学生がそれぞれの学部に登録したが、その二〇六人が医学部だった。エルサンはそのうちの一人で三十八番目に登録された。登録料（一五マルク）と前期分の授業料（一三六マルク）を納入して学生証を受け取り、この学生証は《非常に貴重で、夜、警官に捕まっても、これで留置場にぶち込まれなくて済みます》と母親に書いている。これで彼は受講を希望する教授たちに挨拶をしたうえで、

ユーリウス・ヴィルヘルム・ウィガンド、植物学教授兼マールブルグ植物園長

最初の学期の授業を受けることが出来た。[1]

一八四五年生まれのルドルフ・クルツは、一八七九年以来マールブルグ生理学研究所の所長で医学部長を兼任していた。気難しい性格だが学生には非常に気を配る指導者だった。エルサンに対する彼の評価はその貴重な助言から明らかになるが、エルサンほど天分のある学生が生理学以外の科目に興味を持ちうるとは彼には考えられなかった。[2]

H・A・バルタザール・ストラール博士はマールブルグ解剖学研究所で胎生学を教えた（一八九五年にはギーセンの研究所の所長となり、一九二〇年にそこで亡くなった）。この若くて魅力的な教授（当時二十八歳）の講義は、あまりにもたくさんの学生が受講したのでエルサンは階段教室で席がなく、窓際の椅子に座って膝の上でノートをとらなければならない程だった。

解剖学は、ストラール博士の叔父、サムエル・ナタナエル・リーバーキューン教授の担当だった。一〇〇人ほどの学生が受講し、エルサンは解剖する《材料》として老人の上半身の片側、つまり頭、首、胸部と腕を与えられ、《しばらく解剖が出来る》ことを喜んだ。

外科学は彼を夢中にさせた。しかし、講座主任のロゼール教授は、厳しくて冷たく、感じのいい人物ではなかった。しかし、その息子のカール・ロゼールは一八五六年マールブルグ生まれで、一八八一年には医学博士の学位を取り、一八八四年以来外科病棟で父親の助手をつとめていたが、フランス語に上達したいと切実に思っていたので、若いスイス人エルサンの指導を自ら引き受けて、入院症例を説明し、講義の時間外に特に興味ある手術が予定されるときには声をかけることもあった。さらにカール・ロゼールは二人の会話時間を増やそうと、エルサンに外科病棟の随時入室許可をとってくれ、エルサンはロゼール博士がいない時でもその許可証を大いに活用した。母親宛ての手紙から、一世紀前にこの近代的なドイツの医学部でどのように外科手術が行なわれたかを想像することが出来る。

《女性が手術台に横たえられます。一方の足に腫瘍があり、下肢に腫れもののある女性です。まず彼女に麻酔をかけてから、医師は下肢をゴム製包帯でしっかりと縛って血流を止め、[3]次にメスを取って切開をはじめました。僕はずっと熱心に見ていました……医師が下肢の腫れを切開したとき、患者は眠っているにも拘らず、激しく痙攣し、四、五人がかりで患者を押さえつけました。それから患者は眠ったまま運び出され、別の女性が運び込まれました。彼女は先の手術の結末を見ていましたから蒼白でした。彼女がまだすっかり眠っていないうちから医師は切開を始めました〔……〕。手術はすばやく終わり、傷口に包帯をされた患者は運ばれて行きました。かわいそうに、意識が回復しはじめて再び震えていました〔……〕。つぎに、指の爪がとれて化膿している若い男が〔……〕。つぎに、ぞっとするような手をしたお年寄りが〔……〕。この患者には綿で少し膿を拭い去っただけで新しい包帯をしました。それが終わると、それぞれ自分の帽子を取って出て行きました。断言しますが、こんな後でも僕はおいしく夕食をとれました》。

脊髄癆（ろう）性関節症の切断手術、口蓋形成手術、大腿骨脱臼の整復手術はエルサンにとって《かっこいい》手術だった。そんな手術の中でも特に評価されたのは、ジフテリアにかかった三歳の少女に施された気管切開術だった。エルサンは暴れる子供の脚を押さえていて、粘液と血液が飛び散るのを避けることが出来なかったが、母親には《家に帰ってから、頭と髪をちゃんと洗いましたから》と安心させた。エルサンは子供の患者たちの境遇をいち早く気遣うようになる。彼は大人の手術や苦痛については哀れむことなく、それどころか、殆ど不快なほどの冷淡さで話したが、子供のことになるとたちまち口調が変わった。子供たちは小児用病室あるいは病棟に集められることなく、大人や老人の間に混じっていたので、まだ小さな子供たちも苦痛や臨終の場面をいやでも見ることになった。子供たちの気晴らしにと、若い学生エルサンは母親に頼んで送ってもらった複製画を、値打ちのない複製画だったが、ノートに貼り付けて術後の子供たちに回覧して見せてやった。彼には、時折、特にこだわりを見せる患者がいた。

《月曜日、僕は大変悲しい思いをしました。病棟の幼い友人で僕の一番好きだった子が、誰にも看取られずに日曜の夜の間に亡くなったのです〔……〕。僕は昨日手術を受けた可哀想な幼い患者の面倒をずっとみています。この手術は手遅れだったように思います。この可哀想な子にもう殆ど望みはありません〔……〕。数週間前から、彼は四〇度に達する高熱があります。[4] ここ数日、僕は自分で日に二回彼の体温を測っています〔……〕。可哀想なチビ、まだ明日も生きているでしょうか？　それに、遠くにいる可哀想な母親……。日曜日、僕は両親宛てに手紙の代筆を引き受けました。彼の出来ることといえば鉛筆で僕の手帳の一ページに、“*Lieber Eltern, ich liebe euch, Johannes Gonder*”（父さん母さん、愛しているよ、ヨハンネス・ゴンダー）と書くことでした。僕は子供の書いたこの一言を両親宛てに送りました。たぶん別れの一言でしょう》。

エルサンは日曜日の礼拝をずっと前からなおざりにしていた。ウィガンド家で朝は息子、夜は父親によって執り行なわれる毎日のお祈りだけで彼には十分だった。お説教はうんざりだし、教会は寒い、と彼は書いている。毎日曜日、ウィガンド家の人々が家族そろって教会に出かけるのをしり目に、エルサンは外科病棟に出かけ、子供の病人たちに絵本や切絵を、もっと小さい子には組立ておもちゃを与えた。身体が不自由な子には、ちょうど彼が子供だった頃モルジュ自由福音教会の日曜学校で聞いたように、聖書の話を聞かせてやった。そして毎日曜日、病室では、子供もスタッフもよく通る声で《ドクトール》と丁重に挨拶した。

このようにしてマールブルグで始まった病気で苦しむ子供たちに対する同情の気持ちは、それ以降アレクサンドル・エルサンから薄れることはなく、パリで外勤インターンの試験の結果偶然にも小児病院に配属されると一層深まることになる。この同情は子供の耐え難い苦痛に対する憤りから生まれたもので、彼の性格の一面を表している。つまり、この高揚した熱意はあたかも内気な自分が感傷癖に支払う犠牲であるかのように、彼はこの同情にのめり込んで行くのである。しかし、同情はうそ偽りのないもので次の言葉で表現されている。《僕はロゼール先生のようには強くはなれないし、彼のように死を病気の偶発事故のように考えることは出来ません》と。しかし、幼い友人が亡くなると、彼はその剖検に立ち会うことに躊躇はしなかった。それは他のすべての感情を排除して、学びたい、観察したいという欲求によるものだった。

勉学と病人にすっかり夢中になっていたエルサンは、学友たちが殆ど毎晩のように学生集会にでかけるのを厳しく批判した。ウィガンドの息子は自分の所属する三〇人ほどからなるサークル、ヽヽヽヽヽヽヽヽヽウィンゴルフィアーに彼を紹介したがった。それはマールブルグで最も厳しいサークルの一つで、入会を許されるためには、キリスト教主義を標榜して決闘をあきらめなければならなかった。このような結社、同盟とも呼ばれるが、は中世に生まれ、その当時は出身国籍によって学生を団結させていたのだが、十九世紀の初めには非常に政治的なものになり、そのため、何度も解散を言い渡されていた。それでもいつも再編され、一八八五年には、マールブルグでもドイツの大学全体でも、結社はもはや学生たちが飲んで歌って決闘するために毎晩集まるための機会でしかなかった。たとえ掲げる目的は崇高で、学問的知識や文学的・科学的議論の前ではすべての人は平等であるとか、ゲルマン民族の偉大意識を高揚することだとしても、実際には、この学生結社の集会は酒盛りにすぎなかったのである。それぞれの結社にはたむろするためのクナイプ（飲み会の会場）があり、そこには会長、会員とフックス（狐、新米につけられるあだ名）がいた。たえず継ぎ足しされるジョッキを前にして、葉巻か長いパイプをふかしながら愛国歌や酒の歌を歌い、フックスには椅子に馬乗りになって部屋をまわらせて忠誠心を試すといった具合で、ドイツの学生は同盟に所属して、そこで絶えず陶酔する義務があった。

決闘は学生生活における第二の関心事であり、尊敬と称賛の対象として、厳密に成文化されている。すなわち、紋章で飾られた部屋の中で、学生とこのショーが大好きな女性客に見守られて、対決者は相手の様子をうかがう。帽子はかぶらず、上半身と右腕はふっくらした胸当てで防護し、首には分厚いネクタイを巻き、防護眼鏡をかけて、両者が鋭い細身の長剣を手に進み出ることで決闘は始まる。勝負は、対決時間と休止時間を測定するレフリーによって取り仕切られ、対決が一五分以上続くことは滅多にない。対決が続けられるように、応急手当で簡単に包帯をするために、数秒間の休止で中断されることはあるが、切り傷一つで決闘が終わることはない。いくつかの傷口から血が流れて対決が終わると、小さなテーブルのそばで医療器具を持って控えていた医者が傷を縫合して包帯をする。傷跡は長いあいだ学生の自慢となり、少女たちの称賛の的になる。[6]《月曜日、学生の間で決闘がありました。一人は理学部の、もう一人は医学部の学生でした。一方がビアホールで笑いながら他方を見つめたのが原因です……》。

飲み、歌い、決闘することはエルサンに嫌気を催させ、そのため、ウィガンド夫人が嘆くように、エルサンには《ドイツ学生のこの麗しい生活》が分からない。そのかわり、彼は自分と性格の合う医学生とは親交を結ぶ。それは、エルサンによると、《がり勉家》で、しばしば授業が終わってから、二人の若者は一緒にマールブルグの町を歩きながら議論する。ウィガンド夫人は、このユダヤ人と噂されるがり勉家との付き合いを心配して、早くやめるようにエルサンに忠告するのである。

十九世紀後半のヨーロッパはユダヤ人排斥運動たけなわで、その最も激しい中心地はオーストリアだった。[7]ドイツは、フランス、イタリア、とくにスペインよりもユダヤ人人口が多く、それだけに、定住ユダヤ人の膨大な数に相応した反応があった。ペストを広めたとしてユダヤ人が焼き殺された十四世紀[8]や、あるいは先年ナチが最終的解決方法として企てたように、ユダヤ人が物理的に皆殺しにされることはなかったにせよ、ドイツ帝国のユダヤ人たちは軽蔑され、嫌われ、締め出され他の哲学者たちがショーペンハウアーの背後に隠れて、ユダヤ人の悪臭を告発したことか？[9] 前世紀末、ヨーロッパの国々は、遠くの植民地を支配して政治的権力を拡大することと同じく、その工業生産を増強することに腐心する一方で、ユダヤ人の恐怖はドイツの大きな脅迫観念の一つであった。なぜなら、ユダヤ人は知性において、商取引と同じく思想の取引でも優れていたので、ユダヤ人の抱かせる不安は実際にはその能力に対する称賛なのだが、それを認めることはユダヤ人がドイツ人をしのぐことを認めることであり、それはドイツ人の誇りが許さないことだった。ドイツの誇りであるワーグナーは、その生涯の晩年、曲の主題を選択することによってこの憎悪の情を養い、バイロイトの公演は彼の死後も長いあいだ反ユダヤ行事の機会となった。[9] アーリア人より劣るこのユダヤ人という人種に対する尊大さは恐怖と裏腹の関係にあったのだ。すなわち、平等な権利のもとでは、ユダヤ人はアーリア人を排除、あるいはアーリア人に比肩する恐れがあったのである。恐怖は憎悪を生み、憎悪は十九世紀末のドイツにおいて、社会のあらゆる階層向けの膨大な文学にインスピレーションを与えた。

一八八〇年、ベルリンはすでにクリスタルの夜を経験した。ガラスは割られ、商店は略奪され、通行人は殴りつけられ、ユダヤ教会堂は大損害をうけた。この人種差別は学生の一〇パーセントがユダヤ人である大学においても行なわれた。どの同盟もユダヤ人を受け入れなかったし、ユダヤ人でない学生は誰もユダヤ人と決闘で争うことはなかった。この排除はユダヤ人たちにとって自尊心に対するひどい侮辱と感じられた。

ドイツのユダヤ人排斥運動の規模と根深さに若いスイス人エルサンは驚いた。しかし、彼の同国人たちもまた、一三四八年のペスト大流行の折にユダヤ人を虐殺していた。レマン湖の東端のシオン城で、ヴィルヌーヴの豊かな村のユダヤ人たちは、殆どすべて仲買商人だったが、病気を広めたかどで火あぶりにされた。当時サヴォア公爵の所領であったヴォー地方でもペストで多くの人が死に、ヴォーの人々は、病気をはやらせるために泉に毒を入れたとしてユダヤ人を虐殺した。[10] ヴォー州を十七世紀まで襲った次の大流行の折には、[11] 外科医たちが患者を増やすためにペストを広めたと咎められた。しかし疫病の広まりの大きさにユダヤ人排斥運動は後退して十九世紀にはヴォー州ではなくなっていた。エルサンはそれをマールブルグで見せつけられ、学生間のこの拒絶現象にまったく唖然とした。ウィガンド夫人は、ステルンベルグと一緒に町に出ることを以後やめるようにとエルサンに執拗に求めたが、彼女の下宿人は自分の行動を指図されるままにはしなかった。彼の友人に対する友情と尊敬は変わらず、夏休みまで二人の若者の交際は続いた。ただ一度だけ、エルサンはステルンベルグの誘いを断ったことがあるが、それは雌猿たちと散歩に行くことだった。

ドイツでの一学期の講義を終えてエルサンは何を感じただろうか？　実用主義の彼は、ドイツ教育の系統的編成、教授たちの質の高さ、学生に対する教授たちの献身、フランスのように教授に服従させられることなく自由に自分の勉強が出来る魅力を認め、それを評価することが出来た。その代わり彼が落胆したのは、実地の勉強が殆どなく理論の勉強に重点が置かれていることだった。ロゼールの友情がなければ、エルサンはそれほど頻繁に手術室に出入り出来なかったことだろう。

一八八四年十二月、彼の生涯で初めて年末のお祝いに母親のもとに帰らず、マールブルグでその風習を観察した。クリスマスには、各家庭で子供たちが薄明かりの部屋に集まり、贈り物が置かれている部屋の前で賛美歌を歌う。それぞれが自分の包みを開いてもまだそれを使えない。贈り物は友達が訪れたときに見られるように、三日間飾っておかなければならないのである。十二月三十一日にも儀式がある。夜十一時頃、サロンでポンチの大鉢とボンボンのお皿のまわりに家族が集まる。家長が祈りを捧げ、真夜中の鐘がなると家族一同立ち上がり、街頭で子供たちの群れが新年おめでとうを叫びながら通り過ぎて行くのを聞きながら、新年の祝辞を交換する。それから、それぞれ座りなおして新年にもらった賀状を大きな声で読む。エルサンは母親のいないことをどう感じただろうか？　一見元気そうだったので、ウィガンド夫人はエルサン夫人に次のように書き送っている。

《ご子息は家庭の団欒（だんらん）のことは気にかけません〔……〕。勉強しか念頭にないようです〔……〕。私の主人なら相談相手になれるのでしょうが、まったくその必要はなさそうです。彼は自分で勉強をすることができ〔……〕、友達の必要もありません〔……〕、コンサートのチケットを差し上げたのですが、つれないノンの返事でした。昼も夜も勉強していますが、非常に幸せで満足そうです》。

一八八五年に始まった第二学期には、三つの新しい科目の授業がはじまった。臨床外科学、植物学と病理解剖学である。

臨床外科学はマンコフ教授の担当だった。プロシアで生まれ、一八五八年ベルリン大学で医学博士となり、その後、慈善病院の職についていたが、一八六七年マールブルグ大学の病理学と治療学の教授になった。彼の講義は、階段教室である種のしきたりに従って行なわれた。すなわち、患者が招き入れられ、教授が簡単に病歴を要約したのち高学年の学生の中から二人を指名し、学生は教授の指示に従って聴診、触診、検査をして診断をつける。マンコフはそれに同意あるいは訂正を加え、次いで、どのように病気が進展したと考えられるか、どんな治療を始めるべきかを教える。学生全部に対して二人だけが患者に近づき、初心者は聞いているだけしか出来ない。この教育は建前だけの講義に過ぎなかった。

この学期に開講した第二番目の科目では、エルサンと彼の家主で植物学講座主任のウィガンド教授との間で潜在的不和がはやばやと表面化した。彼の授業は、植物の種と亜種を長々と述べたてる週六時間の講義と、教授が退屈な雑役係に変身して行なわれる野外実習からなっていた。エルサンは早々に講義を放棄した。野外実習の始めの頃は一二〇人の登録学生が参加して野外を一列縦隊で歩き、その一人、二人が列を抜け出して草の花や茎を摘み取りに行き、教授がその植物名と科名をもったいぶって説明するというものだった。しだいに、植物採集に毎週集まる学生が減少してかろうじて二〇人ほどになり、欠席者の中に自分の下宿生のエルサンが含まれることに教授は我慢ができず憤慨することになったのである。

《昨日また植物採集がありました。僕は行くつもりはなかったのですが、小さな一団とばったり出会ってしまいました。一時間半歩いた後、僕は水生昆虫を探しに出かけました。ところが、あまりに夢中になって探していたので、気がついたときには他の人たちは居なくなっていました……僕はそっと家に帰りました》。

植物学がエルサンを退屈させる一方で病理解剖学には惹かれていった。講座主任のJ－F・マルシャン教授はいち早くこの非常に才能のある学生に着目した。マルシャンは一八四六年ハレに生まれ、一八七〇年ベルリン医科大学に学位論文を提出してそこで五年間修練を積んだ。一八七六年から一八七八年までハレ、ついで一八七九年にベルリン、一八八〇年にブレスラウの病理解剖学研究所で助手をつとめ、一八八一年にギーセン研究所の教授、ついで所長となった。一八八三年からはマールブルグ病理解剖学研究所の所長をしていた。この時代、病理解剖学は大いに発展し、その普及はめざましかった。病理解剖学の名前は一七一三年にホフマンによって作り出されたとされるが、実際には、この科目は、ジョバンニ・バチスタ・モルガニーの著書で一七六一年ベニスで出版された『解剖により検索された疾病の部位と原因について』（*De sedibus et causis morborum per anatomen indagatis*）とともに生まれた。病理解剖学は、最初は、本来の解剖学に似て肉眼的であり、身体を切り開くことについての同じ偏見と同じタブーがあった。十六世紀までは、人体の内部を研究する唯一の方法は動物を解剖して人に敷衍（ふえん）することだった。人体解剖学の父ベサリウスは健康体の構成と機能を理解しようと努めたが、病人の臓器変化を無視した。それに対して、モルガニーはこの後者を定義し、それを臨床症状に結びつけることに専念した。これに並行して、マルピギーによる組織学の発展と、顕微鏡の絶え間ない改良のお蔭で、肉眼的観察を顕微鏡的観察で補完することが出来た。それが病理組織学で、十九世紀の半ばに飛躍的に発展し、その最盛期には、まずヴュルツブルグ次いで一八五六年から一九〇二年までベルリンで病理解剖学教授となったルドルフ・ウィルヒョウが圧倒的個性で君臨した。

アレクサンドル・エルサンはすぐにこの科目に非常に興味を示し、その綿密さに嫌気がさすどころか魅了された。彼は学友たちと同様に、死体から（ネクロプシー）あるいは病人から（バイオプシー）[12]採取した病気の臓器の断片を受け取り、その断片をニワトコの髄に封入して薄い切片を作り、それをスライドグラスの上に広げ、そこに固着させるために固定処理をする。そして最後に、顕微鏡で観察できるように染色するのである。この標本を整理するためにモルジュの指物師にエルサンが注文した箱の一つが残されている。標本のそれぞれに二つラベルが付けられていて、《病理標本》と記載のある一枚は切片の由来と病名を表示し、もう一枚には《A・エルサン》のサインと、《マールブルグ》、一八八五年の月日の記載がある。標本の出来具合と染色から、学生エルサンの綿密さ、正確さと仕事の厳格さを判断できる。マルシャン教授がこの学生に注目し、助言を与え、指導し、もし夏休みにマールブルグにとどまるなら、自分の実験室で研修をしてはどうかと提案したとしても何も驚くことはなかった。

春にはマールブルグの周辺で散歩が出来た。エルサンは、他の学生たちのいない所でひとり、蛙、ひきがえる、おたまじゃくし、なめくじ、さんしょううお、とかげを探しに出かけ、それを自分の部屋で一時飼育したのち、安楽死させ、解剖して、顕微鏡で観察した。時折、彼はずっと遠くの田舎に出かけ、病棟でいた子供に再会して治癒を見届けた。そんなある日、ミュンヒハウゼンを通りかかったとき、そこの住民が特に陽気で親切そうに見えるのに驚いた。《あれはみんな昔のフランスの難民ですよ》と、ウィガンド夫人が説明したかもしれない。

一八八五年四月十五日、ウィガンド教授夫妻はマールブルグを数週間離れなければならず、そのため家を閉めることになった。エルサンは外泊することになり、ウィガンド夫人が彼のために植物園近くのケッツァーバッハ三一番地でパン屋を経営するマルドルフ家に部屋を見つけてくれた。見晴らしはウィガンド家ほど開けてなかった。家具は田舎風で、パン屋さんは食事付きではなかったので、あちこちのレストランを食べ歩いた。シュバインベルグ屋は一マルクでスープ、肉二切れ、ジャガイモと野菜が出た。ハイシッシャー・ホーフでは、六〇ペニッヒきりで、スープ、肉、野菜、ジャガイモあるいはコンポートの昼食をとることができ、ビール一杯一二ペニッヒだった。夜は、店の二階の小さな部屋で、小さなパンとソーセージに紅茶をつけて、あるいはジャムの乗った干菓子の夕食をとった。瓶入りのジャムはモルジュから定期的に届くものだった。

マルドルフ家に落ち着くとすぐに彼はベルリンに出かけ、兄と一緒に五日間を過ごした。彼はウ、ン、タ、ー、・、デ、ン、・、リ、ン、デ、ン、大通りを散策し、皇帝を二度窓から見かけ、産業博物館と《絵画館》を訪れ、コンサートに、劇場に、動物園に、とくに外科病棟に出かけた。この外科病棟だけが市内で繰り返し訪れた唯一の場所だった。《僕は股関節切除を二度見ることが出来ました、マールブルグでは冬中に一回きりしかなかった手術です》。彼はイエナが近くだったことを利用して、有名なカール・ツアイスで彼の顕微鏡に最新の改良、つまりアッベのコンデンサーと強拡大のできる油浸レンズを取り付けてもらった。ドイツの医学書もヨーロッパ中で非常に高く評価されていたので、エルサンはとりわけロゼール博士に推奨されたヘンケの解剖図譜（三二マルク）と、解剖概論、病理・

治療概論を購入した。これらの買い物、特にツアイスの請求書は母親を驚かせ、出納簿をつけるようにと言われた。彼はしばらく無視していたが結局は応じなければならなかった。エルサンは決心して母親に次のように書いている。

《これがこの滞在を終えるにあたっての収支です。二ヵ月分の部屋＝四二マルク、食事（一マルク三〇で四六日）＝六二マルク、ワイン＝二マルク、洗濯＝五マルク、プーツ＝一二マルク、顕微鏡標本箱＝七マルク、顕微鏡修理＝三〇マルク、その他＝二〇マルク。……プーツというのは、靴をみがいて洋服にブラシをかける人のことです。僕はそれ無しで済ませたいのですが、ウィガンド夫人が許してくれません》。

次いで衣服については、気がかりなことを習ったばかりの新用語で述べている。

《綿の白い靴下を四足もっていますが、靴下数の過形成の予後は良好と結論しました……僕の部屋着が病気で、左のポケットに大きな傷ができ、第一期あるいは第二期癒合ではまったく治りそうにありません。瘢痕性の肉芽組織の形成を促進するために上皮移植が必要でしょう》。

マールブルグ医学部の教育は七月で終わった。講義は実際八月十五日まで続くのだが、七月の最後の週になると教授たちは学生手帳（届出帳）にサインをして、講義の出席証明と次年度の登録許可とした。教授たちは八月十五日まで講義を続ける義務があったのだが、階段教室はほぼ完全に空っぽだった。しかし最終月の講義はあまりに面白みがなかったので、一八八五年八月五日、エルサンは躊躇せずに衣類を大きなトランクに詰め、顕微鏡と本を念入りに荷造りしてモルジュ行きの列車に乗った。

次の新学期についての決心はもうついていた。より実践的な教育を行なっていると思えるパリで勉学を続けることだった。マールブルグを去ることに後悔はまったくなかったのだろうか？

《後悔することは一つしかありません。病棟の幼い友達だけです。今日の午後もう一度病棟に行きました……。病棟回診はいつも、僕にとても大きな喜びを与えてくれます》。

第三章　フランス（一八八五年〜一八九〇年）―病理学に傾倒するエルサン―

医学の勉強

一八五九年からオースマン男爵によって、次いで一八七一年のパリ・コミューンによってパリに付けられた傷跡は、一八八五年には、その殆どが手当てされた。前者では、パリの将来を見据えて、古い建物を解体し、街を大きく引き裂いて、古いパリをあっさりと破壊したが、それは首都の将来に必要不可欠な道路と地区を創造するための破壊だった。それに対して、パリ・コミューンではパリのシンボルが計画的に破壊された。つまり、コミューン参加者たちは、ヴァンドーム広場の記念柱を倒し、市庁舎、チュイルリー宮殿、会計検査院、裁判所を燃やし、憎い体制の痕跡を洗い清めたのだ。パリは復興するのに一〇年を要した。会計検査院の残骸は十九世紀末になってその跡地にオルセー駅が建造されるまで片付けられなかったにせよ、それ以外の大建造物はその後一〇年間で修復あるいは再建されたことになる。

ただ、市の北部の巨大な工事現場だけが、一八七一年の暗い時代を思い出させた。一八七三年に下院は、コミューンを鎮圧できたことを神に感謝するために、モンマルトルの丘の上にサクレ・クール（聖心）に対する国民崇拝のバジリカ聖堂を建立する法案を投票にかけ、三九三票対一六四票でこれを勝ち取った。しかし、一八七六年に設営された工事現場には、一九一九年に聖別されるまでの五〇年近くのあいだ、足場が組まれていたのである。というのは、いきなり基礎工事の段階から、不安定な地盤のため四〇〇〇万フランの石積み工事が必要となり、一八八九年には工事継続のためにさらに二六〇〇万フランが必要と見積もられた。しかしこの額は募金収入にしか頼れず、サクレ－クール聖堂落成の日取りは誰にも分からなかった。

パリ市民の誰もが話題にしたもう一つの工事が間もなく始まることになっていた。すなわち、一辺一二五メートルの正方形の基礎の上に立つ高さ三〇〇メートルの鉄塔の工事で、この塔はシャン－ド－マルス広場にそびえたち、フランス革命祝賀記念に計画された万国博の《目玉》になる予定だった。一八八五年五月一日、商工大臣ロックロア氏はこの計画をコンペティションにかけた。

首都の人口は二三四万四五〇〇人を数え、それぞれの地区には特有の職種が割り振られて住んでいた。たとえば、家具職人はサン－タントワーヌに、雑貨屋はマレーにという風に。メニルモンタン、ベルヴィル、ラ・ヴィエットは工場地区で、モンルージュ、ヴォージラール、パッシー、オートゥイユには年金生活者と退職者が住んでいた。ブルジョワ階級と貴族階級はサン－ジェルマン－

デープレ教会と廃兵院の間に住み、カルチエ・ラタンは学生、教師、書店主と出版社のための地区だった。モンマルトルからバティニョルまでは、芸術家の地区が広がり、市の中央は財政、商社と新聞社の領分だった。衣服の違いのほかに（多くの職業団体は特有の制服を持っていた）、細部で人を分類できた。例えば、ひげの蓄え方である。先がとがった、丸い、四角な、扇状の、短いなど。ひげのないことが認められている聖職者、医者、俳優あるいは使用人を除いて、男性はみんなひげで顔を飾った。これらの職業のどれかに所属しないで、頤を出している者はひどく下品とされた。二年前から、黒っぽい上着に、赤い縁取りをした緑のリボンが目立つようになった。新しい勲章の農事功労章で、すぐに白ネギとあだ名をつけられた。女性たちは朝化粧の折に、腰の上の位置でベルトに柳細工の枠を取り付けた。それが長いスカートで覆われると体の線に《膨らみ》がつくので、第二帝政の崩壊したあとクリノリンに代わって流行した。乳母たちは乳児を、時には生後十八ヵ月までも腕に抱いた。最初の乳母車は一八八〇年以降のことでまだ特権階級だけの物だった。電話の使用は《アロー》の間投詞とともに急速に広まった。この間投詞が使用されるのは、一八七八年にアメリカ人グラハム・ベルが万国博で彼の発明品を紹介するために来訪し、陽気な《ハロー》の声を上げて以来である。全国八五の郵便局には、すべて公衆電話ボックスが備え付けられたが、殆どの連絡はまだ手紙、電報、速達郵便で行なわれていた。一日八回の郵便配達は、日曜日も六時（冬には七時）から二十一時まで規則的間隔で行なわれた。警視総監のプーベル氏は家庭ごみの回収を定めたばかりだった。ピエール・ミショーは一八八五年の一年間で四〇〇台の二輪車を売った。シャルドンネは人絹を、テュルパンはメリニート爆薬を発明し、マレーは写真銃で一秒に十二こまの写真を撮ることに成功した。

　このようなパリに、アレクサンドル・エルサンは一八八五年十月二十七日到着し、マダム通り四四番地の下宿屋で、五階の小さな屋根裏部屋を月三三フランで借りた。天窓からはサン－シュルピス教会の不ぞろいな塔が見えた。

　最初の数日はボン・マルシェ百貨店で必需品の買い物に当てた。ボン・マルシェは一八五三年ブチコーによって考案され、世界最初の百貨店として革新的な販売方法を実践していた。すなわち、薄利販売、商品の返品あるいは交換、定価販売、バーゲンセールである。一八六三年から、セーブル通りの正面入口には、子供向けに砂糖菓子と冷たい飲み物のビュッフェができ、一八七五年からは、絵画の常設展示用大ギャラリーに読書サロンが開設された。エルサンはセーブル通りに新聞を読みに出かけることが長いあいだの習慣となった。[1] 芸術愛好家とは言い難いエルサンは、サント－シャペル礼拝堂を足早に通り過ぎ、ルーブルでは同郷のスイス人グレールの絵の前でしか足を止めなかった。この絵は一八四三年のサロンでルイ－フィリップ王によって三〇〇〇フランで購入されたものである。彼が《心底から》称賛したというこの失われた幻想という作品は、十九世紀の中頃に非常に好まれた主題に属することで有名になったが、この《小船とメランコリー》の主題は、エベールがマラリアに、ホドラーがトラベルサータに、ルミナールが有名なジュミエージュの受刑者に用いたものである。グレールが描いたのは、古代の服装をまとった男が埠頭に座り、悲しそうに物思いにふける様子で、夢と希望の象徴である若い女性たちを乗せた小船が遠ざかるのを見つめている構図だった。

エルサンはベデカーのガイドブックを手に、パンテオン、植物園、ショーモンの丘、ペール＝ラシェーズ墓地、証券取引所、セーヌ河岸と、系統的かつ熱心に見て歩いた。しかし、エルサンは観光よりもオテル＝デュー市立病院を訪問するほうが好きだった。そこに入るには、訪問者が大部屋にアルコール飲料を持ち込むのを監視する気難しい守衛の検問を通過しなければならなかった。《最後に僕はいつも人だかりのしている霊安室に行きます。そこはガラスの仕切り板で二分されたまずまずの広さの部屋です……そこには死体安置用の傾斜したテーブルが一〇台ほどあり、四体の遺体が置いてありましたが、その二体は大怪我をしていました》と、彼は母親に書き送っている。[2] こうして彼は到着早々偶然にオテル＝デュー病院の霊安室に入りこんだが、五ヵ月後にはそこでルー博士とともに狂犬病患者の死体解剖をすることになるのである。

エルサンはパリでローザンヌの学友の一人ガンペールに出会った。彼はジュネーブで医学の勉強をはじめ、彼もまたフランスで教育を受けるためにパリに来ていた。たぶんずっと裕福な境遇のガンペールは、ゲイ＝リュッサック通りに家具なしの二部屋と小さな台所つきの小さなアパートを借りていた。彼は内勤インターンの競争試験の準備をしながら、サント＝ユージェニー病院（その後トルーソー病院に併合された）で勤務していた。一八八五年十月三十一日、エルサンはそこで彼に再会した。

《通勤インターンたちは知識よりも機知で際立っているように思えました。彼らは語呂合わせをせずにはものが言えないようですが、診断をする段になるとあまり物知りには見えません。たとえば、左腕が赤くはれ上がった乳児が連れてこられると、父親に訊ねもしないで、急性骨髄炎の診断をしました。ところが、その子供は前日倒れて上腕骨を骨折していたのでした》。

この二人の若者の関係は、ガンペールが《がり勉家》ではなく《怠け者》だったので間遠になっていくのだが、エルサンはサント－ユージェニー病院の医局になんども彼と連れだって出かけている。

《医師の診察は午後で、包帯をするところをたくさん見てがっかりしました。消毒法がまったく守られていません。二人の医師がこっそりとそのことを話していました。何故彼らはそれを守らないのでしょう？　何故ならそれは彼らの負担になるから、それが彼らの言い分でした》。

奇妙な手術が彼の注意を惹いたことがあった。ネラトンが角膜のブドウ腫を患った少女から目を摘出して、彼女にウサギの目を移植したというのである。エルサンはその組織標本を作るために少女の目を持ち帰った。翌日、ウサギの目は少女の顔面半分に炎症を引き起こし、半ば腐敗したため除去しなければならなかった。

《ネラトンがその手術をしたとき僕はその場に居ませんでした。僕がコートを取りに戻ったとき、ウサギの目の入った小さな包みの上に紙切れがピンで留めてあり、紙切れには殴り書きで、Xさん、ネラトン氏のために ウサギの目を調べてください、とありました。僕は冗談だと思いましたので、家に帰ってからウサギの目をスズメの餌にと思って屋根の上に厄介払いしました。翌日病院へ行くと、ネラトン氏は僕にどうだったと聞くので、僕は冷静さを失うことなく、今晩調べますと答えました。家に帰って僕は自分の見たことと見るはずだったことを報告書に書き上げました。それには説明書きも付けました。翌日、報告書をネラトン氏に渡すと、彼は喜んでそれを手帳にはさみました》[3]。

ネラトンは、正教授のランネロング教授が戻るまでの間、しばらく外科部長の代理を務めていたにすぎなかった。

《彼は消毒を始めたいようでした。それで今日はシスターたちに命じて部屋からカーテン、十字架のある祭壇、枝付き大燭台、聖母像を取り除かせました。彼はそれを細菌の巣と呼んでいました》。

別の病院では最新の消毒法を実行しているらしいと聞いてエルサンは好奇心をそそられた。それはセーヌ右岸に再建されたばかりのボージョン病院[4]で、財政家ボージョンによって一七八四年に創設され一八六五年に取り壊された元の救済院の跡地にあった。エルサンは病院の中に入ったとたんに思わず後ずさりした。廊下と階段室に配置された大きな噴霧器から、絶え間なく噴霧されるフェノールの厚い霧が充満していたのである。この器具は、一八六七年にフェノール消毒を推奨したリスターの理論に着想を得たルカ-シャンピオニェールの研究を例証したものだった。この原理を大規模に適用することについて、病人が大量のフェノールを吸入することがはたして安全かどうか、エルサンは疑わしく思った。

医学部の登録、スイスとドイツの卒業証書の承認といった事務手続きを終え、エルサンは医学部の第三学年に編入することが出来た。一八八五年にはフランスの医学課程は四年だった。理論の講義の受講は任意で十月から翌年の七月までに割り振られていたのに対して、病院研修と実習は必須だった。教育は十二科目からなり、解剖と薬学、医化学と薬学、医物理学と衛生学、外科病理学、内科病理学、医博物学、手術的医療、外科臨床、内科臨床、特殊臨床、産科、法医学と医学史、だった。臨床講義はオテル-デュー病院あるいはシャリテ病院（現在、新医学部のあるサン-ペール通りの敷地にあった）で行なわれた。志願者は（一八七八年には六七六人が登録した）、種々の講義と研修に登録するためには、文科あるいは理科のバカロレア合格者でなければならなかった。講義全部で五二〇フラン、学年末の試験三つの登録に九〇フラン、それに最終試験五つ、証明書、卒業証書のために六九〇フランを支払わねばならなかった。しかしエルサンはその他に外国の卒業証明書を認定してもらうために一八〇フランが必要だった。

モラックス博士はドイツの教育が好みではあったが、パリで彼の学友だったコルニル教授宛ての紹介状をエルサンに手渡していた。ヴィクトール・コルニルは一八三七年キュセに生まれ、ベルリンの有名なウィルヒョウの許で研修を受けた。彼自身もパリ大学で病理解剖学の教授になり、当時はオテル-デュー病院で部長として《頭に帽子を載せて》講義をしていた。コルニルはクリスチーヌ通りに個人の研究室を開設し、そこにはこの新しい科学に魅了されたたくさんの医師たちが研究に集まった。彼の弟子で後にパストゥールの共同研究者となったシャントメッスとともに、コルニルはパリ大学医学部に最初の細菌学講座を創設した[6]。彼はエルサンがマールブルグの病理解剖学者マルシャンの許にいたことを知り、この青年をオテル-デュー病院の彼の医局に入室を許した。エルサンは、そこで全てに面食らった。換気のない広々とした病室に病人が詰め込まれ、回診の間にも子供が診察につれてこられ、看護師はひざの膿瘍を患っている男にベッドを譲らせてそこに子供を横たえ、その隣のベッドでは瀕死の患者が恐ろしくせわしく息をしながらあえいでいたのである。理論の講義は一八八五年十一月十三日に始まりエルサンは憤慨することになった。

《僕の右に雌猿が二人いて当惑しています。彼女らを避けるために僕は左に詰めています〔……〕。ここでは女子学生は、男子学生ばかりでなくそれ以上に教授からも広く嫌がられています。今年インターンの選抜試験を受験したのは二人で、多分彼女たちは合格するでしょうが、彼女たちが受験した日は大騒ぎでした。彼女たちが合格するにしても、合格したときはどうなるでしょう》。

パリの医学生の世界に女性が進出したのはそれほど昔のことではない。つまり、最初の卒業証書は一八七〇年に若い英国人女性に授与され、最初のフランス人女性がパリ大学で医師になったのは一八七五年のことだった。数少ない女子学生は殆ど外国人で、最初から教授団は彼女たちに冷淡だった。《ご婦人》の中には、野次を浴び、警備員にエスコートされて講堂に入るものもいた[7]。当局は、登録し受験する権利は《慎重に節度》をもってのみ認められるべきであり、いたずらに安易になることなく例外に留めるべきである、と考えた[8]。この時代にはまだ、フランスの法律は女性が医療を行なうことについては口をつぐんでいて、インターンの競争試験は一八八五年まで女性には閉ざされていた。一八八六年一月二日、エルサンはインターン競争試験を受験したが、この試験には若いアメリカ人女性、オーガスタ・クルンプケも受験した。一八五九年十月十五日、サンフランシスコで生まれ、一八七七年にフランス医学教育を受けるためにパリに来た彼女は、二年後に女性であるが故にインターン競争試験を拒絶された。一八八五年にこの競争試験が女性に解放されるとすぐに彼女は受験した。エルサンはつぎのように意見を述べている。

《彼女はとても興奮しています。しかしみんなの意見では、彼女は合格したダンディな男よりずっと知識を持っていました。彼には審査員の強いコネがあり一四・五点、一方彼女は一一点でした。その結果、伊達男はインターンとなり、雌猿は不合格となったのです。それで今年、病院には女性インターンはいないことになり、これは言語道断な不正によるものです》。

パリに来てから三ヵ月、パリで続けるかドイツに戻るかでエルサンは大いに迷った。ドイツよりすべての点で良いと決めつけて来たものの、理論の講義に殆ど面白味がないのに失望した。毎日病院でいられることで幸せだったにしても、理論と臨床のちょうど良いバランスがパリにあればと思ったことだろう。彼の意見では、理論を犠牲にして臨床があまりにも特別扱いされていたのである。
しかし、コルニルの研究室は彼のために静かで設備の整った実験室を用意してくれた。エルサンはそこで毎日勉強したり解剖したりして長時間を過ごした。コルニルは講義の供覧用標本の準備を彼に任せ、彼の倦むことのない献身を有難く思った。彼はしばしば日曜日にも来て、どんどん数がふえるドイツ語論文の翻訳を快く引き受けたのである。フランスの医学論文数はかつてトップを維持していたが、一八四〇年頃に、英語論文に追い越され、英語論文は一八五〇年からドイツの研究に取って代わられた。エルサンはドイツ語を流暢に話すことからコルニルには特に役に立った。コルニルはウィルヒョウの昔の弟子であり、ウィルヒョウが一八七七年に創刊した「病態解剖と生理学ならびに臨床医学のための文献集」に掲載される病理解剖学領域の論文には特に精通しておく必要があったのである[9]。

健脚で、あらゆる光景に好奇心が強く、生まれつき物見高いエルサンは、状況に応じてあちこちに出入りしてパリをくまなく歩いた。この孤独な散歩から帰ると、自分の見たことを詳細に注釈しながら描写して、母親に長々と書き送った。そして、一八八五年十一月のある夜のこと、ヴァルミー河岸のとある建物に這入り込んだ。壇上には救世軍軍人たち[10]が、一方に制服の男、他方に勲章を飾りつけた黒っぽい長いドレスの女たちに分かれて並んでいた。ドレスには《勇気》、《救済者》の単語が刺繍され、紫色のリボンを付けた帽子を深々とかぶっていたが、この様子は今日と同じである。

ピアノ、大太鼓、タンバリンが救世軍の歌の伴奏をし、そのリフレインを大勢の聴衆が引き継ぐ。

ついでブース元帥夫人が宣言する、救世軍は進軍中、すべての国に、中国にさえ進駐し（中国にさえと彼女は強調した）、世界を変えるのです、と。歌と演説が大衆の笑いと冷やかしの中で交互に繰り返される。元帥夫人が言葉を続けて聴衆に回心を繰り返し勧める。《兵士たちは聴衆の列の間を走り回り、見物人や通行人に信仰を公言するように呼びかける》。元帥夫人が《今夜回心した人はご起立を》と言うと、六〇人ほどの男が冗談をいいながら、それでも声を潜めて立ち上がる。というのは、兵士たちが秩序を乱す者を追っ払いながら監視を続け、秩序を乱したものにはスープは振舞われないからだ。ガスバーナーが半分消されて薄暗がりとなり、音楽がますますビートをきかすと、元帥夫人はいっそう執拗に回心を呼びかける。エルサンは、救世軍の雑誌『前進』を買わずにそっと逃げ出すことに成功した。

町の情景同様に子供たちにいつも注意を払っているエルサンは、一八八五年のこの冬、彼が《まるで物語のような》と呼ぶ出来事を経験した。ある夜、下宿に帰る途中、マダム通りの角で、さめざめと泣いている一人の子供の周りに大ぜいの子供たちが群がって大声で騒いでいるのに気がついた。この子供たちが食料品屋の前で遊んでいたのを、店の主人が出てきて鞭で彼らを追っ払い、そのときその子の目に鞭先の房が当たったのだった。同情した女性が二、三人、子供を慰めていた。エルサンは近づいて痛々しい目を見て、オテル‐デュー病院で検査してもらってから子供を市役所通りの父親の許に送り届けることにした。子供の一団は窓ガラスを《グシャグシャに》してやるからと食料品屋に捨てぜりふを残して散って行き、エルサンは怪我の子供を連れてセーヌ河のほうに向かった。病院の当直インターンは、ホウ酸溶液の湿布で痛みが和らいで視力も回復するでしょう、と言って安心させた。エルサンが子供の住まいにたどり着いた時はもう暗くなっていた。

《少年は通りの外れの建物の一軒に住んでいました。二階には明かりがついていてホッとしました。一軒のドアの向こうからバイオリンのかすれた音が聞こえていました。それより上のほうは階段がかまどの中みたいに真っ暗で危険でした。僕らは一番上まで階段を上り、子供は自分のアパートの、というより、屋根裏部屋のドアを開けました。真っ暗でした。みんなもう休んでいて、十時になっていました。父親が目を覚まし〔……〕。僕は何があったのか話しました〔……〕。ようやく少し見えるようになると、自分があばら家にいるのが分かりました。屋根裏部屋は小さく狭苦しくて、ベッド一つでその四分の一程を占めていました。小さなかまど、靴修理屋の仕事台、底の抜けた椅子、それに、ぐらぐらの戸棚、それが家具のすべてでした。家族は父親、十七、八歳の年頃の娘、四、五歳の女の子とこの少年でした。みんなが同じベッドで寝ていて、年頃の娘は急いでペチコートをはきました。隅っこには小さい女の子が頭に赤い頭巾をかぶり、すっかり着込んだような格好で、大きなおびえた目で僕を見つめていました。僕は消毒液の瓶の内容をお皿に流し込み、湿布を置いて急いで立ち去りました》。

エルサンはその子の父親から許可をもらって、サン＝シュルピス教会の公教要理の帰りにマダム通りの下宿に立ち寄ってもらい、一回二スーで手伝い（靴磨きと洋服のブラシがけ、つまりマールブルグのプーツの仕事）をさせることにした。毎晩のように少年は家族のことを話した。母親は五年前に亡くなり、姉は六回も結婚した出戻りで、父親は下の娘だけを家においてこの姉を追い出したという。父親は靴修理人で以前はちゃんと生計を立てていたのだが、飲み仲間を断りきれずよく酔いつぶれて帰ってくるようになった。その子は十二歳だが読み書きが出来ず、靴はちゃんと（父親の職業にふさわしく）履いていたが、ぼろをまとって町をうろついていた。

彼が十二月に規則正しく公教要理に出席するのは、クリスマスには教会でお年玉がもらえることを知っていたからである。実際、一月の最初の週以来、ちびの靴磨きの教会通いは間遠になり、とうとう行かなくなってしまった。エルサンは落胆したが何とか子供が貧困から抜け出して欲しいと願って、一八八六年三月のある午後、ラフォンテーヌ通り四〇番地のオートゥイユ孤児見習奉仕活動所にでかけた。ここでは一八六五年以来、ルイ・ルーセル神父が孤児たちを引き受けて手仕事の見習をさせていた。しかしエルサンが後見をしている子が入所できる余地はなかった。

《施設長のルーセル神父は少しそっけなく、一八八七年六月までは空きはないとのことでした。要するに、彼の大きな目的は委ねられた子供に公教要理を詰め込むことでした。このやり方で数ヵ月後に、彼らに最初の聖体拝領受けさせ、一〇〇人のうち良い子三〇人を残して印刷屋で働かせる予定でした》。

それ以来エルサンは靴直しの息子の行方を見失った。

猛勉家でいつも成績を気にしていたエルサンが医学部第三学年の試験をうけた。一八八六年一月二十日、彼は、リュツ、ゲバール両氏の前で、有機化学、無機化学、物理の試験に合格した。植物学と動物学の最終試験は、厳格なことでひどく恐れられているバイヨン教授の前で行なわれた。彼はエルサンに植物の根の入った広口瓶を四つ見せてそれらを鑑別させた。残念ながらエルサンはそのうちの一つしか知らなかった。バイヨンはついでマッコウクジラの体温と鯨蠟の抽出法を尋ねた。《君は零点だね》と彼は結論した。バイヨンは質問に罠をかけることで有名だったので、前年、学生たちは試験前日に試験会場のオルフィラ博物館に行くことを思いつき、実験室の助手に二フランずつ渡して翌日のために準備された広口瓶を教えてもらった。しかし、バイヨンは生徒たちの出来が良いのに驚き奸策に気がついたのである。彼はエルサンを落第させたいと思ったが、リュツとゲバールのとりなしでエルサンは合格することができた、ただし評価点なしで。

一八八六年二月六日、パリの壁という壁はポスターで覆い尽くされた。《今夜、ルイーズ・ミシェル主宰のアナーキスト公開大集会。学生はすべて特別招待》。エルサンがこの見世物を見逃すはずがなかった。

《開会十五分前、講堂は静粛とは程遠いたくさんの学生たちで一杯でした。最初の演者のポーランド人学生はちょっと話しただけで出て行け、座れ、代れ、のやじが飛びました。彼は逃げ出し、フハイネックのチンピラ風の男が代わりに立ちました。彼は話の途中で騒々しさと野次に激怒し、フランスのブルジョアよりドイツの社会主義者のほうがましだと運悪く口を滑らしてしまい、それでもう大騒ぎ、口笛、罵声、あわてて逃げ出さざるを得ませんでした。三番目の演者もついていませんでした。悪党面した男で一言も聞いてもらえません。とうとう十時頃になって、ルイーズ・ミシェルが到着。少し年老いた、灰色の髪をした大柄な女でした。彼女が聴衆を静めたのは、信じられない程でした。彼女はゆっくり、はっきりと話したので、僕は何も聞き漏らすことはありませんでした。しかし、彼女はなんと残虐なことを言えるのでしょう！　彼女はデカズヴィルの暗殺を公然と認め、それをまったく当然のこととして、これが模倣されることを期待するとまで言いました。集会の終り頃になると、大部分の学生は立ち去り、そのため集会の様子が変わってしまいました。分別のありそうな男が何か言おうとしたのですが野次られ、聞いてもらえずに壇を下りました。十一時三十分、〝ブルジョアに死を、デカズヴィルの坑夫万歳〟の叫び声ですべて終わりました。これまで僕はこんな騒々しさを経験したことがありません。部屋の奥の演壇両側には赤旗が揺れていました。僕は名高いアナーキストたちの演説を聞くことができたこと、特にルイーズ・ミシェルを見たことに満足しています。これで彼らのユートピアが無価値なことが十分確信できます》。

三月四日、解剖実習の試験があった。審査員には、師のコルニルのほか、サルペトリエール病院外科の有名なクリュヴェイエール教授とテリヨン教授がいた。一一人の学生が朝八時三十分に招集され、それぞれ解剖片を一つ手渡され、エルサンは前腕の神経と筋肉を説明しなければならなかった。二人の学生が落第、五人が《可》の評価、三人が《良》の評価、エルサンだけが《優》の評価を得た。次の三月二十日、理論解剖学の審査員は七十六歳のコンスタン・サペー老教授が務めた。

医者の息子で外科学教授、『図説解剖学概論』の著者、この概論の殆どの図版は彼の妻が描いたものだった。彼の教育感覚の無さは代々の学生たちのやる気をそいでいた。エルサンは、クリュヴェイエールの概論を熟読していたのでサペーの本は読まなかったのだが、それでも彼は《優》の評価を得た。

講義、臨床、試験をこなしながら、エルサンはますますコルニル研究室の仕事に入り込んでいった。翻訳と患者に対するお決まりの仕事をしたあとで、特別なカテゴリーの病人、すなわち狂犬病患者の新しい仕事を任されることになったのである。

パストゥール、ルーとの出会い

狂犬病患者を前にして何も出来ずにただ恐怖におののくばかりだった何世紀かが過ぎたあと[11]、ようやく初めて狂犬病患者を看病して治療すること、より正確に言えば、狂犬にかまれた人々に狂犬病の症状が現れるのを未然に防ぐことが出来るようになった[12]。一八八五年七月のジョゼフ・メイスター少年、ついでジャン゠バティスト・ジュピーユの治療が成功して以来、狂犬にかまれた人々が世界中から治療のためにウルム街のパストゥールの研究室に駆けつけた。

高等師範学校の卒業生だったパストゥールは、一八五七年にその理事になった。その十年後には、彼はそこで屋根裏部屋を自分の実験室として使うようになったのだが、この実験室こそが、そこでなされた大発見とそのあまりの貧しさで有名になる場所なのである。狂犬病ワクチンが生まれたのがこの場所であり、一八八五年以降、狂犬にかまれた人たちが馳せつけたのがこの場所である。咬み傷自体が特別な治療を必要としなかった人たちもワクチンの接種のために定期的にウルム街にやってきた。犬や狼の咬み傷で外科的治療を必要とする損傷ができた人たちは、オテル＝デュー病院のコルニルの診療部に入院した。治療が遅れて亡くなる人もいたが、その遺体はこの病院の霊安室に安置され、死体解剖と死後検査のための標本採取はエルサンに委ねられていた。そんなわけで、ある日コルニルは彼に、狂犬病患者の脊髄標本を採取してそれをアルコールの中に保存しておくように頼んだ。この臓器の中に狂犬病の微生物を見つけたと主張するジュネーヴの医師フォル博士の主張を確認するためだった。

《ですから僕は脊髄を切り取って（細菌を殺す）アルコールの中に入れ、一部は（細菌を殺さない）水の中に入れました。今日の午後、僕は毒性のある塊を三匹の生贄、つまり狩猟犬と耳長のウサギとモルモットに注射しました。この動物たちは多分狂犬病で死ぬでしょう。僕が恐ろしく残酷な男だと思うでしょうね。しかし、こんなことをするには理由があります。たとえアルコールにつけた骨髄の中に細菌が見つかったとしても何の証明にもなりません。なぜなら、この細菌は別の理由でそこにいたと反論できるからです。しかし、もし可哀想な生贄にこの細菌が見つかれば反論はなくなります》。

エルサンはこの実験に熱中し、犬、ついでウサギとモルモットが死ぬと、細心の注意を払ってこの動物たちを解剖して調べた。《危険は大きいので、かすり傷をしてもいけないのです》。

根強く残る伝説によれば、一八八六年、エルサンは狂犬病患者の解剖の折にけがをして、彼自身が狂犬病発症の予防処置のためにウルム街のパストゥールの研究室に行ったことになっている。ジャコト[13]によれば、こうしてエルサンは《毎日ワクチン接種をしていた》ルー博士に出会い、処置が終わってからもパストゥールの研究室に通ったことになっている。[14] ノエル・ベルナールも、こうしてエルサンがウルム街にやって来てルーと初めて出会ったと書いている。

《一八八六年、医学部の学生でオテル－デュー病院のコルニルの助手をしていたエルサンは、狂犬病で亡くなった男の解剖中に手にけがをし、ウルム街の有名な診療室に狂犬病予防処置を受けに来た。最初の治療は一八八五年七月六日である。ルー氏は、彼の研究に対する熱意、好奇心、洞察力に打たれ、自分の助手にならないかと誘った。こうして彼は二十三歳でパストゥールの研究グループに仲間入りし、狂犬病の研究に病理解剖学者として参加した[15]》。

十一年後、ノエル・ベルナールは、第二版でさらに詳細に、少し改変を加えてその情景を描写している。それによれば、エルサンが出会ったのはルーではなくパストゥール自身である。

《極端に内気な無名の学生エルサンが、たくさんの他の人たちが求めてもかなわなかった幸運を手に入れたのは、一八八六年三月末から六月のあいだのことである。パストゥールが初めてエルサンの名を口にした日、この学生は狂犬病で死亡した患者の剖検で手に怪我をしたことで、特別に思いやりのある配慮を受けることになった。思いがけない怪我のせいで、彼は近寄りがたい敷居を越えることになったのである[16]》。

残念ながらこの感激的な光景を受け入れることは出来ない。《狂犬病予防処置に関するパストゥール研究所統計、一八八五年十一月―一八八六年十二月三十一日》には、エルサンの名前は実際どこにも見当たらない。この統計は一八八一年の『パストゥール研究所紀要』第一巻（三〇―四一ページ）に掲載されていて、処置を受けたすべての患者が、原因ごとに犬、猫、狼による咬み傷などと分類されている。死体解剖の際のことで場合によっては狂犬病に感染していたかもしれないこの特別な状況が記載されないはずはない。パストゥール博物館に保存されている処置患者の記名帳の中にも何も記載されていないのである。さらに、エルサンの母親宛ての手紙にも何も書かれていない。一八八六年十一月二十八日、ピンセットをきれいに拭き取ろうとして、それを指に突き刺してできた左手人差し指の皮下ひょう疽について彼は詳しく語っているのだが、それは破傷風患者の剖検後のことであり狂犬病患者の剖検ではない。

しかも、殊にエルサン自身がパストゥールと、ついでルーとの出会いの状況を詳細に語っているのである。彼の手紙からも例の伝説の入り込む余地は残されていない。

オテル－デュー病院の研究室にはリシェ教授の病棟主任がしばしば訪問しているが、このレミーという男は、無愛想で社交嫌いであったが、小心なエルサンとは仲良くなった。ところが、彼はパストゥールと面識がありウルム街の研究室に頻繁に通っていたのである。一八八六年四月の初め、エルサンはレミー（彼は《爺ウサギ》とあだ名を付けていた）に高等師範学校に連れて行って欲しいと頼み、その折の情景を描いている。

《中庭は治療に来た人で一杯でした。僕らはまず待合になっている小さな部屋に入りました。そこはあらゆる国籍の人が一杯で、動きが取れないほどでした。入って左手にパストゥール先生の診察室に通じるドアがあり、その戸口には小男がいて、紙切れを手に、入室する人の名前を叫んでいました。レミーは診察室の中に友人が誰かいないか見ようとこのドアに近づきましたが、この小男が感じの良くない口調で彼に叫びました。〝さあ、入るのか出るのか、そこで入口を塞がないで！〟それでレミーは入り、僕も彼に続いたのですが、僕が中に入ったとたん小男が突然振り向いて僕に叫びました。〝君は誰だ？　何の用だ？〟僕がコルニル先生の助手だとレミーが言ってくれたので、男はすぐに納得し、ふたたび点呼を始めました。ところが、この男がパストゥール先生その人だったのです！　そんなことは想像もしませんでした。パストゥール先生の診察室は小さい四角な部屋で、大きな窓が二つありました。窓の近くには小さな机があり、その上に接種用ウイルスの入った脚付きグラスが置いてありました。その横でグランシェール先生が座っておなかの皮膚に注射をしていました。そこには異様な行列が出来ていました。ベルギー人、オランダ人、アメリカ人、民族衣装を着てチョコレート色の脚をむき出しにしたアラブ人、トルコ帽をかぶり短い半ズボンをはいたトルコ人、パストゥール先生の前を通るときに身をかがめて手にキスをしてゆくロシア人。見ていて非常に好奇心をそそられました。帰りに僕はパストゥール先生に暖かいもてなしのお礼を言いました。先生は僕の手に触れて下さいました。その後、人から（なかでも僕がこの経緯を話したコルニル先生から）聞いた話では、パストゥール先生は恐ろしく気難しく、相当付き合いにくいということでした。先生はいつも誰かが先生の秘密を盗むことを恐れているようです》。

これが、パストゥールとの出会いについてエルサン自身が語るところである。ノエル・ベルナールが想像するような場面の余地はもう残されていない。

ルーについては、一八八六年四月十日、オテル゠デュー病院で、狂犬病で亡くなったロシア人をコルニル自身が剖検した際に、エルサンは初めて彼に出会っている。このとき、エミール・ルーは三十三歳である。コンフォランで生まれ、非常に早くから孤児になり、姉と義兄のピュイ高等中学校の生徒監によって育てられた。クレルモンフェランにおける医学教育の初期に、彼はこの町の理学部で化学の教授だったエミール・デュクローの助手となった。その後、ルーは医学の勉学を終えるためにパリに出るが、そこで当時ソルボンヌで生化学の講義を担当していたデュクローに再会し、再び彼の助手となった。デュクローはパストゥールの友人で、パストゥールはこのとき彼の傍らで働いてくれる若い医者を探していた。化学者と医師の両方の教育を受けていたルーは理想的な助手だった。一八七八年十一月、彼はウルム街のパストゥールの研究室に入った。

パストゥールとルーの関係については、師が弟子のお蔭でなしえたことと、弟子に許されうる自主的精神について、多くのことを述べることが出来るだろう。[17] ルーは、パストゥールとは独立して脊髄中の狂犬病ウイルスの生存期間についての研究を行ない、この研究がパストゥールをウイルス弱毒化の発見への手がかりを与えることになった。実際、パストゥール研究所の研究者たちはすべて、ルーとの共同研究で恩恵を受けた。たとえば、炭疽病ワクチンの研究を一緒にしたシャンベルラン、あるいは、コレラの研究のために一緒にカイロに行ったノカール、シュトロース、チュイリエーなどである。[18]

エミール・ルーとアレクサンドル・エルサンは、暗黙のうちに言葉にしなくともすぐに了解しあった。講義、実習、病院研修の長い時間に加えて、エルサンはウルム街を毎日訪問するようになり、そこでもドイツ語論文を翻訳したり、あるいはワクチン注射の際に犬にかまれた人を押さえる手伝いをしながら、小心で頑固な自分が必要とされるすべを心得ていた。

一八八六年の最初の週で、ジョゼフ・メイスター以来ワクチン接種を受けた患者の数は九六〇人に達し、そのうち発病して死亡したのは六人だけだった。四人は狼に、二人は犬にかまれ、六人とも高等師範学校の研究室に来たのが遅すぎて潜伏期を過ぎ、病気の最初の臨床症状が現れていた。今日でもまだ、潜伏期の十分早い時期に処置が開始されなければ、狂犬病は治癒の見込みがないのである。つまり、狂犬病の症状が現れた患者を救うことは未だに出来ないのである。これが、一八八六年七月に記録されている一七二六人のワクチン接種者のうち、わずか一〇例の失敗の理由である。しかし、この一〇人の死はパストゥールを中傷する人々の手にかかると重大で、才能に随伴するパストゥールの自尊心が反論を許さないだけに、科学アカデミーにおける対立は激しかった。何度も何度も確認した自分の実験結果の正しさを確信し、相手の無理解や悪意にいらだったパストゥールはすぐかっとなり、公開対決、証人、調査委員会などを要求した。そういうわけで彼は、ウルム街の研究を疑うベシャンとの対立を解決するために、委員会を選任するように要求したのである。ベシャンにとっては、人は体内に将来の病気の病原体、《ミクロジーマ》を持っていて、外部環境がその毒力を引き出すとき病原体になる。パストゥールにとっては、人は微生物が体内に侵入したときしか病気にならない。この二人の討論はあまりにも激しく、のちにベシャンは反パストゥール学派として、実際はそうではなかったにも拘らず、自然発生説信奉者と間違われることとなった。パストゥールはさらに二人の自然発生信奉者、パリ大学医学部内科病理学教授ペーテル氏とルーアン自然史博物館館長F－A・プーシェとの忘れ難い激論の応酬も経験した。

モルジュのエルサン夫人の周囲では、パストゥールに対するこの攻撃が称賛と同じくらい支持者を得たので、母親は心配し、息子は母親を安心させた。

《宗教的見地からのパストゥール先生については、たくさんの人から評判を聞きました。実際、先生は熱烈なカトリック信者で聖職至上主義者のようです。研究室の机の上に『良き知らせ』という宗教新聞が散らかっているのを見たことがありますから、僕はそれを信じています》。

エルサンは理由もなく母親を安心させたりはしなかった。彼女にとっては、カトリックあるいはプロテスタントの多くの信者と同様に、科学は無神論すれすれだった。創世記によれば、神は毎日少しずつ別々に野菜、動物、魚、そして最後に一挙に決定的な姿で人間を創造したのに対し、ダーウィンはすべての超自然的介入を排除し、神の姿に似せて人が創られたことを否定した。彼は殆ど反キリストの顔になっていた。一八五九年、ダーウィンが『種の起源』を刊行したことでこの型どおりの見方はさらに強くなっていた。つまり、自然選択に基づく生物学的進化の概念は、まったく反聖書的で、宗教に対する直接の攻撃と感じられたのである。この概念はヨーロッパ科学界同様に全宗派の信者たちの間で激しい論争をまきおこした。ダーウィンに対する称賛を、自分たちの反聖職至上主義を主張するためにしか公言しなかった者もいたが、信者たちにとっては、すべての科学人は直ちに無神論の疑いがあった。エルサンはよく解っていた、単純で信心深い母親が神を信じていない学者と付き合うことをどれほど息子のために心配しているかを。彼は、パストゥールが日曜日毎にパストゥール夫人とともにウルム街近くのサン＝ジャック＝デュ＝オ＝パ教会にミサに出かけることを知らせ[19]、パストゥールのカトリック信仰について彼女を安心させねばならなかった。

一八八六年七月、エルサンはすべての試験から解放され、午後はいつもウルム街に出かけるようになった。そこでルーは彼に標本の作成を依頼し、パストゥールは彼に患者を押さえることばかりでなく咬傷に包帯をさせた。この昇進で彼は有頂天になり、身近な人々に自分が有名人を知っていることを隠すことが出来ず、このことで母親の友人の依頼をうんざりしながらも聞き届けることになった。この夫人は有名人のサインの収集家で、パストゥールのサインを自慢したかったのである。

《僕はうかつにも彼女にお安いご用ですと答えてしまいました〔……〕。僕は夜のパーティーから上機嫌になって家に戻りました〔……〕。僕はこのばかなサインのためにパストゥール先生のところに二度三度と出かけるはめになったのです。最初の二回はとても先生にお願いできませんでした。〔……〕火曜日、先生は僕に三フランを五〇サンチーム硬貨とスーに両替してくれないかとおっしゃいました。先生は診療所に来る幼い子供たちに泣かないようにコインを与えていたのです。それでも、このチビたちに注射するあいだ、ぞっとするようなわめき声を上げるのを止めさせることは出来ませんでした。土曜日にとうとう僕は先生にお願いしました〔……〕、先生がうんざりしていることがよく分かりました。僕はもう二度とこんな煩わしい依頼を引き受けないと決心します》。

一八八六年七月十四日、エルサンはけが人の治療のためにウルム街から出ることが出来ず、ロンシャンの閲兵式とそれに続くブーランジェー元帥のシャンゼリゼ凱旋行進を見物することが出来なかった。夜、お祭り騒ぎのパリを散歩し、錬兵場の花火を見物することが出来ただけである。その一ヵ月あと、彼はパリ発二十一時二十分の特急列車に乗って翌朝十時にローザンヌに着き、モルジュで一ヵ月の休暇を楽しんだ。彼は母親といちじく屋敷と自分の屋根裏部屋に再会した。雌猿たちも家族の許に帰省していたのである。一ヵ月のあいだ、エルサンは田舎を走り回り、レマン湖で泳ぎ、母親に付き添って行った先々で質問攻めにあった。モルジュの二人の住人、ジャインとモラックスは特別な興味を抱いて彼の話に聞き入ったに違いない。ジャインは自分の後輩がたどった道を喜ぶばかりだったが[20]、モラックスについては、エルサンに十分説得力があったと思わねばならない。

なぜなら、ドイツ科学とドイツでの勉学をあれほど推奨していた彼でさえ、その時、フリブール－アン－ブリスガウの化学科学生でモルジュ中学校ではエルサンの学友だった自分の息子ヴィクトールに、パリで医学教育を受けることを決心させたからである。彼はエルサンに、パリに戻るとすぐにスイス公使館と公教育省で、卒業証書の同等認定をもらうために必要な手続きを始めてくれるように依頼した。

一八八六年九月十四日、エルサンはマダム通りの小部屋と市立病院とウルム街に戻った。エルサンはこの新しい大学年度に前年度感じていたものとは違った気持ちで取り組んだ。つまり、もうフランスかドイツかと迷うことなくパリに残ることになったのだ。もう将来についての迷いもなく、エクスターンの競争試験の準備をし、ついでパストゥールのもとで研究の道に進むことにした。エクスターンの審査員席にいた父親のかつての友人でパリ大学医学部長のジュール・ベクラールに激励されて、彼はこの進路に進むことにしたのである。《今どこかにいるのかね？　パストゥール先生のところ？　あっ、そう！　それは結構だ、最高だよ》。十二月、彼は一七／二〇の成績でエクスターンに合格した。競争試験の口頭試問のあいだ、《彼に耳を傾けた審査員はシャントメッス氏だけだった。ほかの審査員はみんな大きな声でおしゃべりしていた》。

ジフテリア

一八八七年一月一日、エルサンは小児病院グランシェール教授の部局にエクスターンとして配属された。この部局には、二八人の男子部屋と三〇人の女子部屋があり、それぞれの部屋には病棟医長がいて、女子部屋はケイラ、男子部屋はルジャンドルだった。エルサンは男子部屋の一―一四番ベッドの担当となったが、一五―二八番ベッドの担当となった同僚は《怠け者》だったので、エルサンはまもなく部屋全体の面倒をみることになった。仕事は小児新患に付き添ってきた両親を問診し、彼らの主訴を書きとめ、子供を診察することだった。一部屋あたり五人の研修生がエクスターンを助けて毎日子供の体温を測り、処方箋を書き写すなどの仕事をすることになっていた。しかし、ルジャンドルの部屋の研修生五人もまた《怠け者》で、エルサンが彼らの代わりをした。すなわち、朝は八時十五分に来て、子供の病人を一人ひとり診察し、体温を測り、所見を記録した。九時には、もう一人のエクスターンと五人の研修生を伴ってレジャンドルの回診がはじまる。十一時まで、レジャンドルは診察して処方をする。病棟医長が去ったあと、エルサンは毎朝さらに居残り、処方が正しく実行されているか、処置が開始されているかと気をつけた。

グランシェールの部局に入院している子供たちは様々な感染症――結核、髄膜炎、腸チフス、気管支肺炎、ジフテリア――あるいは様々な疾患――心疾患、奇形、骨折――をわずらっていたが、なかには単に貧しいだけの子供もいた。このように、パリのエクスターンの初めから、エルサンは彼の新しい《幼い友達》の中で、マールブルグですでに馴染んでいた二つの主要な病気、ジフテリアと結核に再び出くわすことになった。

ジフテリアは十九世紀になると再び衝撃的な増加の勢いを見せていた。六世紀にはヨーロッパから消滅したかに見えたのだが、十七世紀になって、オランダ、ついでフランス、それに特にスペイン（この国ではこの病気を彷彿とさせるガロティーヨという名前で呼ばれた）とイタリアに再び蔓延し、一時は収まったものの十八世紀には全ヨーロッパを再び席巻し、次の十九世紀には最高潮に達した。エルサンが小児病院に配属されたとき、子供ばかりでなく大人でも重要な伝染病になっていた。医者たちはこの病気の前ではまったく手の施しようがなく、せいぜい彼らが出来るのは、偽膜が気管に広がって《クループ》、《母親の恐怖》を引き起こしたときに気管切開をするだけだった。この手術はすでに一六一〇年頃ナポリのセヴェリノによって試みられ、一七八二年頃ロンドンでアンドレによって、ついで一八二五年ツールでブルトノーによって再度試みられているが、実際は、この手術は死を遅らせるだけのものだった。そういうわけで、エルサンは女子病室の看護師長の死に立ち会うことになり、同じく感染した病棟医長のケイラは運よく回復した。

結核は全ヨーロッパで地方病的であったが、この結核もまた、工業化、都市人口の増加、人口過密、住宅の悲惨な状況を反映して、十九世紀のあいだじゅう蔓延し続けた。十九世紀初頭、結核による死亡率はパリでは住民一〇万人あたり三五〇人で、入院患者死亡の二〇％は結核によるものだった。エルサンは次のように書いている。

《パリの子供たちに最も多い病気は、髄膜、肺、腸、腎のあらゆる型の結核です。現在一八人の患者のうち一〇人が結核患者です》。

エルサンは小児病院のグランシェールの部局に入局する一方、同日付でルーの個人助手になった。ルーは暫定的に更新可能な一年契約で彼を雇用し月五〇フランを支払った。これはエミール・ルー自身が一八七八年にパリに来たときに受け取った額と同額だった。ルーは彼に言った。

《成功するには二つのやり方がある。一つは教授たちの前でぺこぺこすること、もう一つは仕事をすることだ。君は二番目のほうを選んだが、それだけが正しいまともなやり方だと思う》と。

エルサンとウルム街との絆が緊密度を増したのは、ヴォークラン通りの下宿に住んでいたパストゥールの助手の一人ワッサーツークが、一八八七年三月、結婚するためにその下宿を出てからである。エルサンはその下宿を譲りうけ、三月八日、マダム通りの下宿を出てヴォークラン通りに引っ越した。エルサンは、デュト通りにパストゥール研究所が建設されてそこに住み着くことになるまで、このヴォークラン通り一四番地に住むことになる。ここはウルム街に近い大きな土地で、狂犬病の研究を進めるためにパリ市議会がパストゥールに貸与したものだった。かつてロラン中学校が立っていたこの土地には、パストゥールが実験室用務員とその家族を住まわせていた家、一八八六年に実験動物用の馬小屋と犬小屋に改造した板張りレンガ作りの仮小屋、それと四階建ての大きな建物が立っていた。この建物の一階では、実験室用務員が培地を準備したり器具を滅菌し、二階にはパストゥールの実験室があり、ルーと一緒にあのワクチン、一八八一年にプイ－ル－フォールの野外実験で有効性が証明された炭疽病ワクチン、を準備したところである。二階のもう一つの実験室ではシャンベルランの研究が行なわれていた。三階には、パストゥール夫人の甥のアドリアン・ロワールともう一人の助手が、そして四階には、ワッサーツーク、シャンベルランとペルドリがいた。

　毎日、エルサンは朝十一時頃に小児病院を出ると、ゲイ－リュサック通りの小さなレストランに立ち寄り、そこで《一フラン三〇で、オムレツ、フレンチ・フライ付きビフテキとジャム》の昼食をとり、それからルーの研究室あるいは医学部第四学年の講義に出かけた。しかし、この第四学年の終りに予定されていた産科学試験の準備のため、シャリテのビュダン教授の部局に登録した産科研修の二ヵ月間は、小児病院に行くことは許されなかった。これは、イグナス・ゼンメルワイスの[21]勧告に従って医学部が定めたものだった。エルサンは、産科学には殆ど興味を示さず、いつも《醜い赤ん坊》と思いながら分娩介助をしていた。

　グランシェールの部局から帰るとエルサンは、ルーの助手としてまず細菌学の基本操作をルーから学ばなければならなかった。もちろん、生まれつきの厳格さと綿密さに加えて病理解剖学の経験に助けられ、彼はすぐに習熟し――一八八七年には細菌学は習得しやすい黎明期の科学だった――自分で研究テーマを探し、学位論文のための研究課題を計画することが出来た。テーマと主題は、病院で毎朝見ているものから殆ど必然的と言えるほどすぐに思いついた。エルサンは二つの疾患を選んだ。

ジフテリアに関するルーの研究方針に、エルサンの役割がいかに決定的だったかは強調しなければならない。「ジフテリア研究への貢献」と題する三つの有名な論文にはルーとエルサンの署名があるので、ルーが十歳年下の助手エルサンを彼の個人的研究とその発表に参加させたと一般的には考えられる。しかし、実際にこのテーマを選びルーを説得したのはエルサンである。一八八七年五月十五日、彼は母親に次のように知らせている。

《僕はとうとうルーに決心させて、僕たちは結核と同時にジフテリアの研究をすることになりました……僕たちは結核でたくさん仕事があるのですが、実験には長い時間がかかり、結果を待つ間に少し自由な時間があります。僕たちが極秘裏に行なっているこの研究を嬉しく思っています。パストゥール先生はこのことを知りませんし助手の誰も知りません。始めたばかりですがもう興味のある結果が出ています》。

それに対して、結核を研究課題に選んだのはルーであり、エルサンがこの領域の最初の実験に取り掛かったのは、彼がそれを学位論文の主題にすることを決める以前だったようである。すなわち、一八八八年に発表された幾つかの実験は、《一八八六年十二月九日に接種されたウサギ》と記載されているように、一年以上前にさかのぼるものである。

一八八七年はエルサンにとって一連の試験で暮れた。十一月七日手術医学（前腓骨動脈の結紮とショパール法による足の関節離断）、十一月二十二日外科と分娩、第一部、十二月九日病理総論、内科病理、病理解剖、十二月二十日治療学、医用材料、薬学、衛生、法医学。

結核

一八八八年はまずエルサンを当惑させる招待から始まった。パストゥール夫妻が元日に彼を晩餐に招待したのである。一緒に招待されたのは、ルー博士、ストロース博士[22]、一八八五年に退職した陸軍病院主任医師ヴィルマン教授、パストゥールの女婿の母親ヴァレリー＝ラド夫人、それに、高等師範学校校長ペロ氏[23]だった。光栄に思う以上に心配しながらエルサンは晩餐に出かけた。

《このような場合にはどう装ったらよいのかを調べたあとで、僕は黒のスーツに普通の靴をはき、黒のネクタイと黒の手袋を身につけました。招待者のうち一人だけが、エナメル靴、白のネクタイとオペラハットでしたが、この装いはダンスパーティーにしか着用されないようです。ほかの人たちは白のネクタイをしていた以外は僕と同じでした。燕尾服については、ちょうど僕とサイズが同じだった助手のワッサーツークが、親切に自分の服を貸してくれました。ルーと僕は八時きっかりに実験室を出てパストゥール先生のお宅に伺いました。といっても、師範学校の中庭を横切るだけのことでしたけど。すばらしい晩餐を非常に楽しく終え、紳士がたは（とは言っても僕はちがいますが）ちょっとパイプをふかしてからサロンに入りました。パストゥール先生は、最近ルーが行ない『パストゥール研究所紀要』の最新号に掲載された非常に重要な研究[24]についてお話しになりました。実際、彼はこの研究によって、弱毒化微生物、と言っても危険な微生物そのものではなく、微生物の分泌物つまり生命のかけらもない化学物質を用いて、ある種の毒性の強い病気にたいしてワクチンによる予防が可能であるということを証明したのです。先生は僕についても、近いうちに僕が医師になればすぐに、パストゥール研究所の一員になって活躍するだろうとおっしゃいました》。

一八八八年一月十三日と三十一日に、エルサンは外科臨床と分娩の試験の第一部、第二部に合格した[25]。これが最後の試験となり、それ以降はルー博士を助けながら自分の博士論文にさらに没頭することが出来るようになった。彼の主題は彼の熟知した二つのテーマである結核と病理解剖学を結びつけたものだった。すでに彼は最初の研究、《結核菌に対するいくつかの消毒薬と熱の作用について》を『パストゥール研究所紀要』の一八八八年二月号に報告していたが、ノエル・ベルナールによれば、《初心者の練習課題程度だが、この時代にはすべての研究はどんなに些細なものでもオリジナルだった》。その三ヵ月後、医学博士の学位論文となるまったく別の重要論文、《実験的結核の進展に関する研究[26]》が『パストゥール研究所紀要』に掲載され、当然、この学位論文で直ちにエルサンは注目されることになった。すでに述べた通り、結核は当時の感染症の中で重要な位置を占め、特に、その性質と様態がやっと分かり始めたばかりだった。結核が解剖学的ならびに臨床的に単一の疾患であることはラエネックによって主張されていたが、ドイツの病理解剖学者ことにウィルヒョウはこの問題を再検討し、彼の一八四七年から一八五八年の論文では、結核が疾病分類学的に二つのものであるとする考えを再び取り入れて、彼の言う唯一で本当の結核である腫瘍型と解剖学的にも病因的にも特異性のない炎症病巣の二つに分類していた。

一八六五年にJ－A・ヴィルマンは、様々なタイプの結核患者由来の病変組織をウサギに接種して、つねに同じ病巣が出来ることを確認し、それにより結核の感染性、接種可能性、実験的再現性、そして一元性を証明した。グランシェールは彼の学位論文「肺結核の一元性について」（一八七三年）の中で、一八八二年のコッホによる結核菌の発見[27]を決定的に確認するこの同じ見解を支持していた。

エルサンが書いているように、当時、《結核菌を病原因子と考えて結核の病態解剖学をやり直す》必要があった。彼が行なったのはそのことで、コルニルの実験を方法論的に再検討することだった。つまりエルサンは結核菌浮遊液を一群のウサギに静脈内注射をし、ついで、そのウサギを一定の時間間隔で安楽死させ、肉眼的に病巣が検出されない新しいタイプの結核ができることを明らかにしたのである。このようなタイプの結核は人でも知られていて、一八八一年にランドゥージーによって記載されたチフォバシレールあるいはチフォバチローゼといわれる結核を実験的に再現したものだった。《エルサン型実験結核》はそれ以降医学の常識となり今日でもまだ学生たちに教えられている。

『パストゥール研究所紀要』に発表したのとは別に、エルサンは学位論文そのものを一二〇部発行しなければならなかった！　それは彼にとって、新たな出費を母親に押し付ける気がかりの種だった。実際、一月一日から彼の給料は月五〇フランから一〇〇フランになってはいたが、この論文の印刷代を支払えるほどではなかった。二〇ページの本文はイラストに準拠していて、イラストの作成にはまずデッサンをし、それからカラー印刷のためにリトグラフ用の石に転写しなければならなかった。倹約家の彼は必須でないものを躊躇なく省略することにした。彼は四回の実験をしていたのだが、それぞれの実験にはたくさんの図が必要となるので、最良の実験をひとつだけ選び五枚の図版に一九枚の図で足りるようにした。同郷の友人のヴィクトール・モラックスが幾枚かの図版のデッサンをしてくれたが、全部というわけには行かず、エルサンは『パストゥール研究所紀要』専属のイラストレーターであるカルミンスキーに助けを求めた。一八八八年五月二十六日、アレクサンドル・エルサンは医学博士の学位論文の公開口述審査を受けた。両親に付き添われたほかの出願者とは違い、小心だが自尊心の強いエルサンは一人で受験した。審査委員会は二人の教授と二人の教授資格者で構成され、その前で彼は研究発表し質問に答えねばならなかった。彼はその当日に医学博士の称号を認められ、一八八九年一月二十一日、パリ大学医学部はこの論文に対して銅メダルを授与したのだが、彼は五月になってようやく母親を喜ばせるためにそれを受け取りに出かけた。彼は評価された研究を誇りにするどころか、自尊心をすっかり満足させてしまうと、何時もそうだが、すぐ無関心になった。すなわち、目標が達成されるとすぐに彼の興味は失せ、新しい計画に向かうのだった。

学位論文発表のその夜、彼はルーに出張を命じられ、パリを発ってベルリンへ向かった。《微生物学技術講習会》が将来パストゥール研究所で開始される予定となっていて、類似の講習がすでにコッホが所長をつとめるベルリン衛生研究所にあったことから、ルーはその評判を知りたいと思ったのである。エルサンは、ドイツ語を流暢に話すことから、一八八八年六月の講習会を受講するにはぴったりだった。

ベルリンはエルサンの知らない町ではなかった。彼は以前、休暇の数日間を利用してマールブルグから兄に会いに出かけたことがあった。この二度目の滞在では、とくにドイツ皇帝の死、式典、軍隊行進、集会に出くわし、彼はこれらを見逃すことはなかった。コッホ研究所の教育は一ヵ月、朝八時から夕方六時まで、二人の助手、ペトリとフレンケルの指導のもとに行なわれた。ペトリは元軍医で、一八八六年にローベルト・コッホの共同研究者となり一九〇〇年に引退するまでベルリンの帝国衛生局にいた（彼の名は、今日もまだどこの研究室でも用いられている《ペトリ皿》に付けられている）。フレンケルはコッホの弟子で、一八九一年にマールブルグ、ついでハレ（一八九五年―一九一五年）の教授になり、細菌についての多数の研究を発表した。二人とも二四回の講義と実習を担当した。コッホ自身はこれに参加せず、恒例の講習参加者の集合写真にも姿は見られない。

この講習のあいだ、エルサンは各講義の要点、供覧物、実習、それに、たくさんの技術的詳細を忠実に[28]ノートに書き留めている。実験室の平面図、動物ケージのデッサン、顕微鏡の特徴、培地の準備、染色液の組成、などである。彼はすぐに講習会のレベルに落胆した。この講習会が簡潔なものでこれを凌ぐのは容易だと判断したのである。《すべてのテーマが大まかに論じられています。パリで僕らがこれ以上の講習会を行なうのは難しくないと思います》。ベルリンを発つ一週間前、彼はルーから彼の学位論文を数部受け取り、《その一部を、まだ会っていないが立ち去る前にはぜひ会いたい大ラマ僧、コッホ、に謹呈する》ことを望んでいる。コッホは殆どフランス語を話さず、著作[29]の中で激しくパストゥールを攻撃し、エルサンがその数日後に確認したように、弟子たちに対して全くの独裁者として振舞っていた。

《僕はフルッゲ教授に会いに行きました。彼は非常に親切で望むものは何でも見せてくれました。以前にコッホの弟子であり右腕だった人物です。彼は今ではコッホと距離をおき少し自由な考え方ができますが、フランスでもいくつかの興味ある研究をしていることを認めています。特に狂犬病ワクチンの有効性を信じていますが、これはドイツでは珍しいことなのです》。

エルサンの希望はかなえられてコッホに面会し、その言葉を注釈なしにノートの中で伝えている。

《炭疽菌は長期間の継代培養により芽胞形成能力を失ったが、動物に対しては全く同じ毒力を持っていたという、あの炭疽菌培養の話をした。〔……〕狼瘡（ろうそう）からの菌培養は一、二例で間違いなく成功したと断言した。〔……〕グリセリン寒天上で結核菌を培養し始めて以来、まだ菌の毒力に変化を見たことがないと言った》。

パリに帰ってから[30]、エルサンはルーとともに将来の《微生物学講習会》の周到な準備、すなわち、基礎文献の収集、微生物培養株と材料の点検、実験の準備、に取りかかった。それは彼の目にも十分重要な仕事で、《エルサン型結核》の発見者である彼に、ちょうどパリで開催されていた結核学会に出席する義務を免除してもいい程のものだった。

《この問題は今も僕たちの主要研究課題ですが、僕らの実験室では、殆ど気にしていません。というのは、科学はこのような学会で前進するどころか後退しかしないのが常だからです。そこで聞けるのはおしゃべりと愚かしい話だけです。このことは現在まで例外はありません》。

八月モルジュで休暇中のエルサンは、岩山を長時間歩き回ったり、河の近くで散歩したり、村の子供たちと凧あげをして自然に親しんだ。しかし彼の思いは、パリとデュト通りにやがて建設される研究所に向けられていた。

パストゥール研究所

一八八六年三月一日、パストゥールが科学アカデミーで、それまでは常に致死的であった狂犬病に対する治療に成功したことを発表し、ジョゼフ・メイスター以来三五〇人の狂犬に咬まれた人々を治療してそのうち亡くなったのは一人だけであったことを報告したとき、彼は次の言葉で締めくくった。《咬傷後の狂犬病の予防法は確立されました。狂犬病に対するワクチン施設を創設するのは当然でありましょう》。この願いは世界中で聞き届けられた。フランス銀行が窓口となり、学士院会員の委員会が監査する醵金には、ロシア皇帝、ブラジル皇帝、裕福な学術擁護者からの寄付のほか、つましい人々、クラス全員の小学生たちからも寄付が寄せられ、寄付者の名前は「官報」に掲載された[31]。

一八八六年十二月、パリ市議会は市が所有する土地に建造物を建設するという方針を承認した。一八八七年三月十九日、パストゥール研究所後援会は一五区デュト通り二五番地の一万一三〇〇平米の土地を購入した。四月二十四日、設計図が決定され、六月一日工事は始まった。三週間後、壁が地上に現れ、石積み工事の乾燥を促進するために、コークスでいっぱいの大きなコンロが昼夜燃え続けた。一八八七年十月、屋根の金属の骨組みが置かれたが、それ以後の建設速度はピッチを緩めた。工事現場には、最初の月にいた一七〇人の作業員が六〇人に減り、内部設備の取り付け工事は非常にゆっくり進行した。建築技師は建物の予定通りの竣工を請け合ったが、一八八八年九月初めに予定されていた落成式は十一月十四日に延期され、未完成の場所で執り行なわれることになった。研究室が活気づくのは一八八九年二月である。

しかしながら、パストゥールもルーもこの研究所が機能するのを待ち焦がれた。確かに、齢とともにパストゥールには多くの栄誉が与えられたが同時に病気がちになり、半身不随の二度の発作によって、言葉が不自由で左腕が動かず足を引きずりながら歩く老人になっていた。そのため、研究所内に彼のために予定されたアパートの二つの階を結ぶ内部階段の蹴込みは、ほかの階段のものより低くされていたほどである。彼の知性は無傷で弟子たちの研究を理解できたとしても、また彼が新しい研究所の中に彼個人の実験室を持つ予定であったとしても、一般に信じられていることとは裏腹に、パストゥールの大発見はどれもそこでなされたものではないのである。狂犬病に対するワクチンの発見でパストゥールはその経歴を終えていた。彼の全生涯の顕彰となるパストゥール研究所はその創立者にとっては研究の成果であったが、彼が落成式の日に挨拶したように、彼はそこに《時に打ち負かされた人として》入ったのである。

ルー博士にとって事情は同じではなかった。実験室での研究に成功した後、彼は弟子を育成し、彼の微生物学講習会を軌道に乗せ、彼の経験を教えて伝えたいと思っていた。したがって一八八八年に、エルサンとルーが週に何度もデュト通りの工事現場に足を運んでいたとしても、彼らは相変わらず、パストゥールとまったく同様に、ウルム通りとヴォークラン通りに住んで研究していた。一八八八年十一月十四日ついにパストゥール研究所の落成式が、共和国大統領サディ・カルノの臨席のもと、科学界に限らず多数のフランス人ならびに外国人名士、それにジャーナリストが出席して執り行なわれた。常緑植物で飾られた大図書館でパストゥールは招待者たちを迎え、挨拶を聞き、感激に劣らず疲労して、子息のジャン＝バチストに自分の演説を代読させた。当然、彼の傍らには主要共同研究者のエミール・ルー、そしてルー自身はその右腕アレクサンドル・エルサンを伴っていた、と想像されるだろう。しかしながら、そこには二人ともいなかった。図書館の混雑を前にして、ルーとエルサンはこの社交行事から逃れ、当時まだヴォークラン通りにあった彼らの実験室で静かに過ごすことを選んだのである。引越しは翌年二月に予定されていた。式典の三日のちエルサンは、式典の便りを待ちわびていた母親に次のように書き送った。

《僕は共和国大統領とたくさんの大臣を見ましたが、あまりにも人が多くて部屋の中に入ることが出来ませんでした。ルー先生も同じでした。そんなわけで、お母さんと同様、僕は新聞記事で満足しました》。

未完成とはいえパストゥール研究所がついに落成した喜びも、ある期待外れの失望感によって損なわれた。

《助手とその待遇について一言も述べられていないことは、『医学ダイジェスト』誌をご覧になればお分かりでしょう。ですからまだ我慢しなければいけません。帰化すれば話は簡単になるのでしょうけれど……》。

帰化。エルサンはスイス人であり、当時の法律では医療行為はフランス市民にしか認められていなかったからである。エルサンは母親に家系図を手に入れて欲しいと依頼した。彼の父は私生児だったのでこの家系図の枝はすぐに途切れてしまうが、特に宗教的迫害を避けて逃げたフランス人の子孫の場合には、法律で母子関係が認められる。彼の先祖の証明書[32]は一八八八年十二月に出来上がり、一八八九年一月十一日、ルーはエルサンを伴ってパンテオン広場にある五区の区役所に出かけた。職員がジュネーブの証明書を登録して二人が署名し、エルサンはフランス人となった。《そこには何も厳粛さはありませんでした。結婚の場合だともっと厳粛なのでしょうけど》と、その夜彼は母親に書いた。

結婚の場合……。このことをアレクサンドル・エルサンは考えたばかりだった。パリでも休暇中のモルジュでも、エルサンは何度か母親の友人で有名人サイン収集家の姪、ミナ・シュバルツェンバッハに会っていた。二人の夫人が結婚計画を作り上げていたのである。一八八八年十二月、彼は母親に次のような返事を書いた。

《ミナ嬢についての僕の考えはずっと同じです。彼女は結婚を考えるに十分な信頼と尊敬を抱かせてくれる僕の知るただ一人の女性です。僕はずっと前から彼女を知っています。彼女に慣れていますし、多分彼女も少しは僕に慣れているでしょう。彼女は僕が人付合いの悪い男だということを知っています。もし彼女がこの熊のような男を怖がらないならば、一緒にいるうちに人付合いはよくなると思います。意向を打診した上で僕がすべきことを知らせてもらえると有難いです。僕にはさっぱり見当がつきません》。

打診の結果は断りで、エルサンはそれをクリスマス・イブに知った。

《ミナ嬢の手紙は非常に明確ですから、僕はこれ以上の働きかけはしないつもりです。彼女は気づいていなかったようですが、僕の気持ちに終止符を打ってくれた彼女の率直さに感謝しています。僕が彼女に抱いていた情愛と尊敬は、人がふつう想像するようなロマンチックで性急な愛ではありませんでした。僕の彼女に対する友情はずっと以前からのものだということはご存知でしょう。この感情は僕の中で少しずつ成長しましたが、もう終わらせる時期でした。まだその気持ちにはなりませんから、今〝忘れましょう〟と言うことはできません。しかし結局は時間という名医に頼らなければいけないでしょう》。

翌年、母親がジャイン医師の娘について《意向を打診する》ことを彼に提案したとき、彼はまず《十分慎重にしてください》と答えたが、二週間後には《何もしないでください。よく考えましたが、そのことはほぼ完全に諦めます》。しかしながら、ファニー・ジャインは彼にとってミナ・シュバルツェンバッハより近しい人だった。彼が子供から青年のころ毎日ジャイン医師の家に勉強に行った時、アレクサンドルよりほんの少し年上だった彼の娘は父親の家を陽気にしたものだった。彼はこの父親が亡くなったあとも彼女に会っている。一八八九年には、彼女に万国博見物をさせ、彼女が帰ったあと母親に書き送っている。《彼女を間近で見ながらおしゃべりするのは非常に楽しかったです。彼女の考えには時々すごく独創的なものがあり、僕と同じように、旅行に大きな情熱を持っています……》と。エルサン夫人がファニー・ジャインに息子の嫁の可能性を考えなかったことがあるだろうか？　しかしながらエルサンは意思表示をしなかった。彼はそれを後悔しなかっただろうか？　母親が一八九四年にファニーの結婚を知らせたとき、彼はその知らせを聞いて何の意見も述べなかった。しかし一九三九年[33]二月おいのアドルフに返事を書いている。《W・ジャイン夫人の死をいたく悲しみました。決して忘れることのないすばらしい友達でした》と。

結婚話にはかかわり無く研究は続いていた。E・ルーとA・エルサンによる《ジフテリア研究への貢献》に関する三論文のうち最初の論文が発表されたのは『パストゥール研究所紀要』の一八八八年十二月号だった。第二と第三の論文は、同じタイトルで、同じ紀要の一八八九年六月と一八九〇年七月にそれぞれ掲載された。このタイトルは慎ましいものであったが内容は重要だった。

ジフテリアは、ブルトノーによって、他の悪性アンギーナとは別の特異的な伝染性疾患として知られるようになったが、一八一八年の流行時に彼の行なった観察にも拘らず、病気の原因と発症の病理については相変わらず不可解だった。ジフテリア性アンギーナの伝染性は疑わしいままだったし、トルーソーとペーテルがこの病気を再現しようとした試み[34]は無駄に終わった。ブルトノー自身によって確認されたジフテリアの特異性が証明されるためには細菌学の時代を待たなければならなかった。一八八三年クレーブスは患者の偽膜の中に形態と配列が特徴的な細菌を観察した。翌年レフレルは二五人の患者でクレーブスの見た細菌を見つけ、その六例でその細菌を培養して純粋な状態で分離することに成功した。動物にそれを接種して偽膜を再現することも出来た。この結果にも拘らず、レフレルはクレーブスの菌をジフテリアの病原体と断定することをためらった。なぜなら、菌の接種がすべての動物に典型的なジフテリア麻痺を引き起こさなかったこと、この同じ菌が健康な子供にも見つかったこと、それに、クレーブス菌はすべてのジフテリアの症例で常には証明されなかったからである。一八八八年のG・ホフマンの論文は部分的にこの結果を確認し、新しい細菌――現在偽ジフテリア菌と分類されるホフマン菌――の存在を明らかにした。この菌は時おり健康人ののどに存在して偽膜の中にも見つかるものであるが、病原性をまったく欠いているものである。

このデータから出発してルーとエルサンは、ジフテリア患者一五人の偽膜の中にクレーブス・レフレル菌を見つけ、それを純培養してその形態と培養性状を記載した。彼らも、トレンデレンブールとエルテルに倣って実験動物に偽膜を再現し、モルモットが特に感受性が高いことを強調した。殊に、モルモットは常に麻痺を起した。

《クレーブス・レフレル菌の接種に続いてこの麻痺が起ることは自然の病気と実験的な病気の類似性を完全にするもので、この菌の特異的な役割を確かな方法で確立した》。

こうして、この最初の論文以来、ルーとエルサンは、ジフテリアにおけるクレーブス・レフレル菌の病因論的役割を決定的に確立した。重要な観察がそれに続いた。この菌が偽膜の中にしかいないことである。

《この菌は、この病気で亡くなった人の臓器と血液にはいない。実験的感染で死ぬ動物でも同じである》。

そこから論理的仮定が展開する。

《身体の非常に限定された部位にいる菌がどのようにして全身感染と全臓器の血管病変を引き起

こすのだろうか？　菌が増殖した場所で非常に活性の強い毒素が産生され、そこから毒素が体中に広がることが考えられる》。

この仮定にある《非常に活性の強い毒素》が現実のものであることをルーとエルサンは証明した。菌の培養濾過液を接種すると菌自体を接種したのと同じ病変、つまり同じ麻痺と同じ副腎病変が引き起こされたのである。ジフテリア毒素――この用語は第三の論文にしか現れないのだが――が発見されたのである。

この最初の論文の最も重要な点は次の点である。すなわち、クレーブス・レフレル菌の偽膜に限定された局在と病因論的役割の決定的確立、モルモットの特異な感受性、麻痺の恒常性、それにジフテリア毒素の発見、である。さらに、実に予言めいた考察が述べられている。

《もしいつか、微生物の産生する可溶性物質を予防の目的で使用するようになったとしても、その効果がずっと後になってしか現れないような作用があるかもしれないことを忘れてはならない。今はっきりと原因が分からない多くの器質性疾患が、この種の遅効性毒作用によることがきっと将来明らかになることだろう。原因の分からない多くの腎炎や神経疾患は、多分、気づかれることなく経過した微生物感染の結果なのである》。

最後に、この最初の論文以降ルーとエルサンは、《動物をジフテリア毒素に慣れさせて、それによってジフテリアに対する免疫を誘導することは可能だろうか？》と疑問を投げかける。この最初の発表の反響は大きく、新聞はすでにほんの始まりに過ぎないものから結論を引き出している。

《新聞記者たちが科学に口出しをすると馬鹿なことしか言わないのです。そういうわけで今週、『フィガロ』紙は僕らがジフテリアのワクチンを発見したと言い切ったのです。この記事でパリじゅうの新聞の取材記者たちが詳細を知りたがって僕らのところに押しかけることになったのです。僕は『マタン』紙と『リベルテ』紙の二人の記者に会い、ここに可能な限りのすべての詳細が書いてあります、と言って僕らの論文の別刷りを与えるにとどめました。それでも『マタン』紙の取材記者は翌日の新聞に、ジフテリアのワクチンはほぼ出来上がっていて、動物にワクチン接種をしている段階だ、そう僕が言ったと報じたのです！》

　第二の論文は殆どすべてジフテリアの毒性物質つまり毒素の研究に当てられている。その性質、違った動物種における作用、患者あるいは感染動物の尿中毒素の検出、熱あるいは酸性化による弱毒化、アルミニウム塩への吸着である。五〇年後、ガストン・ラモンは《技術がまだ初歩的だった時代になされたこの研究に驚嘆する。ルーとエルサンはジフテリア毒素と細菌性毒素全般に関してすべてを予見し、すべてを見抜いていたように見える》[35]と述べている。この二番目の論文では、著者たちはジフテリアの現代的、決定的かつ革新的な定義をしている。《ジフテリアは、微生物が増殖する非常に限局された場所で微生物が産生する、非常に活性の強い毒素によって起こされる中毒である》と。ここで初めて、細菌の病原能力の二大様式の間の区別がなされたのである。《菌の毒作用と毒力を混同してはならない》。初めて、毒力の定義がはっきりと示された。すなわち、《毒力とは生きた動物の体内で微生物が増殖する能力である》と。

細菌の増殖と直接関係のある感染とは別に、ジフテリアは《いわば体外で作られた毒性物質が体内で拡散すること》と関係する病気のモデルのように思える。この発見はジフテリアそのものの枠を超えて、他の感染症、たとえば破傷風、ボツリヌス中毒、化膿などの病態生理を明らかにした。この発見はパストゥールが予見しなかった新しい研究への道を開くことになった。病毒を弱毒化するパストゥールの原理とは別に、毒素を弱毒化するという原理がありうることになる。ルーとエルサンの研究は、ベーリングと北里を抗毒素の発見に導き、ルー、マルタンとシャイユーを一八九五年から実用化される抗ジフテリア血清療法へと導いた。一九二三年にはラモンが、熱とフォルマリンの共同作用で、ルーとエルサンの毒素を免疫付与活性のある無毒な物質アナトキシンに変化させ、ジフテリアのワクチン接種を可能にしたのである。

第三番目の論文を準備するために、エルサンは毎日のように小児病院のジフテリア患者の病棟に戻ったが、特に、治癒した元患者の住まいに出向いて喉を検査し検体を採取した。そしてエルサンとルーが唖然としたことに、偽膜がのどから完全に消失し臨床的に治癒した子供たちが、まだ毒性ジフテリア菌を保菌していることを確認したのである。そのためルーは、ジフテリア既往歴を持つ子供たちを、ジフテリアが殆ど広まっていないノルマンディー地区の田舎に住む健康な子供たちと比較することにした。一八八九年十二月十七日、ルーは次のような手紙[36]を出している。

《カーン大学区長は、エルサンと私がイシニー近くのグランカン小学校児童の口の中の微生物を検査する許可を与えてくれました。私たちは、伝染病のはやっていない健康な土地で生活する子供の口の中の微生物と、パリの小学校の子供たちに見つかる微生物を、実際に比較したいと思います。大学区長は、私たちがグランカンを訪問する日を前もってあなたに知らせるように言われます。この時期パストゥール研究所で行なわれる講習会のため、私はエルサン博士に同行することは出来ませんので、彼が一人で金曜日の夜行くことになります。もしご都合がよろしければ子供たちの検査は土曜日に行ないたく存じます》。

この比較の結果に彼らは感激した。子供たちの半数にジフテリア菌がいたが子供たちは病気ではなかったのである。村ではジフテリアの症例は稀だった。

《したがって、この菌は口の中でしばしば毒力のない状態で存在し、毒力を回復するのは非常に困難に違いありません。そのことこそ私たちが実験で証明しようとしたことです。ごく最近、私たちは毒力を喪失したジフテリア菌に毒力を回復させることに成功しました。これは大きな一歩です》。

第三番目の論文でルーとエルサンは、まずジフテリアの診断を、偽膜の塗抹検査と菌の染色（一八八四年にグラムによって開発された染色）と血清培地を用いた菌の分離によって体系化することに努めた。彼らは、当然、臨床的に疑わしい症例におけるこの体系的細菌検査の利点を強調した。しかし特に治癒した子供において、正確に言うことの難しいほど長い期間にわたって、菌が存続することを発見したことは重要だった。これは健康保菌者の発見であり、ルーとエルサンは直ちに実際的な結論を引き出した。[37]

《伝染の危険は病気とともに消滅しない。したがって、ジフテリアから回復したばかりの個人は、家族、職場あるいは学校にあまり早く戻るべきではない。偽膜がなくなったからといってすぐ病人を病院から返すべきではないし、彼らを相部屋にとどめるのも不都合があるので、ジフテリア患者の病棟に回復者専用の場所を整備することが賢明である〔……〕。我々が確信を持つことは、近い将来ジフテリア患者を退院させるには、何度も細菌の培養検査をしたのち、患者が口の中にもはやジフテリア菌を持っていないことを確認した後にすべきである、ということである。我々が提唱している予防策は架空の危険を考えてのことではない》。

ルーとエルサンは、次に、体外におけるクレーブス・レフレル菌の生存と、病人のシーツと寝具を熱殺菌器に通す必要性についての研究について述べている。論文の最後の部分では、菌の毒力、偽ジフテリア菌との関係、菌の弱毒化、毒力の再出現の可能性について言及している。これは弱毒化についてのパストゥールの原則に立ち戻ることであり、この論文のもっとも説得力のない部分である。

一八八九年一月二十日、エルサンはヴォークラン通りからデュト通りに引越し、新しいパストゥール研究所の最初の住人となった。大図書館の上には助手を住まわせるための居住専用階があり、[38]エルサンは建物の角にある窓の二つ付いた大きな部屋を選んだ。

《今のところ僕は一人ぼっちです〔……〕。研究室の残りの人たちは二月上旬にやってくるでしょう。僕は、最終工事のペースを早めたり、乾熱滅菌器に火をつけて調節したりで、他の人たちに先んじて頑張っています。〔……〕僕はたくさんの滅菌器、高圧ガス機器を監視し、職人を監督しなければならず、〔……〕請負業者と会う約束も取り付けなければならないなど、すごく忙しくしています》。

二月一日から研究室の引越しが始まった。狂犬病部門は殆ど運搬するものがなかったので一番に機能し始めた。しかし実験部門は同じようには行かなかった。培養フラスコの運搬には取り扱いに注意が必要だったし、ガラス類と器具の箱についても同じだった。それに、ルーは教育を始めたいと思っていた。

ルーの講習会

最初の微生物学技術講習会は一八八九年三月十五日に始まり、翌四月二十五日に終わった。それは《教授、ルー博士　助手、エルサン博士》による講習会として通知され、医師九人を含む一五人が受講を許可された。医師：バトル、アレビナール（ニューオルリンズから）、レモン、ロシア人のロリス－メリコフとレヴィツキー、シュレンマー、パリ大学医学部解剖助手のボワファン、ボルドー大学医学部助手のプレエルとシュザンヌ、それに、六人の病院インターン：チロロワ、エトランゲール、アリオン、レパン、ウスタニオールとマルクシーである。そのほか、四人の自由聴講生、ラブラン教授、自然史博物館の補佐博物学者のフィザリ博士、パストゥール研究所助手のペルドリとラルブールがいた。この最初の講習会は、すぐに《ルーの講習会》の異名がついたが、明らかになったことは、教育に対するルーの好み、ルーの恐るべき忍耐強さ、細菌学というまだ新しい領域への新参者に対するルーの寛大さ、それに、《愚かな生徒たち〔……〕、下品な男たち、極端にしつこい生徒》を前にしてエルサンが感じた苛立ちである。

二回目の講習会は一八八九年六月一日に始まり七月二十五日に終わった。相変わらず《教授、ルー博士　助手、エルサン博士》の二人の担当で、フランス人と外国人の一五人が受講した。医師：コスモ・デ・ラ・ペレイタ（ブラジル）、ハーレーとスレイター（英国）、キロガ（アルゼンチン）、それにパリジャンのベルシェール、アレ、レカミエー、トレイユ、ダランベールと小児病院の元病棟医長ケイラ。セーヌ県衛生獣医師のラクリエールとブリエー。病院薬剤師のベルッツー。医学部助手のオークレール。病院インターンのクリッツマン。三人の自由聴講生は医師でモンペリエ大学のモリエ、陸軍病院助手のヴァンサン、モスクワ大学のヴォイトフであった。

この第二回の講習が終わったとき、エルサンはやっと万国博を見物に行くことが出来た。一八八九年万国博開会式は五月七日に行なわれたが、この日には多くのパビリオンが未完成で陳列棚も空っぽだった。催しがたけなわになるのは六月も初めになってである。博覧会は二つの大きな広場、廃兵院前広場と錬兵場、を占拠していた。廃兵院前広場は軍事・フランス植民地省に割り当てられ、《中央会場》の周りには、セネガル、パプア、タヒチ、チュニジア、アルジェリア、インドシナの村々と共に、住民衛生、ミネラルウォーター、軽航空機製造術、労働者センターなどの様々なテーマ館が並んでいた。錬兵場の両端には二つの建造物の花形、すなわちエッフェル塔と機械館が立っていた。後者には、工作機械、機械装置、炭鉱、製鉄、製紙、土木工学、土木工事などに関するすべてが展示されていた。《さまざまな集団》というもう一つの建物には、陶器、織物、衣類、暖房、のフランス内外の出品者が集められていた。ライトアップされた泉水で飾られた芝生の両側では、二つの建造物が向かい合い、一つは美術に、もう一つは労働回顧展にあてられていた。セーヌ河畔のオルセー河岸に沿って、イエナ橋とアンヴァリッド橋のあいだに立ち並ぶパビリオンは農業と食品にあてられ博覧会の二会場を結んでいた。

ほかのどんな目もくらむようなテーマにもまして、エッフェル塔[39]は見物客に一番の人気があり、一階（二フラン）、二階（三フラン）、三階（五フラン）まで上る群衆がどっと押し寄せた。当時の説明書きには、二階の空気は清澄とうたってあり、若い新婚さん（！）と百日咳にかかった子供にお薦めとされていた。この病気の子供たちは、母親同伴で、無料でエレベーターにのって二階に上がることができ、母親は医師の診断書を見せれば半額の恩恵にあずかることが出来た。一階には四つのレストランがあり、それぞれ、フランス、ロシア、ベルギー、アメリカ料理にあてられていた。元気な人たちは塔の支柱の中に取り付けられた階段を徒歩で登った。エッフェル塔が空前の成功を収めたことで、フランス革命記念建造物を選定するための調査検討委員会が、一八八六年五月十五日、エッフェル事業所の計画を採択すると決めた時のあの不安は払拭された。この不安は一八八七年一月に工事現場が出来上がった時によみがえり、殊に四本の柱の組積工事が終わり、一八八九年三月三十一日の竣工に向けて塔がそびえたち始めた時には、塔が倒れればノートルダム、ルーブルと近隣の地区を崩壊させるだろうとか、塔の影でパリが暗くなるだろうとか、雷を呼び寄せる危険があるとか、とりわけ、塔はゴシックのパリを台無しにすると心配された。[40] 一八八九年五月以降、誰がこの不安を思い出しただろうか？　絶賛の声が大勢をしめ、一八八九年十一月博覧会が閉会したとき、一九六万八二八七人がエッフェル塔に上っていた。エルサンは一人であるいは友人のペルドリ助手と一緒にしばしば博覧会に出かけ、機械陳列室で感嘆し廃兵院前広場ではエキゾチックな国々に目のくらむ思いだった。彼が一八八九年夏のあいだモルジュに帰省したとき、彼は同郷人たちにとって、パストゥール研究所の落成式と万国博覧会の開会式の証人であるという二重の栄光に包まれることになった。

八月の最後の週にパリに戻ったエルサンは、この一八八九年から一八九〇年の期間が、たぶん彼がそれまで生きてきたあるいはこれから生きようとする全ての期間以上に、激変の時代となることを予感しただろうか？　パリに帰るとすぐ彼はある行動に出て、ルーはそれが理解できずに激しく非難したため、二人の友情に一時的に亀裂が生じることになり、彼は一週間海岸に出かけたのである！　彼がモルジュでとったような、あるいはルーがピュイの妹のもとで過ごしたような、そんな家族の許での休暇ではなく、孤独な一週間の旅行だった。海が彼を惹きつけるのは彼がアルプス出身であるためだろうか？

《ルーさんは旅行がひどく嫌いで、人々があちこち旅行することが理解できないのです。休暇でさえも時間を損したように考えるのです》。

九月一日、エルサンはディエップ行きの列車に自転車を積み込み、そこからルアーブルまで自転車を走らせ、オンフルール行きの渡し舟に乗り、さらにルーアンまで行ってパリ行きの列車に乗って戻った。海は彼の期待を上回り、ウジェーヌ・フロマンタン風に海を描写することも出来るほどだった。

《トレポールの近くで海を一望のもとに見下ろす一〇〇メートルもある断崖の上で草の中に横たわり、波の音を聞きながら一時間近くも休憩しました》。

小さな漁港では漁師たちと仲良しになり、彼らの家に泊まって早朝の薄明かりのなか漁船に乗り込み、あるいは、小エビやタマキビ貝を採取しながら海岸を散歩して方言を三つ覚えた。《クネ（船）を使ってオミ（海）でリョ（漁）をする》。

九月八日デュト通りに帰ってからもエルサンは幸せな日々を反芻し、海を懐かしみ、海鳴りを聞き続けていた。ルーは少しも話をきかず、助手の日焼けした肌の色を確かめただけで満足した。母親宛ての長い手紙の中で、エルサンは最近の思い出を甦らせながら、肝心な点を押さえ特徴的な細部を見落とさない、例の正確で細かい観察力を見せている。グランカンの漁師たちと海ですごした一日の描写は次のようである。

《この村は人口一二〇〇人の大きな村です〔……〕。みんな船乗りです。朝八時頃村に来たと想像してみてください。船乗りたちが漁から帰ってくる時間です。いたるところで、大きな長靴をはいた、青いズボン、作業着、ベレー姿の屈強な男たちに出会うでしょう〔……〕。海岸では、三〇艘ほどの大きなボートが引揚げられています。岸から五〇〇メートルのところには、みんなよく似た四〇艘ほどの小船団が碇を下ろしています。この時刻にはまだ海岸に人気はありませんがすぐに活気づきます。まず見習水夫たちが母親にキスされてボートに乗り組みます。それから、船乗りと親方がその日の食料のパンとシードルの水差しを持ってやってきます〔……〕。ボートを海に押し出し……、小船に乗り込むために出発〔……〕。イシビラメ漁をするのです。それでカラブルと呼ばれる方に向かいます。陸と同じように、海でもそれぞれの場所に名前が付いているのです。海岸はもう地平線に青っぽい線でしかありません〔……〕。岬を北東に迂回して、さらに一時間進んで〔……〕トロール網を入れます〔……〕。見習水夫は船室に降りてかまどに火をつけ、一方老船乗りがマトロット料理の魚を用意します。それぞれ丸パンを一切れとってナイフで鍋の中を漁ります。シードルを一杯飲んで、さあ仕事！〔……〕カラブルの海底はごぼごぼで小石だらけです。〔……〕もう二時間も移動して、カラブルを二度も横切りました。もうトロール網を引揚げる時間です〔……〕。波のせいで、巻き上げ機をがくんがくんとしか回せませんが、ついに網が現れます〔……〕。魚、カニ、それに、妙な生き物が次々に甲板に落ちてきます。すばやく選別され、エイ、ひめじ、きれいなカキ少々、大きなカニ一匹を残しておいて、残りは全て何の役にも立たないもの、そして肝心のイシビラメは一匹もいませんでした！……もう午後四時、もう一度カラブルの海底をトロール網で底引きする。突然、船が止まり、網の綱が切れそうに引きつる。大きな岩に引っかかり数平方メートルにわたって網がちぎれる。急いで網すき針と細綱で修理して穴を塞ぎます。網が直ったのは七時頃ですが、イシビラメは昼間しか取れません。夜は、同じくたいへん値打ちのあるシタビラメを取りますが、陸地に近づく必要があります。シタビラメのいるのは、岩のない砂地です〔……〕。夕食の後、男たちは皆それぞれの吊り床で眠ります。〔……〕朝二時、僕は甲板のメリという音で目を覚ましました。たくさんのシタビラメの入った網を引揚げているところでした。僕らはグランカンに近づきます、すでに何艘かの船が帰っていて、甲板を洗い、魚を平らなかごに入れていました。パリから来た魚屋さんたちが忙しく立ち働いていました。〔……〕入札がすばやくまわされ、親方の女房が小さな手帳に落札を記入します。せり売りは五分で終わり〔……〕。船乗りと見習水夫たちは日曜日に親方の家に集まり、女房が販売控帳を出して、その週の利益を合計し、親方がその半分を取り、残りは分配されるのです。船乗り一に対して見習水夫はその半分です》。

『氷島の漁夫』を読んでも、エルサンの郷愁はかき立てられるばかりで、第三回の微生物学技術講習会が始まる頃には、教育に拘束されることにますます耐えがたくなっていた。

この第三回の講習会は一八九〇年十一月十五日に始まり一月五日まで続いた。一四人の生徒が登録した。ランドゥージー教授（エルサンが動物実験で再現したエルサン型結核を臨床的に個別化した）と一八八七年に彼に産科学を教えたビュダン教授。高等師範学校助手のマトルショ氏、インターンあるいは臨床教育指導医のギュイヨン、サン-ジェルマン、スープレ、ケイラ、外国人としてラフォッス医師（ベルギー）、クリスチャニア市のスエーデン人獣医部長のマルム博士、ハバナのマダム博士、二人のロシア人、植物学者ポロゾフ博士とブラゴヴェチェンスキー博士である。自由聴講生としては、オルガ・メチニコフ、陸軍病院ジェサール教授（一八九二年に緑膿菌を発見）、パストゥール研究所図書館員W・M・ハフキン、メキシコの教授二人、スイス人とオランダ人各一人がいた。

生徒の肩書と外国人の比率の増加は、ルーの講習が世界的に有名になったことを示している。この二ヵ月のあいだに何度も、ルーはエルサンに何回かの講義を引き受けて欲しいと頼んだが、エルサンは頑として承知しなかった。ルーが頼むのには二つの動機があった。一つは、彼の健康が優れないので少し講義から解放されたいということであり、パストゥール研究所の人たちは数週のちにそのことを知ることになる。もう一つは、一、二年のうちに地方大学の教授ポストをエルサンのために、とルーは考えていたからである。エルサンは次のように書いている。

《残念ながら状況はまったく好転しません。僕はむしろ海軍に入って、植民地ですばらしい研究の場を持てたらと思っています〔……〕。僕はパリを去ることは嫌ではありません、というのは〔……〕劇場は退屈だし、社交界は嫌だし、それに、行動しないのは人生じゃないですよ。結婚については、僕はまだ数年間は考えたくありません。僕は世界中を駆け回り、動きまわりたいのです》。

しぶしぶ彼は何回かの講義を引き受けることを約束した。微生物学技術の第四回講習会は一八九〇年二月二十日に始まり四月四日に終わった。外国人生徒が圧倒的に多くなり、フランス人六人に対して、イタリア人が三人と、英国人、ルーマニア人、ロシア人、エジプト人、メキシコ人、アメリカ人が各一人ずつだった。

《ルーさんは講習を再開しました。この講習のやり方について僕は彼と意見が一致していません。僕は彼に一言だけ言ったのですが、そのことで二時間以上、ののしりあいになりました。幸い、僕は無感覚になり始めています。自分自身の間違いを認めることほど難しいことはありませんが、彼も考えてみれば結局は僕が正しいことが分かると思います。〔……〕次の水曜日、僕はゼラチンの作り方について話をします。きっとパッとしないでしょう、僕は自分の雄弁に大して自信を持っていませんから。〔……〕授業はうまく行きました。ルーさんの評価は、僕は少しぶっきらぼうに、あまりにゆっくりと口先だけで話をした、ということでした。それに、ルーさんは僕が子供っぽい威厳のない声をしていると思ったようです。次の授業は来週の木曜日で家禽コレラについてです。ルーさんは、聴衆に何を話すかを考えないで聴衆の前に立たなければだめだ、と主張しますが、僕は数日前から講義の勉強をしています。たぶん、大変おしゃべりな彼はそれで良いのでしょうが、みんなが彼の手本どおりにできていないことを理解できないのです》。

家禽コレラの講義はルーの称賛を受けたが、エルサンはそれに満足していなかった。

《僕は秩序が好きだし、彼は無秩序が好きです。意見の違いがでるのはそのせいです。昨日もまた僕は切片のつくり方とミクロトームについて講義をしましたが、それに満足していません。僕はもうこの講義をしたくありません》。

ルーは、エルサンが神経質に、不機嫌に、そして何よりも不幸になっていると思い、彼に疲れを癒してもらおうとモルジュで二週間過ごしてくるように勧めた。一八九〇年五月二十一日エルサンが、六月二日に始まる予定の第五回講習会の準備をするためにパリに戻ってきたとき、ルーは憂慮すべき健康状態に陥っていた。

《ルーさんの体調が良くなくて今日はずっと彼のそばでいました。顔色がすごく悪く、午後血を吐きました。残念ながらこれは、少し休息を取るように勧められてもいつも〝時間がない〟と答えるような、そんな生活を送っていることの必然的な結果です。ですから僕は次の講習会には思っていた以上に関わらなければならないでしょう。病院に見舞いに行くだけでも結構忙しいでしょう》。

五月二十五日、事態は深刻になった。

《ここ数日僕らは嫌な日々を過ごしました。僕らはルーさんのことで大変心配しましたが、彼はまだ危機を脱していません。火曜日の夜、最初はほんの少しの喀血でしたが、水曜日の午後は、夜には止まったものの、かなりの量でした。木曜日の朝彼は、なんでもないよ、もう治ったよ、と言いながら実験室に来て、正午にはひどい暑さのなか病院に行くことになりました。その結果さらに大量の三回目の喀血となり、それが昨日まで続きました。今日はすごく幸いなことに、少しよさそうです。とにかくルーさんは少なくとも数ヵ月のあいだ仕事から完全に引くことになります。その結果当分のあいだ講義は全部僕がしなければなりません（準備に一週間しかありません）。それに、ジフテリアの実験を続けなければなりませんし、すこし臨床に戻るために診察もしなければなりません》。

この期間、ルーは喀血（P・ヴァレリー＝ラドによれば結核性ではなく気管の拡張による）に苦しめられ、メチニコフ夫妻の手当てを受けた。彼は話をすることを禁じられたので、ノートに書いて話し相手に答えた。ルーの書いた言葉が彼の不安を反映している。すなわち、エルサンが[41]ためらっているのを知り、彼はエミール・デュクローに頼んで、エルサンから講習会の責任者を引き受ける公式の約束を取り付けたのである。エルサンが《ルーを喜ばせるために》約束したに違いなかったので、ルーは抗議して《僕の為にしてくれる仕事ではなくて研究所の利益の為だということをエルサンに分かってほしい》と書いている。エルサンが見舞った折にも彼は同じ言葉を繰り返している。《そんな言い方をしてはだめだ。僕の希望は何の意味もないんだ。考えなければいけないのは研究所の利益で、それをきちんとこなすのは重い任務だ、生徒たちの利益にならないといけないのだから。何とか決心してくれないか》。数日後、彼は殴り書きしている（誰に？）。《そのことについてエルサンに話す必要がある。たぶん講習会がうまくいけば彼の考えは変わるだろう》。

最終的にエルサンは、一八九〇年六月二日から七月五日までの第五回講習会の任務をひきうけ、ケイラとハフキンが助手を務めた。この講習会は先の四回のものより短く、一四人の生徒と二人の聴講生が受講した。九人のフランス人の中には、彼がすでに知っていた病院の二人のインターン、モーリス・ニコルとヴィクトール・モラックスがいた。七月八日、彼は母親に書いている。

《まったくうんざりで、とんでもないほど時間がかかります。僕の最初の講義には、パストゥール先生、シャンベルラン先生、それに気後れさせるような人たちがたくさんいました。パストゥール先生は満足しているようでした》。

その証拠に、パストゥールは、その同じ七月に、エルサンに教育功労賞をとらせた。そして遂に解放される日が来た。

《僕は昨日、講習会を終えて満足の大きなため息をつきました。生徒たちはまだあと片付けに来ますが、それで実験室はすっかり平静になります》。

エルサンもまたすっかり平静になっていた。彼はこの日、自分が次の講習会には参加しないということが分かっていた。ルーにもそれが分かっていた、《講習会の成功》がエルサンの考え、辞任の考えを変えてはいないと。一八八九年九月の海辺での休暇がエルサンを満足させるに十分だったとルーは信じることができたとしても、エルサンの気持ちはそのとき以来もう研究所の方には向いていなかったことをすぐに受け入れるべきだった。しかるに、新しい研究所の組織を確立するには全面的な道義的拘束がどうしても必要だったのだ。エルサンは月を追うごとにその重み感じるようになり、そしてついにそれを拒否したのである。一八九〇年二月九日、彼は母親に次のような返事を書いているので、母親はたぶんそれを察したのだろう。

《将来のことについては、まだまったく何も決めていないので、まだ何もいえません、それでお母さんには、僕の躊躇していること全てと差し当たりの見通しをお話ししておきます。ルーさんと僕はしばしばこの問題について非常に激しい口論をしました。今朝の口論のあとも、まだ理解しあえるまでに至っていないことが分かりました。というのは、彼が理解せず、また今後も決して理解しないようなことがたくさんあるからです》。

母親がこの変化を容認しようとする気持ちの中には、影響を受けてほしくないと思っていたパストゥール一族から息子が離れてくれる可能性と、この冒険願望が一度満たされれば息子が故郷に帰って来るかもしれないという希望を思い描いていたとも考えられる。それで、彼女はエルサンの意見に賛同し、エルサンは彼女に二月十六日返事を書いている。

《お母さんが提案する行動計画に僕は全面的に賛成です。それにルーさんが僕に勧めてくれるものその計画です。僕はパストゥール先生にこの秋から一年間の休暇をお願いし、フランス郵船の嘱託医師として月二〇〇フランの給料に食住付きで契約するつもりです。また小旅行をすることで安定した気力の回復も図れるでしょう。これはどうしても必要です。この計画はもう実行に移されていて、この前の日曜日に問い合わせをした従兄弟のドモルさんが、僕の力になってくださり会社の社長に推薦してくれました。このポストは非常に人気があり、とくに強力なコネがないと手に入れるのが非常に難しいようです》。

たとえ世俗的なことには嫌悪を催すにせよ、また母親の裕福な従兄弟のイザク・ドモル氏の応接室を訪問することは稀だったにせよ、彼はこの血縁を使ってフランス郵船会社の重役の一人と面談をして、パストゥールが口述しルーが筆記した推薦状を手渡した。

《下記署名者、パストゥール研究所所長、学士院会員、レジヨン・ドヌール大十字章受章者は、エルサン博士（アレクサンドル）が一八八六年七月より今日まで高等研究学院・生理化学研究室ついでパストゥール研究所助手の任務を全うしたことを証明します。エルサン氏は常に非常な熱意をもって職務を履行し、私の研究室に在任中は、多くの研究成果を報告して専門学者に好評を博したことを認めます》。

この手紙は、控えめではあったが、フランス郵船の扉を大きく開いた。若いパストゥーリアンは何処に行きたいのだろう？　ブラジル？　日本？　オーストラリア？　マダガスカル？　ポストがなければ現役の医者に休暇を出すだろうし、熱帯医学の研究をしたいと言えば会社の全職員が彼の命令に従うことだろう。

この手続きは微生物学技術の第四回講習会の最中に行なわれ、第五回講習会の間にルーとエルサンの関係はしだいに変わっていった。ついに教育から解放された未来の船医は数週間のあいだ病院に通い、医学部の課程では教わらなかった専門分野を勉強した。系統的で、用心深く、かつ計画的なエルサンは、何事もいい加減にしたくなかった。したがって、海上で彼を待ち受ける業務を視野に様々な修練を自分に課した。皮膚病、小手術、眼科などである。そして遂に彼は荷物の準備をする。《蠟引き布で覆った蓋つきで、長さが九〇センチの柳行李（値段四九フラン）》の中に衣類は乱雑に詰め込んだが、顕微鏡、試薬類、手術用器具入れと書籍は丁寧に包装して入れた。一八九〇年九月十三日、フランス郵船からの電報で、インドシナ方面へ乗船するために彼はマルセイユに向かう。アルボアからパリに戻ったパストゥールに出発の挨拶をすることは出来たが、まだ妹のもとで休暇中のルーには挨拶出来なかった。[42]

　パリに亡命したロシア人医師でパストゥール研究所に図書館員として入所していたハフキンが、微生物学技術講習会の助手としてルーのもとで彼の後任となった。

第四章　フランス郵船（一八九〇年〜一八九一年）—船医時代—

サイゴンに赴任　マニラ航路　トンキン航路
フランスの植民地政策　探検趣味に目覚める

エルサンは一晩列車にゆられてマルセイユに着き、トランスアトランチック・ホテルに投宿した。彼はすぐフランス郵船支店へ行き、乗船規則を受け取り、〈ベル・ジャルディニエール〉で制服を作ってもらうよう指示を受けた。出航は翌々日、オクスス号でサイゴンに行き、そこで任務につくことになるが、配属先は到着後に知らされる、と告げられた。

商船で使用される乗船規則第八章は医師の役割に関するもので一七七—一九三条にまとめられていた。要約すると以下のとおりである。医師はフランス衛生局の通達に従わねばならない。医師は船長から、あるいはその不在においては、その補佐役からのみ命令を受ける。医師は検疫[1]なしに入港するために要求される健康証明書に関するすべてを担当し、乗客と乗員の健康に必要と判断される衛生措置を船長に提言し、調理場の衛生を監視する。

船上においては全ての乗員乗客が医師の無料の治療を受けることができ、医師は処方が看護師によって実行されるよう監督する。毎日、医師の診察時間は鐘で知らされ、医師はひとりで病気の軽重を判断し、船上あるいは場合によっては地上で受けるべき治療法を決定する。特別に重大な病気の場合には、船医は乗客の中に他の医師がいるならば、その医師を診察に立ちあわせねばならない。医師は処方された全ての処置の正確かつ詳細な記録をつけ、各航海後にその要約をボルドーのフランス郵船総代理人あるいは地区営業所長に提出しなければならない。航海中の死亡の場合には、死因についての非常に正確な調書を作成し、それをボルドーの郵船支店に提出しなければならない。医師は自分の書物と小さな携帯用器具入れを持って乗船しなければならない。器具箱は船内にあるが営業部長は自由にそれを検査する権利を持ち、不注意で壊された器具があれば医師の負担でそれを修理させることが出来る。それに対して、新しい医師が乗船する場合には、前任者同席のもと器具の状態を確認させねばならない。

船が母港に到着したときには、医師は二十四時間以内に次の航海の必要品一覧を船長に提出し、ついでその積み込みに立ち会い、品物が自分の注文に一致することを確認し、船の薬局に必要な薬品がすべて揃っていることを点検しなければならない。エルサンはこの航海では船医としてではなく乗客として乗船するのだが、オクスス号の船医が薬箱の内容を点検するのを手伝った。シャトー・ディフの見物に出かける余裕もあった。二日と経たないうちに〈ベル・ジャルディニエール〉が仕立てた制服が届き、《僕に似合わなくもないね》と満足げにつぶやいた。

一八九〇年九月二十一日、十六時三十分、オクスス号はサイゴンに向けて出航した。乗客は四一〇人で、そのうち二四〇人はトンキンに派遣される兵士で、一二人のベネディクト会僧侶と同数の慈善修道女は中国に行く人たちだった。エルサンは、シンガポールに行く医師ミレと同室だった。一等船室の贅沢は目をみはるばかりで、食事は《並外れ》ていた。《フランス郵船ではご馳走が食べられると言われていたが現実は想像した以上だった》。一八九〇年、マルセイユ‐サイゴンの航海には寄航を含めて三〇日必要だったがエルサンには長く思えず、英語の勉強、医学書の読書、ミレとのチェスの勝負、甲板の散歩ですごした。そんなこともあろうかとマルセイユで航海用の双眼鏡を購入していたが、紅海の暑さに船室を逃れて甲板でまどろむとき、ことに夜間は何時間もそれを利用した。実際、時間のたつのは早く、《船上で経験するぞっとするような退屈を大げさに語った》ルーへの皮肉をつぶやいた。

マルセイユ、メッシーナ、クレタ、アレクサンドリア、ポートサイド、スエズ、アデン、コロンボ、シンガポール、サイゴン、この初めての航海の全てがエルサンを感激させた。エルサンは、素朴な幻惑を覚えながらも非常に綿密に風景と住民を観察した。空と海の色、ストロンボリ火山の上にもくもくと立ち上る煙、アレクサンドリアの乞食たち、それに、スエズ運河のゆっくりとした航行（十二ノットではなく六ノットと規則で定められていた）、息苦しくなるような暑さ、アデン手前の荒廃した風景、《英国人が二ヵ月交代で駐屯し、その期間が短いにも拘わらずたくさんの自殺者が出る、それほどもの悲しい》ペリム島。夜アデンに到着し、《たくさんの燃え盛る松明でぼんやりと照らされた大きな黒いかたまりが海岸から近づいてくる、そして、小さな蒸気船で曳航されるこの筏から単純な調べのリズムに合わせた歌が聞こえてくる〔……〕。それはオクスス号の船倉を満たしにやってくる石炭運搬船だった》。コロンボに到着、そこでは大地は赤く、家も赤く、住民は赤銅色だった。コロンボ港の水先案内人は酔っ払っていて三度も水路の進入に失敗し、船を停泊地に入れたのは最終的にオクスス号の船長だった。そして、そこには蛇使いたちがいて、さんご礁や繁茂した植生のあいだをアウトリガー付き小舟が滑るように行き来していた。

船上の生活も彼を楽しませた。食堂の天井に取り付けられ、中国人が綱と滑車のシステムで絶えず動かしている大きな扇風機パンカ、音楽の夕べでは《船客の音楽家がバイオリンをかき鳴らし、奥様方が悲しげなロマンスを猫のような声で歌い、兵士たちは剣やボクシングの練習をし、それから、大舞踏会でお祭りは終わる》。シンガポールを前にして季節風で海が荒れた時には、食事中に食器が滑り落ちないようにするために、《バイオリン》の異名をもつ食器枠をテーブルに置かなければならないこともあった。

エルサンはのちに自分がこの航路の常客となり、この風景がもう魅力を感じなくなるほど度々ここを航海することになろうとはまだ知るよしもなかったし、四十五年後には、別の交通手段である飛行機を用いることになろうとは思いもよらなかった。

一八九〇年十月十八日、オクスス号はサン - ジャック岬を過ぎ、サイゴン川をさかのぼった。インドシナとのこの最初の出会いは、まだコロンボに魅了されていたエルサンをがっかりさせた。船は四時間のあいだ、草が生い茂り悪臭を放つ泥だらけの岸の続く平坦な風景を横切って航行した。たくさんのサンパンがコーチシナの首都のほうへあるいは沿岸のほうへと川を行き交い、サンパンによる沿岸航海が都市間の商業活動の殆ど全てを担っていた。オクスス号がサイゴンの埠頭に係留されるとエルサンは船着場に面したフランス郵船の営業所に行き、自分がサイゴン - マニラ航路のヴォルガ号[2]に配属され、N・ネーグル船長の指揮下に入ることを知った。つぎの出航は四日後だったので、エルサンは自分の本拠地を歩き回わる時間があった。

一八九〇年、サイゴンとその姉妹都市チョロンは人口約一六万五〇〇〇人の市街地を形成していた。ヨーロッパ人にとってはインドシナの入口であり、コーチシナの豊かな地方の首都であるサイゴンは、極東の都市の中では最も西欧化されていた。街路樹の植えられた大通りとヨーロッパ型の公共建造物（総督府、大聖堂、劇場、植物園、白人居住区）は、サイゴンを極東のパリ[3]の異名をとるほどにしていた。昼間は人々が道路に満ちあふれ、安南人は裸足で一列になって歩いた。男も女も濃紺の綿のチュニックを着て同色のズボンをはき、髪は束ねて髷（まげ）にして持ち上げていた。より長いチュニックと、より高く持ち上げられた髷で女を男から区別できた。天秤棒に結びつけた二つのかごを肩に乗せて、たとえ重い荷を積んでいても、女たちの足取りのしなやかさは変わらなかった。金のヘアピンで飾った髷をした階層の高い安南人女性は人力車に乗って移動した。夜になるとサイゴン人たちは、民間信仰の神々に供えられた線香の煙が流れる家々に戻り、ドアの代わりをする仕切り壁を動かし、土間に敷物を広げて、町は静かに眠りについた。フランス人たちは大きなホテルのサロンかカフェのテラスに集まってもう少し遅くまで夜更かしをするが、それでも夜の静寂はすぐにサイゴン全体に広がった。

チョロンの中国人町との対比は際立っていた。狭い路地に沿ってたくさんの家が並び、昼間は店として使われるが夜は家族の寝室に早変わりした。陳列してあるのは特に食料品で、野菜、ウサギや鶏の肉、魚、ソーセージ、パテ、菓子、茶碗に盛った飯、お椀になみなみと注がれたスープや色の付いたゼリーが不安定な板の上に広げられ、その上には油か石油で灯をともした鮮やかな色の大きな提灯が懸っていた。夜が更けると、中国人はみんな柄のついた小さな提灯を持ち歩き、チョロンはさながら年中お祭りのようだった。人々は商人と値段の駆け引きをし、行商人の叫び声に呼び止められながら行き来した。

この国の人々にまじって、急がず厳かに徘徊するのは中国人高等官吏で、絹のズボンの上に刺繍のロングドレスを着て、編んだ髪を赤い絹のお碗帽からのぞかせ、薄手の長靴をはいていた。夜になっても賑わいは衰えず、夜遅くまで灯のともった店から、提灯を持った歩行者に、食糧、宝石、生地、家具の呼び声が途切れることがなかった。一方、昼夜をおかず芝居が上演される劇場には群集の出入りが絶えなかった。

マニラ

一八九〇年十月二十日、ヴォルガ号はマニラに向けて出航し、エルサンは任務に付いた。しかし理解の早い彼にとっては気の抜けない仕事ではなかった。

《僕の船上の仕事にややこしいことは殆んどありません。朝九時に、診察のベルが鳴り、病人がいれば診察します。船の出航前にはマニラで検疫をしなくていいように、健康証明書をとりに病院に行かなければなりません。それが全てです。だから僕に自由時間が足りないことはありません》。

最初の航海で病人は痛風発作の甲板長一人だけだった。十月二十五日マニラに到着し、出航は十一月四日の予定だったので、エルサンはフィリッピンのフランス郵船代理人から首都を見物するためにあらゆる便宜を図ってもらった。マニラはその広大な土地に約一三万人の住民が、地震[4]の不安から、軽いつくりの小さな家に住んでいた。二階建てで、半透明の鼈甲（べっこう）と貝の破片を窓ガラスの代わりに使った窓は、ほぼまっすぐな通りに奇妙な雰囲気をかもし出していた。町は特に汚くほこりっぽく、あるいは時には泥だらけだった。一五七一年にスペイン人が来てマニラの町をつくって以来、カトリック教会は、華麗な大聖堂、たくさんの教会、修道院、それに一六四五年創立の大学を持ち、絶対的権力を握っていた。非常に敬虔なマニラ人たちは頻繁に行なわれる宗教行列に群がって付き従うので、日が暮れて明かりで照らされた通りで、そんな行列がよく見かけられた。楽隊を先頭に兵士が行進し、次に、ろうそくや彫像やのぼりを持った男女が続き、最後に、聖職者が人々に囲まれて行進した。その人々の中には白シャツと白ズボンのお祭りの服装をして田舎から来た人たちもいた。

　土地の産業は殆ど発展が見られず、特に葉巻の生産が中心だった。エルサンが驚いたのは、若いきれいなマニラの女性たちが葉巻をくわえて散歩していることだった。外国との貿易は始まったばかりで、マニラの港からはこの地域で栽培された生産物、すなわち砂糖、タバコ、綿、インディゴ、米、ココア、螺鈿（らでん）が輸出され、一方西欧の船は、絹あるいは毛織物、工具、ぜいたく品、ワイン、ブランデーを運んできた。

パシーグ川は町を貫いて流れてマニラ湾とラグーナ湖を結び、この川と湖に沿って、一〇〇ほどもある湖上集落が等間隔に並んでいた。サイゴンへの帰りの航海では往路ほどの興味は覚えず、まもなくエルサンはマニラ以外に旅行のできる寄港を心待ちするようになった。イエズス会神父が磁気施設を見せてくれるというので気象台へ行った折には、エルサンはマニラの日常交通手段であるカロマタを利用した。これは二輪荷馬車で、二つの大きな車輪の上に板をわたして二人の客を乗せ、幌によって太陽や豪雨から客を守ることの出来るものだった。天気の良い日には、カロマタを引かせるには一頭の馬で十分だったが、雨で道路が泥沼に変わるときには二頭の馬、あるいは出来れば二頭の水牛が必要だった。

航海を繰り返し、寄港を繰り返すうちに、彼はフィリッピンの内陸部にしだいに惹かれるようになった。内陸部にある二つの湖、ラグーナ湖とボンボン湖はプランテーションによって縁取られるように囲まれていた。そのフランス国籍の所有者の中に、マニラに出るのに小さな自分のボートを利用している人たちがいて、エルサンは招待されて彼らを訪問した。そのうちの一人がエルサンをラグーナ湖のジャラジャラに案内してくれた。

《僕らは彼の家に直接行くのではなく、まずモロンという小さな村へ軍の司令官を迎えに行きました。モロンに行くには川を上らなければいけませんでしたが、この道中がこの旅行で間違いなく一番きれいでした。うっそうと茂る熱帯林の中を流れる狭い曲がりくねった運河を想像してください。緑の丸天井の下を進むのですよ。それに月の光、夜のしじま、川の薄暗い片隅に隠れた漁師たちの小さな丸木舟がこの光景に不思議な魅力を添えていました。僕らは司令官と彼の二人の赤ん坊、それにスペイン人の軍曹を乗船させました。〔……〕僕らは真夜中の一時にジャラジャラに着きました》。

別の日には、彼はタガロックの村ガラッツに行った[6]。この村は巨大な木々で覆われた高さ六〇〇メートルの丘のふもとにあり、夜は鹿の鳴き声が聞こえ野生の馬が小屋の近くで跳ね回った。また別の村フィリアでは、フィリッピン人の好む賭け事、闘鶏を見物した。

またある日、彼はコロンバに上陸し、カロマタをチャーターして山を横断し、ボンボン湖とその中央にあるタール火山に旅行した。峡谷に沿って蛇行する狭いでこぼこ道で、厚く積もった塵が轍を隠し、車の揺れで行程ははかどらなかった。掘建て小屋が六つだけの集落タギグでは歓待を受けたが、つましいものだった。この人たちの唯一の食糧は米と卵だったのである。ボンボン湖は美しい青黒い透明な水をたたえて山で縁取られ、その中央には小さな島があり、その一端にはいつも白い噴煙を上げるタール火山があった。大型の舟で島まで三時間、そこからタール山の頂を目指した。歩くとサクサク音のする火山岩スラグで覆われた急な坂が海抜四〇〇メートルの稜線まで続き、火山灰と溶岩からなる稜線まで登りつめると、突然噴火口が開けた。そこには、深さ二〇〇メートルもある切り立った岩壁の大きなカールが長さ二キロ、幅一キロにわたって広がり、底では緑がかった水から白い厚い蒸気が静かに立ち昇っていた。

コロンバへの帰りはマニラに砂糖を届ける大きな帆船に便乗し、パシーグ川では、鴨で有名なパテロの奇妙な村をもう一度通過した。住民は皆少なくとも五〇〇羽ずつ鴨を持ち、毎日貝を取りに行って鴨を飼育し、マニラにそれを売りに行って生計を立てていた。川の両岸は黒い騒々しい鴨たちで覆い尽くされ、地面が見えないほどだった。

まもなくエルサンは、小舟の所有者に頼ることなく自由に動き回れたらと思うようになり、タガロックの村で六・五〇メートルの小さな丸木舟バンカを八ピアストルで購入してヴォルガ号に積み込んだ。彼はそれを特にサイゴン周辺の小旅行に使うつもりだったのである。甲板長はそれにペンキを塗り、オールを作り、テントの布で覆ってくれた。そして帰りの航海の間中、乗組員みんなで小舟にシャンペンの祝福を授けた。

サイゴン

マニラ寄港と交互のサイゴン滞在は、最初は貸しサンパン次いで自分のバンカで小旅行をする格好の口実になった。エルサンは二人のボーイ（召使の少年）、チュンとティウ、を連れて、毛布、蚊帳、シャンベルラン濾過器、カンテラ、食料品少々を積み込んでサイゴン川を遡上した。三時間も航行するとそれまで平坦だった風景は安南山脈の最初の支脈で起伏を生じ始めた。エルサンは村の近くでキャンプし、その市場で野菜と熱帯果実のパパイヤ、マンゴ、ココナッツを手に入れた。一方近くの林には野生の獲物がたくさんいた。錨はしっかりと固定する必要があった。というのは、流れが潮の干満とともに上下するとき渦があまりにも激しく、時にはワニと間違うような樹木の幹を押し流すことがあったからである。エルサンは相次いで、チュー、デュック、ビエンホア、チュ－ランモの村を訪れ、ヴォルガ号に乗り組む折にしかサイゴンに帰らないこともしばしばだった。

少し長い小旅行でチアンの急流に到達したこともあった。行く先も決めずにビエンホアからドンナイ川をさかのぼり、次第に切り立つ川岸のあいだを三日間遡上すると、岩で渦ができ航行は難しくなり、チアン村の近くでは十二キロ余りにわたってまったく航行不能となった。川はとどろき、高さ一〇－二〇メートルの滝で沸き立った。エルサンはバンカを係留し、急流の上に張りだす木造の家にデンマーク人入植者ゴルゲンセンを訪ねた。バルコニーからは林を一望することができ、そこでは、猿が木々の間を飛び回り、夜明けには象が水を飲みにやってくる光景を見ることが出来た。

エルサンが旅行期限を考慮してサイゴンに戻る準備をしていると、デンマーク人入植者は計画の変更を提案し、安南人とはまったく違う種族で安南山脈の高地に住むモイ族の部落まで、林の中を徒歩で行ってみてはどうかと勧めた。生きた二羽の鶏と一羽の鴨、インゲン豆の缶詰二個、ワイン二本、コーヒー、米、それにゴルゲンセンからのお土産を携えて、エルサンと二人のボーイは森の中深く入っていった。雨が滝のように降り、森の蛭の不快さを知った。この蛭は非常に小さく、行列して移動し、木から落ちるかあるいは靴を乗り越えてふくらはぎに達し、血をたっぷり吸わない限り餌食から離れず、あとには難治性のごく小さな傷を残した。しかし、林の中の行程はすばらしかった。完璧なまでの静寂は、ただ所々で滝の音あるいは鳥の声で途切れるだけだった。三人は、つる植物の絡んだ何十メートルにも達する巨大な竹のあいだを、大なたを振るいながら登って行った。二日間歩いてモイ族の最初の村に到着し、母親にこの村のことを描写して送っている。

《未開人のモイ族は大柄でごく簡単な胴巻しかつけていません。彼らの顔は安南人の顔とはまったく違っています。あごひげと口ひげを生やした者が多く、態度はより高慢でより野蛮です。村は一軒の家からなりますが、巨大で杭の上に建っています。各家族は不完全な間仕切りをした区画に住んでいます。これこそ本当の共同生活です。モイ族のところではお金は値打ちがありません。彼らはガラスの真珠とか銅の指輪を好みます》。

一八九一年二月、エルサンはサイゴン病院にパリ・パストゥール研究所から医師が到着したことを知った。

《パストゥール研究所で講習を受け、パリから到着した海軍軍医のカルメットさんに会いに行きました。研究室のニュースをじかに彼から聞くことができて喜んでいます。〔……〕彼はサイゴンに、狂犬病、種痘、炭疽病などの研究のための実験室を設立したいようです。大きな計画を立ててやる気は満々なのですが、酷暑のため仕事をすることが難しい国だけに重い任務です。〔……〕彼は自分の医療団に入るよう僕を説得しようとしますが、昨日の議論は今日もまだ続いていて、僕は決めかねています》。

そのとき以来、まさに同世代の二人は変わらぬ友情で結ばれることになる。カルメットは二十歳で海軍衛生局に入りクールベ提督の中国遠征に参加した。六ヵ月ガボンで滞在、さらにテール゠ヌーブとサン゠ピエール゠エ゠ミクロンで二年滞在して一八九〇年にパリに帰国、十一月十五日から十二月三十一日までパストゥール研究所の微生物学技術講習会を受講した。その後、彼は植民地軍の衛生部隊に入隊し、ルーは彼をサイゴンに送って天然痘と狂犬病のワクチンを製造するための実験室を開設させた。彼は一八九三年までその地に留まり米の発酵、阿片、蛇毒の生理学を研究して、抗蛇毒血清の製造にこぎつけた。

ハイフォン

サイゴン゠マニラ航路に興味をなくしてうんざりしていたエルサンに、この航路が廃止されたことで願ってもない変化がおきた。乗客たちのあいだで芽生える牧歌的気分、農園主たちの経営不安、あるいは乗組員たちの予断を許さぬ境遇など、彼にとっては何の意味があっただろう? 彼を惹き付けるのは変化と新しさだけだった。一八九一年四月、彼はサイゴン号に配属された。この船は一三〇五トンの船で、定員三六人の客船として一八八二年に建造され、サイゴンとハイフォンの間の沿岸航海をしていた。この最初の航海から帰った彼は大喜びだった。

《一八九一年五月六日、海で。〔……〕明日、トンキンからサイゴンに着きます。僕はこの航海に大変満足しています。〔……〕船長のフロットさんは僕にとても親切です。〔……〕トンキン航路はマニラ航路とまったく違います。実際この航海では移り変わる眺めを眼前に見られるように、平均二―三マイルで海岸に沿って航海します。僕は、次の航海のときに沿岸地方を見分けることが出来るように、通過する面前の山々の輪郭をクロッキーで描いて楽しみました。船長さんはこの仕事をブリッジでするように勧めてくれ、自分もコピーが一部欲しいと頼まれました。この海岸の海図の出来が非常に悪いからだそうです。〔……〕サイゴンの次の最初の停泊地はニャチャンです。二十八時間かかります。海岸から一マイルのところで投錨し一時間しか停泊しません。ですから上陸はできません。ここは山が多くて絵のようなところですからとても残念です。〔……〕虎がうじゃうじゃいるそうです。ヨーロッパ人としては、税関の役人と総督しかいません。〔……〕ツーラン（訳注―現在のダナン）はクイニョンの次の寄港地です。十八時間かかります。ツーランはその近郊に炭鉱があるらしいことから、トンキンの未来都市と考えられています。今のところはその未来は明白ではありません。まずこの地方は美しくありませんし、砂地で山からはかなり離れています。ヨーロッパ人は多くいません（せいぜい三〇人）、それにすばらしい湾に停泊するのは僕らの外洋船だけです》。

最後の寄港地チュアンアンで、安南の首都になった古都フエとの郵便物を交換したあと、沼地と水田からなるデルタの中の町ハイフォンに到着する。フランス人地区と安南人地区は運河で隔てら

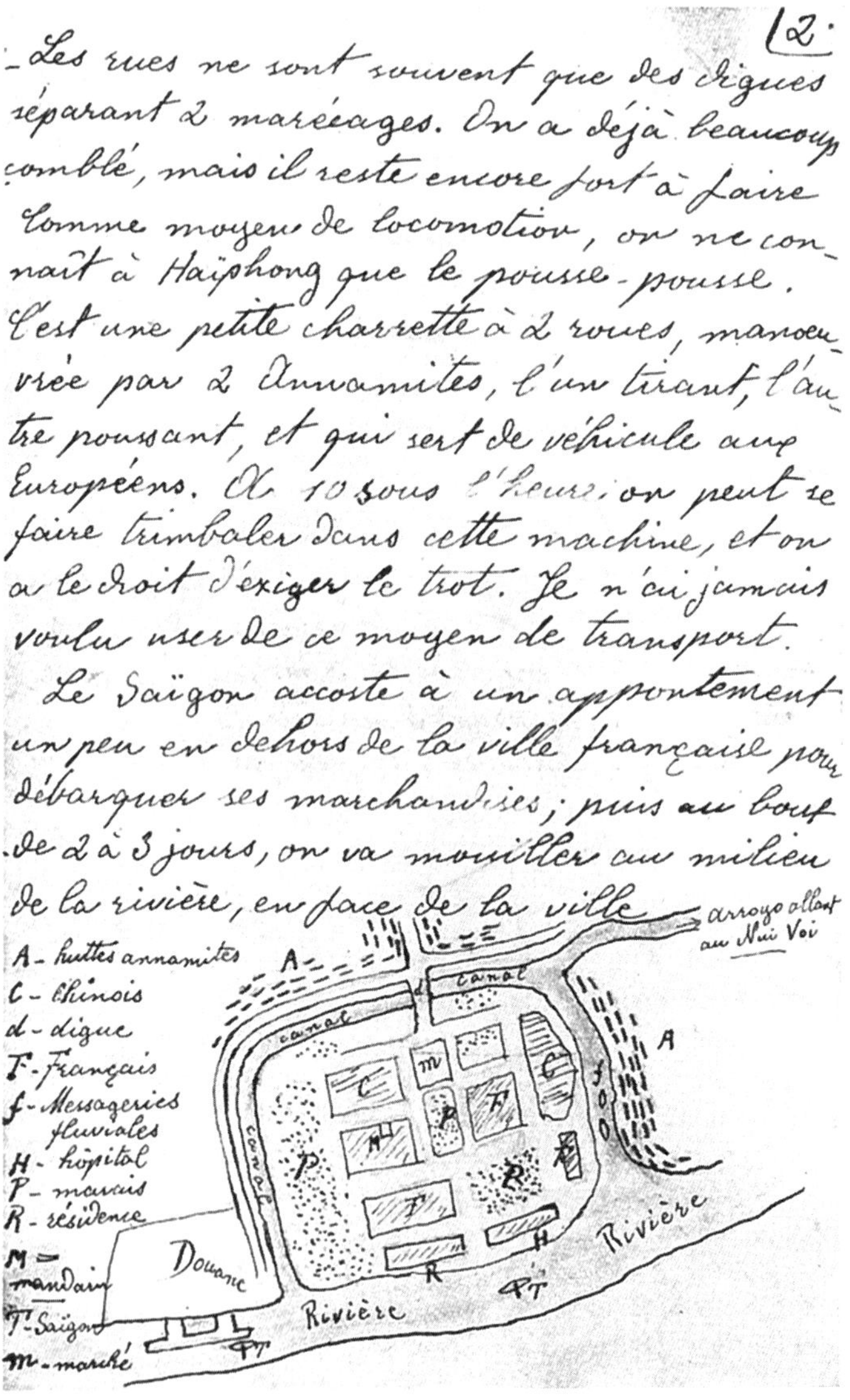
12.
- Les rues ne sont souvent que des digues
séparant 2 marécages. On a déjà beaucoup
comblé, mais il reste encore fort à faire
Comme moyen de locomotion, on ne con-
naît à Haiphong que le pousse-pousse.
C'est une petite charrette à 2 roues, manoeu-
vrée par 2 Annamites, l'un tirant, l'au-
tre poussant, et qui sert de véhicule aux
Européens. A 10 sous l'heure, on peut se
faire trimbaler dans cette machine, et on
a le droit d'exiger le trot. Je n'ai jamais
voulu user de ce moyen de transport.
Le Saïgon accoste à un appontement
un peu en dehors de la ville française pour
débarquer ses marchandises; puis au bout
de 2 à 3 jours, on va mouiller au milieu
de la rivière, en face de la ville

母親宛てのエルサンの手紙、1891年５月６日付け、ハイフォン到着を知らせてれていた。道路の多くは埋め立てられた小川の上につくった通路にすぎなかった。この道路を、前後に一人ずつの安南人がついた人力車が行き来した。時間一〇スーを払えば駆け足で行かせることが出来た。

一八七二年にフランス人がやってくる前は、ハイフォンの人口は八〇〇〇人で、その生活はかなり惨めなものだった。二〇年後に人口は二倍となり、安南人のほかに、特に商業を営む五〇〇〇人の中国人と、六〇〇人のヨーロッパ人を数えるまでになっていた。ハイフォンは、年間六〇〇隻以上の外洋船が寄港する海港であると同時に、トンキンの首都ハノイを上流で貫通する紅河河口の河川港でもあった。この二都市間の交通は過密で、蒸気船は一日三回両方向に乗客を運び、何百艘のジャンクが往来していた。フランス行政府はハイフォンに道路と大通りを整備し、一部には街路樹を植え、真新しい建造物、すなわち市役所、卸売市場、病院、ヨーロッパ人の住宅、兵舎などを建てた。このトンキンの首都ハノイもまた、幅の広い大通りに沿ってフランス人たちの建てた電気と水道を備えた美しい住宅や、インドシナ総督の宮殿、病院、競馬場などの公共建築物を持つことになったのである。

この十九世紀の末、本国のフランス人たちはインドシナについて何を知っていただろうか？　この三〇年ほど前から突発した政治的、軍事的ないくつかの重大事件のせいで、一八七〇年にはまだ〝ガンジス河以東のインド〟と名づけられていたこの地域について、彼らは比較的情報を提供されていた。

最初にこの地に入ったフランス人は十七世紀初めのカトリック宣教師で、そのうちの一人アレクサンドル・ド・ロードは、非常に有用な安南語―ポルトガル語―ラテン語辞書と安南語の西欧言語への翻字法を作り上げた。[7] 安南皇帝[8]と平和的関係を結んだ修道士たちは十八世紀中にこの地に根を下ろし、ベルサイユの宮廷に大使派遣の交渉をして一七八七年十一月十八日には同盟条約が調印された。それにより皇帝はフランスにツーランの港とプーロ・コンドル島を譲ることになり、一方ルイ十六世は、ギャロン皇帝が宿敵シャム人と戦うのを援助するために軍隊を派遣することを約束した。フランス革命が勃発したことでこの援助は実現しなかったが、ギャロン皇帝は一八二〇年に亡くなるまでフランス人たちを保護し続けた。しかし彼らの運命は、この皇帝の継承者とともに変わることになった。皇帝継承者たちは、ヨーロッパ人たちのあらゆる影響と干渉から国を守ることを大事と考え、ごくわずかなフランス人商人を追放し、修道士たちに対する迫害は次の三〇年間を血で染めることになった。[9]

相次ぐフランス政府の交渉の試みは全て失敗に終わり、一八五九年、フランス艦隊はサイゴンを砲撃して町を占領した。その後二年間、援軍を得たフランス人たちは優勢を保ち、ビエンホア、ついでミト、ヴィンロンを次々に占領した。そのため安南皇帝は全権代表と会見することを承諾し、一八六二年にサイゴンで同盟条約が調印された。それにより安南はフランスにサイゴン、ビエンホア、ミトの三地方を割譲したうえ、トンキンの三つの港を貿易のために開港し、宣教師の生命を保障することになった。同時にフランス人たちは隣国カンボジアにも影響力を広げ一八六三年にフランスの保護領とした。一八七〇年―一八七一年の普仏戦争は、間接的にだが、フランスによるインドシナのより広範な征服のきっかけになる。この敗北に屈辱を感じ、プロシア人に対する復讐の考えに取りつかれた多くのフランス人たちは、遠国に目を向け、三〇年間でフランスは植民地帝国になった。[10] 論拠には事欠かなかった。すなわち、今日低開発国と呼ばれる国にわれわれの文明の恩恵をもたらし、彼らの自然資源の利益を分かち合うためにそれを活用し、他のヨーロッパ諸国による植民地征服を抑制するなどである。しかし、フランス人たちが一八七〇年以降植民地にそれほど夢中になったとするならば、それはまず、そしてなかんずく、彼らの自尊心を安心させるためだったことに議論の余地はない。

　フランスはこの新しい植民地を自慢してはいたが、実際は、その狭い海岸部分と大きな港しか知らなかった。確かに宣教師たちは内陸部のいくつかの地点に入りこんでいたが、それはただその地に精神的影響力の基礎を植えつけるためであり、そこで商取引を展開するためではなかった。一八七〇年のインドシナは、まだ互いに戦の絶えない残忍な原住民たちが住み、そのため埋もれているかも知れぬ資源の開拓も容易でない殆ど未知の地域として事典に記載されていた。

　一八七三年十二月二十一日の黒旗党によるフランシス・ガルニエの暗殺はフランスに激しい恨みを抱かせた。メコン河とヤン－チェ－キアン河の探検家として知られる彼は、フランス商船の自由航行をトンキン政府から勝ち取るためにハノイ要塞を攻略していたのだが、黒旗を掲げ近くの国境線に沿って恐怖で支配していた中国人海賊の待ち伏せにあって虐殺されたのである。新たな交渉がフランスと安南皇帝のあいだで始まり、第二サイゴン条約の調印（一八七四年三月十五日）に至った。これにより安南はフランスの保護領となった。しかし、この合意はトンキン政府に影響力を拡大したい中国人たちを大いに不快にした。そのため一八七六年、安南皇帝は近隣国中国をなだめるため降伏文書を書き、中国人がフランス人のトンキン接近を禁止することを許した。その二年後に中国軍は国の北部を占領し、これに対してフランスは一八八二年にリヴィエール司令官をハノイに送り、その軍隊が要塞を再び占領することでフランスの立場を強化した。しかし今度はリヴィエールが一八八三年五月十九日、中国人、黒旗党、安南人との戦闘で戦死した。

フランス政府はそのためクールベ提督指揮下の艦隊を派遣し、彼はフランスの保護領となることを強要してフエ条約（一八八三年八月）を調印させ、極東における政治と航海に関する紛争の先頭に立った。彼は一八八五年六月に亡くなるまで、この地域におけるフランスの優位を認めさせるために中国人たちと戦うことになる。

リヴィエールの殺害でジュール・フェリーは植民地政策を拡大することが可能になった。彼は一八八〇年—一八八一年と一八八三年二月以降再び首相となり、プロシア人に対する復讐にとりつかれた極左と右翼の議員たちの意見を抑え、第三共和国に植民地帝国の恩恵をもたらすことで一八七〇年の戦争敗者であるフランス人を励まし、同時に、世界経済におけるフランスの役割に必要な基盤を築くことをもくろんだ。彼の在任中にフランスはチュニジア、マダガスカルとコンゴの一部の《庇護者》となり、リヴィエールの死によって国会で沸き起こった興奮の中で、彼はフエの王城を砲撃するための軍隊派遣に必要な予算を議決することが出来た。一八八三年八月、クールベ提督は安南にフランス保護領となることを強要した。しかし、一八八五年三月二十八日、副官の不可解な降伏でランソンが中国人の手に落ちると、議会はジュール・フェリーを失脚させた。

フランス郵船会社が一八九一年四月サイゴン－ハイフォン航路を開設したことでフランスの立場

は強化された。しかし海賊の存在はまだ現実のもので、都市部以外では恐れられた。皆に恐れられてはいたがエルサンだけは、長さ三メートル、幅一・二五メートルの、帆と櫂で操作できる新しい小舟を手にいれ、ハイフォン寄港の時には紅河を航行するつもりで急いで準備した。七塔山に向けて出発するに先立ってエルサンは何度か日帰り航行を試みたが、そのあと情勢が急変したことを報告している。

《これは、トンキンでの悪行で誰もが知る有名な海賊についての余談です。彼らは今これまで以上に数が増えているようです。海賊には二種類あります。一つは、武装集団を組む中国人の海賊で、たぶん中国皇帝に送り込まれた中国正規軍ではないかと思われます。フランス人を散々困らせてこの国を諦めさせようという魂胆です。これは特に北の山岳地帯にいる手ごわい連中です。彼らはハイフォンまで降りてきて、最近では、町から二キロの村を焼いたそうです。彼らは特に夜間に行動し、不意に村をおそって男を殺し女と子供を連れ去って中国の広東で売るそうです。もう一つの海賊は、貧困のせいでこの仕事をせざるを得なくなった安南人たちです。彼らは通常十分に武装していないので中国人ほど恐れることはありませんが、数は非常にたくさんです。彼らは村に火をかけ、殺し、虐殺し、ジャンクを待ち伏せして襲いかかって強奪します。彼らとは、河口、運河、山中など殆ど何処でも出くわします。普通彼らは、フランス人は武装していることを知っているので襲いませんせん。しかし、彼らのほうが数においてはるかに勝る場合とか、弾薬を手に入れようとする場合は別です。彼らは時には正義の味方です。ここに、新聞に出ていたロック兄弟の有名な話があります。彼らは七塔山で海賊に捕らえられ高額の身代金を支払っただけで解放されました。この事件の根底には、ロック兄弟がつい少し前、彼らが雇った原住民のクーリーに支払いを拒否した、ということがあるようです。政府は何も出来ないのです、というのは、国が余りに広くて少数の軍隊では守りきれないからです。軍隊は兵舎に閉じこもって防御しかできない羽目になっています。たとえば僕の聞いた話では、村の火災が兵舎から一〇〇メートルの所であったのに民兵は救出に向かえず、可哀想に住民は夜のあいだに喉をかき切られたそうです。僕の航行は〔……〕七塔山を目標にしていました。〔……〕僕の三人の水夫は、というのは今度三人目をやといましたから、海賊のために武装して出発するよう最初から要求しました。ですから、彼らを安心させるためピストル二挺と弾薬筒一ダースを船の士官に借り、四月三十日午後一時半、河の遡上に出発しました。〔……〕サイゴンでは運河の上ではたくさんのサンパンやジャンクと出会うのですが、ここではトンキンの首都のハノイへの途上だというのに一隻の舟も何も見かけませんでした。海賊を非常に怖がっているのです。われわれがフタイ川の合流点に着いたとき安南人の死体が流れているのを見かけました。その死因を見極めるために近づこうとしたのですが、僕の乗組員は怖がってどうしてもと拒みました。十分後僕たちは女子供を乗せたサンパンが右岸から（上流に向かって）川を横断しようとするのを見かけました。僕らはすれ違うとき何処に行くのか訊ねると、海賊がすぐ近くの山の中にいて虐殺されるのが怖いから、夜のあいだ対岸に避難しに行くとのことでした。さらに少し行くと流れは狭まり急峻な山々が舟べりまで迫ってきました。水は轟々と鳴っていました。僕らは幸い小さな急流を横切ることが出来ました（岩で出来た自然のダムで流れが遅くなっていました）。ちょうど日が暮れかかったとき、僕らは左岸に人の住んでいる漁師の掘建て小屋を何軒か見つけ、そこで夜を過ごすことにしました。夕食前に僕は、周囲の眺望が開けた小高い丘に登りました。その丘は、この地方の他の山々と同じく芝で覆いつくされていて、木は一本もありませんでした。六時に僕らはかごから直接とってもりもり食べ、テントを立てて毛布を整えました。僕は手の届くところにピストル二挺をおいて、朝までまずまずよく眠りました。というのは、僕らのすぐそばで安南人の夜警が、歌で勇気を奮いたたせ眠り込まないようにしながら見張りをしてくれたからです。朝五時三十分僕らは出発し、速い流れのお蔭で九時に船に帰り着きました。五月一日、僕らはハイフォンを発ちサイゴンに帰りました。帰りの航海は非常に幸せな気分でした。乗客たちには時折少しうんざりすることがありますが、それも日々の煩わしい出来事の一つです》。

ニャチャンの停泊地の前を何度も通過するうちに、エルサンは停泊時にそこで下船して内陸部に入り、安南山脈を横切ってサイゴンで合流する計画をたてた。取巻きの人たちからは実現不可能とされた計画だった。狭義の安南の背骨、安南山脈はチベット山塊から起こり、インドシナ半島を高く低く波打ち最後の支脈はコーチシナで低くなるが、最高峰は二〇〇〇メートル以上に達する。安南山脈は、海に平行に走るが海に落ちることはなく、そしていくつかの地点では幅八〇キロを殆ど越えない帯状の平野を残し、高い高原と深い峡谷の様相を呈していた。そして、ここには安南人と[11]は別の未知の民族が住んでいた。

エルサンはすでにコーチシナでモイ族に出会ったことがあった。彼らは同じく安南南部の川のほとりや森林の外れにも住み、焼畑で米やマニオクを栽培していた。[12] ラオスの近くではカー族とバナール族が住み、モン族はトンキンの高原に住んでいた。この山々を越える道筋の探査は、山から流れ下る大河からおずおずと企てられたことはあったが、カンボジアを見下ろす斜面に容易に出ることはできなかった。一八九一年にはまだ誰も、海岸を出発して山を横断することに成功していなかった。

一八九一年七月二十九日、エルサンとボーイは船長の承諾を得てサイゴン号を出発し、彼らの計画をニャチャンのフランス駐在官に知らせた。駐在官は彼らに安南人民兵を世話し、海岸沿いにニャチャンとサイゴンの中間にあるファンリの小さな港に行くことを勧めた。そこから内陸への入るのがより易しいようだった。それでエルサンはマンダリン道路と呼ばれる電線が平行して走る小道をとることにした。電線の支柱は小さな溝で囲ってあり、電線を吹きぬける風の音にいらだった象が支柱を倒さないようにしてあった。昔の郵便中継地さながらのところでは休憩を取ることができ、旅行者はそこで食糧を補給することも出来た。ファンリでは監視人と電信技士だけがフランス人だった。エルサンは市場でモイ族と行なう物々交換用の布地を手に入れ、マルセイユの高等中学校に通ったことのある安南人有力者に付き添われて、ファンリの要塞にその地方の安南人高官を訪問した。知事とその部下たちは、エルサンの希望を快く聞き入れたが、自分たちも道の行き着く先を知らないことを隠さなかった。つまり彼らのうちの誰もこの山の中に深く踏み込んだものはいなかったのである。それでも彼らはエルサンに、米一袋、鶏数羽、それに、途中の村々に彼の援助を依頼する安南のパスポートを贈った。一八九一年八月三日、日曜日、彼はボーイと四人のクーリーを連

ニャチャンの停泊地、エルサン撮影

れて山の中に入って行き、安南人の最後の村がある林に覆われた最初の丘をこえた。

間もなく山々が立ちはだかるようになり、エルサンは、海抜六五〇メートルの地点で、これまで白人を見たことのない住民の住む最初のモイ族の村に到着した。モイたちは驚いたものの愛想良く彼を家に泊め、一方エルサンは彼らに缶詰の肉、パン、砂糖大根の砂糖の味を手ほどきした。

登攀は、翌日も、林や草のあいだを抜けて急峻な山道が続き、蛭と間断ない雨に苦しめられながら、一二五〇メートルの峠の新しい村に着いた。夜、小屋の中でエルサンは自分の靴の傷みがひどく蛭の侵入を防げないことを知り、そのため彼は靴を捨てて安南人やモイ族のようにはだしで行程を続ける決心をした。次の二日間はかなりゆっくりとしか進めなかった。というのは、川を横断し、峠を越え、沼を迂回して進んだのだが、特に、村長たちが教える次の村との距離が不正確だったため、エルサンは予定通り計画を実行出来ないことを認めざるを得ず、八月六日、海のほうに引き返す決心をした。

《八月八日、土曜日、僕らはまた安南人の国に戻りました。クーリーの採用が難しくなり、クーリーを入れ替えるたびに一時間以上も悔しい思いをしなければいけません。それがあまりにも苛立たしいので、午後三時、こんなことを続けるときりがないと考え、僕はたまたま出会った最初の五人の安南人（水田で働いていた農夫、草刈に行く百姓、通りがかりの三人）を有無を言わさず採用しました。彼らには最後まで行かせます。お笑いですよ！　やっとファンチェット。郵便局ですばらしい歓迎を受けました。下着をくれる人、靴をくれる人、食事をさせてくれる人、とにかく嬉しかったですよ。その夜ニャチャンに出発するジャンクも見つけてくれました。夕食をとってからそれに乗り込み、すぐに寝込みました。八月九日、日曜日、一日中追い風と好天に恵まれて航海しました。八月十日、月曜日、午後五時、ニャチャン到着〔……〕。サイゴン号は朝六時に到着。みんな元気でした……》[13]。

この新しい大旅行でエルサンの探検趣味は確固たるものになった。彼は船に戻ってからも準備に余念がなかった。位置を測定することと六分儀を用いることを習い、天文観測をするために数学と測地学を勉強した。中国人調理人のひょうそや悪性マラリアにかかった水夫の治療をしながらも、彼の全精神は一つの目標、すなわちフランス政府からドンナイ高地探索の科学的任務を命じてもらうことに向けられていた。

軍人たちの時代のあとインドシナには、確かに、平和主義者オーギュスト・パヴィーと軍人キュペ大尉で有名になった探検家たちの時代が到来し、この人たちの名前はこの植民地に興味を持つすべてのフランス人にすぐ知れわたるようになった。

一八四七年、ディナンに生まれたオーギュスト・パヴィーは十七歳で海兵隊に入隊してインドシナに派遣された。電信局を指揮するためにシャム湾のカンポートに派遣された彼は、その地でただ一人のヨーロッパ人としてクメール文化に魅せられその基礎知識を身に付けた。

一八七九年、彼はシャム湾にそって電信線を設置するために地理学的、地形学的観測を行ない、その機会を利用して今日国立自然史博物館にある、動物、昆虫、植物の標本を収集し、口承の民話を記録した。一八八〇年、インドシナの最初の民間人総督、ミール・ド・ヴィリエーは彼にカンボジア‐シャム電信の建設を委ねた。一五年間、彼はインドシナ半島を縦横に動き回り、多くの紛争に平和的解決を認めさせ、またフランスにこの国の豊かさを示しつつ、国境を定めた。彼はその外交的手腕で全ての人の信頼を勝ち得た。例えば、ラオスの年老いた国王がシャム人に追放されたとき国王はパヴィーに助けを求めた。感謝した国王はそれまで白人が読んだことのなかった『ラオス国王年代記』を彼に見せた。それはフランス語に翻訳されこの国の古代史について手にいる唯一の情報源となっている。

キュペ大尉は憲兵の息子として一八五九年セルメーズ‐レ‐バンで生まれた。サン‐シール陸軍士官学校を卒業し、アルジェリア歩兵第二連隊中尉となり、そこで五年間さまざまな活動、すなわち、電信士、井戸掘り作業員、地形学者などの仕事をした。一八八五年、彼はトンキン派遣隊とともにランソンの戦いに参加した。ついでカンボジアの反乱を鎮圧し、一八八六年には安南の反乱者グループを全滅させた。

一八八七年七月、トンキンのフランス軍参謀本部大尉として、彼はパヴィーに合流するよう指示され、この二人の探検家は新しい交通路の踏査をし、地形を書きとめ、つねに黒旗党と戦う任務を帯びることになった。一八八九年、パヴィーはハノイとヴィンのあいだにあるソンカ渓谷探索にキュペを派遣した。同年、政府は彼に、これもパヴィーと一緒に、メコン川左岸地域の地形図を作成する任務を命じた。

彼は陸路と水路九〇〇〇キロのルートを記載し、『キュペ、フリクニョン、マルグレヴィー大尉のインドシナ大地図』の出版に携わった。これは『地理学紀要』に一八九二年―一八九三年に掲載された。

極東派遣隊はこのようにパヴィーとキュペによって指揮されていたので、エルサンはこの後者に問合せをし、フランス郵船に対する決断を下すためにその返事を待っていた。この時期、彼にはそれ以外の進路も開けていた。すなわち、カルメットが彼に早く植民地衛生隊に入るように急き立てていたのである。エルサンはフランスに帰化したことで兵役を終えていなければならなかったが、フランス軍事当局に対してその義務をまだ果たしていなかった。

カルメットは、植民地医師としての雇用契約の中で、エルサンが正規の待遇で、しかもある程度の自由を持ちながらインドシナに留まれる可能性を考えていた。パストゥール夫人の甥、アドリアン・ロアールは一八八八年にパストゥールによってオーストラリアに派遣され、鶏コレラの病原菌で野生のウサギを根絶する試みをしたが、一八九〇年に再びシドニーに戻り、そこで狂犬病、牛の肺胸膜炎、特に炭疽病の予防を研究するためにパストゥール研究所を開設した。すなわち、ロアールはオーストラリアの羊にパストゥールの抗炭疽病ワクチンを使用したのである。一八九一年彼の研究室は飛躍的な発展をして、彼は研究職員を増員する必要から、ウルム街の昔の学友エルサンにシドニーに来てほしいと何度も声をかけ、彼に実験室と年俸一万フランを約束した。エルサンは気をそそられたが、ロアールが将来をあまりにも楽観視していたことから、最終的にはこれを承諾しなかった。最後にそして特に、彼の母親が彼に帰国するようせきたてた。それについては、彼の拒否ははっきりしていた。

《そちらで僕を惜しんでいるからパストゥール研究所に帰るようにとお母さんは言われますが、僕のはっきりとした決意はもうパストゥール研究所には帰らないということです。科学の研究は面白いのですが、パストゥール先生がおっしゃる通り、天才でもない限り実験室で研究をするには金持ちであることが必要で、でなければ、ある程度の科学的名声を勝ち得たとしても惨めな生活を送ることになる……、というのはまったく正しいと思います。微生物学が現在到達した段階では、大きな前進の一歩は非常につらい仕事の一つで、たくさんの誤算と失望を味わうものだということが僕には分かっています。僕は自分が宿命的に科学的探検をすることになると思います。僕にはあまりにもその趣味があり、リヴィングストンの足跡をたどることが僕の秘められた夢だったことを、お母さんは覚えているでしょう》。

開業することに関しては、彼の立場は一八九一年一月にはっきりと決まっていた。

《医療行為に興味を抱き始めたかどうかとお尋ねですね。イエスであり、ノーです。僕は、助言を求めて来る人たちを治療できることを非常にうれしく思いますが、医業を職業にはしたくはありません。つまり、僕には治療の代価を病人に請求することが出来ないのです。僕は、医業を牧師職と同じ聖職と考えます。病人を治療してお金を請求することは、〃お金か、命か！〃と言うようなものです。これが僕の同僚たちとは共有できない考えです。しかしとにかく、これが僕の考えで、この考えを捨てることは難しいでしょう》。

その診療を、彼はサイゴンで二つの旅行の合間に行なっている。

《僕が旅行に出かけないでいると直ぐに、安南人の病人がいたるところからやって来ます。僕の知識を利用するのは僕よりもむしろ彼らだということは、特に僕に支払いする代わりに彼らが親切にも僕の財布を持ち去るときには、ほんとうにそう思いますよ。でも仕方ないでしょう？　彼らの考えでは、フランス人から盗みをするのは善行なのです。それに、安南人から盗みをするのでなけ

れば、フランス人たちはインドシナに何をしに来たのでしょう?》

郵船会社[14]と縁を切ることなく距離を置くために、(母親には健康は上々でこれはまったく方便だと安心させてから)、エルサンはまず何ヵ月かの《病気の》休暇を願い出て、次いで一八九一年十二月二日、彼は更新可能な一年間の休職を申請した。

パストゥール研究所から解放されたようにフランス郵船からも解放され、エルサンは三十歳にして彼の至福つまり独立と自由を手に入れたのである。全ての義務を投げ出し自分の時間を自由に出来るようになった彼は今、リビングストンの手本に倣って、別の大陸で、彼のひそかな夢を実現しようとしていた。探検である。

第五章　探検（一八九二年～一八九四年）―リビングストンに憧れて―

ニャチャンから安南山脈を横断してプノンペンへ
安南山脈の原住民と交流　盗賊団との銃撃戦で負傷
サイゴンから安南山脈を縦断してツーランへ
内陸部の踏査結果に基づいて道路計画を策定

ニャチャンからプノンペンへ

一八九二年三月二十八日、エルサンはニャチャンを出発し、安南山脈を横断してメコン河に到達することをめざした。前年、キュペ大尉はカンボジアのクラチエから踏査を試みたが山脈を越えることは出来なかった。安南、コーチシナとトンキンの海岸線は当時よく知られていたが、内陸部はほんのわずかしか、いやまったく知られていないと言ってよかった。したがってエルサンの探検は必要不可欠なものであり、彼は自分の計画[1]の重要性を十分に認識していた。彼はボーイ一人とサイゴンで雇った五人の安南人を伴ってニャチャンを発った。ニャチャン駐在のフランス高官で海岸近くの小さな家で住んでいたルノルマン氏も、旅行の最初の部分を少なくともモイ族の有力な村長ムシャオの所まで同行することになった。彼はこの村長と付き合いをしたいと思っていたのである。

エルサンはマリン・クロノメーターと経緯儀を携えて、訪れる村の位置を確定することにしていた。この位置確定は、モイ族の村々が驚くほど移動しやすいことから重要なことだった。実際、各村には村長の名前が付けられていて、村長は村を数百メートルあるいはそれ以上移動させることを決めることが出来た。同様に、もし村が敵に焼かれれば、村は先の同じ名前を残したまま別の場所に再建された。

ムシャオの村は、一八九二年には北緯一二度四一分三〇秒、経度一〇六度三分一二秒に位置し、杭の上に建つ長さ三〇〇メートルの巨大な家とそれを取り囲み、虎のせいで同じく杭の上に建つ、五〇軒ばかりの家からなっていた。悪賢い肥満老人のムシャオは妻、召使、兵士らとともにその巨大な家で暮らし、客もそこに泊めた。エルサンは毎日付近の調査をして十日ばかり滞在した。それから、荷物を二頭の象に積んで西に向かって出発した。クロノメーターだけは調子を狂わせないようにと小さなかごに入れて自分で持ち、ウィンチェスター銃を肩にして歩いた。次のドイ村はムシャオの所から約一五キロの距離にあり、平均して徒歩三時間ごとに中継地が在った。むかし郵便中継地で馬を交換したように、モイ地方の各中継地では象を交換し、この交換では絵のような光景が見られた。村長の強欲さによるが、どの村でも象と領地通過権を手に入れるために贈り物が要求された。ふつうエルサンは、ハンカチ六枚、パイプ一本、鏡つきの箱一個、ガラスの真珠、白い布と赤い布各三単位をその代わりに与えた。モイの人々に好まれる贈り物は、赤い綿布でくるんだ銅の腕輪のようだった。通貨としては、白のさらしてない綿布でもいいが、特に赤のものが最良だっ

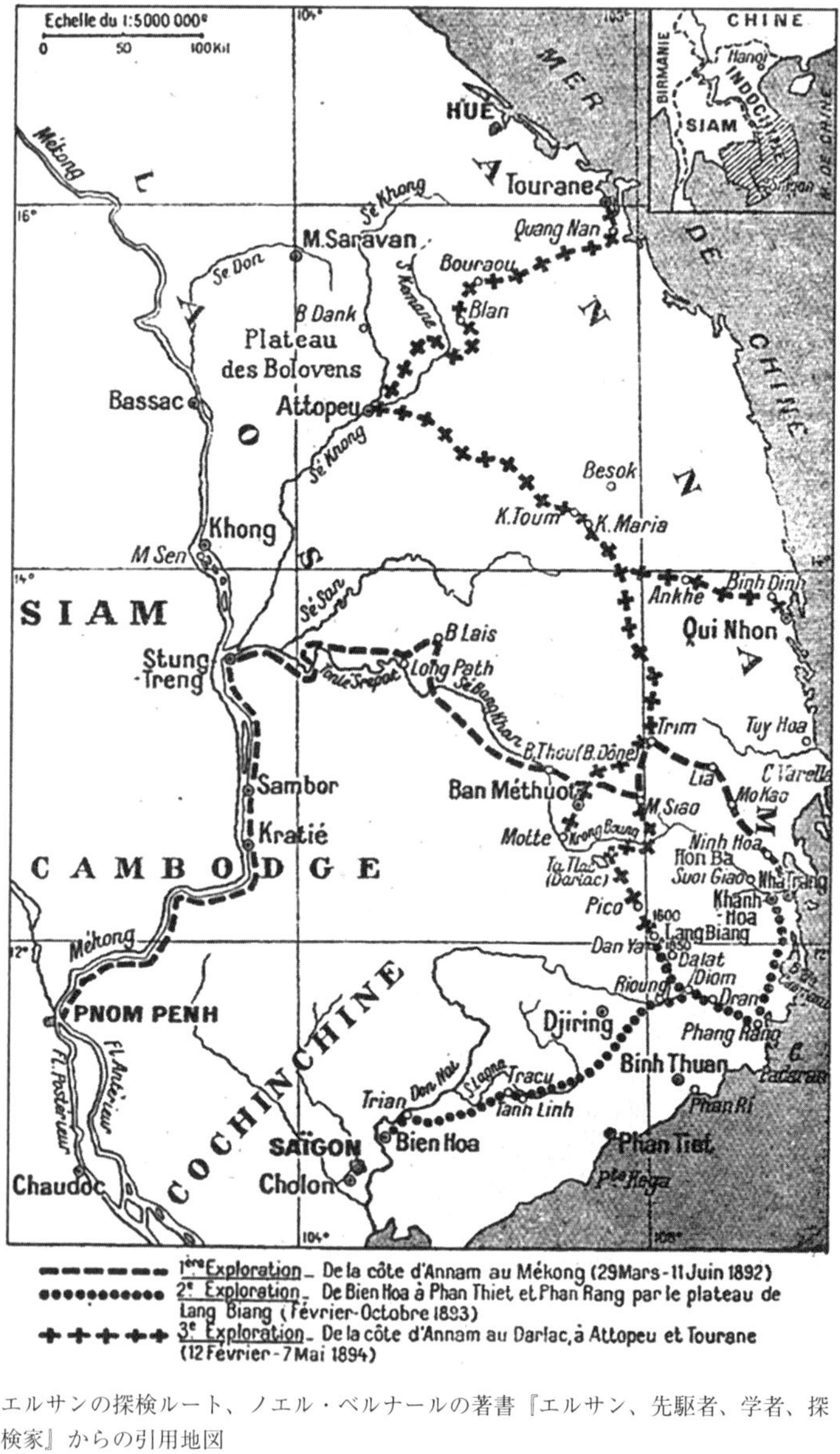

エルサンの探検ルート、ノエル・ベルナールの著書『エルサン、先駆者、学者、探検家』からの引用地図

た。モイ族たちは、腕を広げて手から手までの長さを一《単位》として単位で数えたことから、結果的に、モイ族のどの村でも交換の際には、単位の長さを決めるために最も大きな男を呼び寄せることになった。綿布一単位は、鶏四羽あるいは卵四個あるいは四カップの蠟あるいは竹筒四杯の蜜の価値があった。白い綿布四ないし一〇単位は（村長の強欲さによるが）象牙一本に値し、三単位は子豚一匹、八単位は親豚あるいは子牛、一五単位は親牛だった。赤い綿布は、白より値打ちがあり、四カップではなく五カップの蠟になった。銅一単位は綿布一単位と等価だった。モイの人々はまた銅鑼を高く評価し、一セットの銅鑼は馬一頭、三セットはサイの角の値打ちがあった。

ビン部族のモイたちは朝の起床が早かった。朝四時から女たちは家の前に座って木のすり鉢で米をすりつぶし、それからひょうたんを持って川へ行った。六時頃になると男たちは農具のほかに槍と大弓を持って畑仕事に出かけた。男たちはみな槍を持ち、家から家へ移動するときでも槍を携えた。楯を携帯しているときだけが戦闘状態を意味した。

ムシャオ村の次のベドイ村は三〇軒ほどの家からなっていた。村長はしきたり通り、客が目に入らないかのように振舞った。客には目もくれず敷物を持ってきて客間に敷き、それから、水、火、酒壺を並べる。その時になって初めて、訪問者のいることに気づいたふりをして会話が始まる。無関心をよそおう態度は、客がモイの村を発つときにも同じく習わしになっている。さようならを言わず、一言も言葉を交わすことなく、彼らは遠ざかってゆく。どの村でもエルサンは強い好奇心の対象となった。彼は、時計の針、スイス・ナイフの刃を動かし、磁石を見せ、木の枝に向けてウィンチェスター銃を七発発砲しなければならなかったが、槍で武装しているだけのモイの戦士たちは熱狂した。
ベドイ村の次の休憩地はクン村で、この村長は若くて臆病者だった。そこには先客の安南人の租税徴収官がいた。クン村を発ったエルサンは、五十がらみの男ムウエの村に着いたのだが、彼は、元気のいい象を提供する代価として他の村長たちの七倍も要求した。エルサンは、完全に無一物にされそうなこの要求をのむことが出来ず、クンのところに戻った。そこにはまだ租税徴収官がリュウマチ発作で釘付けになっていて、彼は自分の代わりにクンの召使をアイルイ村に租税の徴収に行かせていた。ところが、アイルイはクンと交戦状態にあったので、召使は捕虜として捕らえられ、クンと徴収官はエルサンに仲裁を依頼することになった。エルサンは一八九二年四月二十六日のこの交渉の様子を次のように物語っている。

《僕らは朝八時頃馬で出発し、まずクンの耕作地、ついで二つのテリトリーを分かつ林を横断しました。林には蛭がたくさんいました。林を出てすぐ、アイルイの最初の耕作地があり、兵士の一隊が槍と大弓で武装して捕虜か獲物を求めてクン村の周囲をうろついているのに出会いました。アイルイは五十がらみで、すこし太り気味、顔立ちは厳しく、よく通る声をしていました。モイの礼儀に従って、彼は、僕らが到着してから一〇分もたってからようやく僕らに気づいたふりをしました。村の有力者を集めて酒壺を準備するのに長い時間がかかり、十一時三十分になってようやく、モイ族の慣習に従って、理解を助けるために小さな棒切れを使って議論が始まりました。二村間の論争のもとは二〇年以上も昔にさかのぼります。アイルイ村の一人の住民がクンの村人から馬を買ったのですが全額を支払っていませんでした。しかしもうとっくに、馬も、売り手も、買い手も死んでいます。数週間前に、一四頭の牛がクンの土地に草を食みに行き、クンがこれを捕らえて牛を手元に置く口実として昔話を蒸し返したのです。それでアイルイが租税の徴収に来たクンの召使を捕虜にしたというわけです。一時間議論してやっと合意に達することができ、クンは一四頭の牛を返し、アイルイは捕虜を解放して豚を一頭出し、それを犠牲にして二つの村の仲直りをするということになりました。それで僕らは少しご飯をもらって食べたのですが、一時にまた議論が始まりました。アイルイの気が変わったのです。彼は牛八頭で捕虜を返すけれども、戦いはやめないと言うのです。それから、もうそれどころではなくなって問題はますます紛糾し、そのうちもう調整が不可能になってしまいました。四時に僕は出発の合図をしましたが、まず酒を少し飲まなければならず、僕は村長に少し贈り物をしてから馬で出発した。〔……〕七時にクンのところに戻りました》。

エルサンが大きく南に迂回してメコン河に向けて再出発したとき、通訳になってくれる別の租税徴収官を同行した。次の休憩地のクニーング村では、村長は自分のあばら家で祝宴を催してくれた。祝宴では、エルサンはタバコの葉の上に左足を置かされ、銅鑼の音を合図にビン部族のモイの戦士が精霊に祈りを唱えながら生贄（いけにえ）の豚の血を彼の足に塗りつけ、ついで、村長が彼に竹筒を渡して酒壺の酒を汲ませ、他の誰かが自分の竹筒を壺の中につけるまで彼は酒を飲むのを止めてはならなかった。翌日、彼は南南東に向けて再び出発し、草原、水田、川を横切ってキューネ村に到着した。その村長の長老はその地域の地形について興味ある情報を彼に教えた。すなわち、この川はクロン

エルサン、1892年、最初の探検の折に自分で撮影

パス川で、西に数キロの地点でクロンカドン川と合流してクロンブン川になるが、まだ五、六日は舟で航行可能である、その後、川は山に入り渡ることの出来ない急流となってメコン河に注ぐ。キユーネ村はビン部族のモイが住んでいるが、山間部にはモイ族の恐れるブノン族が住んでいる、と。

一八九二年五月十六日、エルサンは幅五〇メートルほどの曲がりくねった川で舟に乗った。彼の一行を乗せた二隻の小舟にワニが近づくこともあった。村は水辺にはなく、毎晩小舟を降りて、林や沼の中を近くの村まで激しい嵐の中を歩かねばならなかった。五月十八日、エルサン一行はブノン族領のケランヌに上陸した。この原住民は象狩り、サイ狩りのために堂々とした大弓で武装して、毒矢も使った。ブノンの女たちはすべての議論に口出しをした。ブノン族の様子は、言葉においても風習においても、ビン部族のモイとはちがっていた。彼らは象牙の短い筒で出来た耳輪をしていたが、これに対して、ビンは耳に赤いフランネルの切れで飾った銅のかぎ形のものをぶら下げていた。またモイとは違って、ブノンは家族ごとの小屋に住んでいた。エルサンが通過した村の村長はみんなエルサンの右腕に銅の腕輪をはめた。この地方には蚊が多く、毎晩、エルサンとブノン族の長話は蚊を平手打ちする大きな音で中断された。

毎朝、一行は川に戻り夜まで航行し、夜はいつも川から離れた新しい村に泊まった。毎日エルサンは通過した村と航行した川の位置を書きとめた。時には林の中を進むこともあったが、その際はしかるべく小舟の売却を交渉し、つぎに川を使うときには新たな小舟を購入するか借り入れを交渉しなければならなかった。五月二十四日、綿布の蓄えがなくなり、塩一籠、銅線一巻、ガラス細工品で象二頭を借りた。翌日、彼は最初のラオスの村、ベドーヌ村に到着した。そこの住民たちはその前年、初めて白人、キュペ大尉に出会っていたので、同じ人種の新たな見本にますます好奇心をあらわにした。村人たちは猟師で、村には畑や水田はなく、狩や漁の獲物と、捕獲して調教した象を売って生計を立てていた。

急流で川が危険になったときには旅は陸路で続けられた。夜は虎が野営地の周りをうろついた。一八九二年六月九日、エルサンはフランス領事の駐在するストゥントレンの町でメコン河に到達した。

《ストゥントレンは経度が正確に知られている地点です。ですから僕はクロノメーターの調子を確認でき、計算上の時間経過と実際の時間経過のあいだに三月で六秒のずれしかありませんでした。この結果に喜んでいます。これは多分この旅行中クロノメーターに対して細心の注意を払ったことによるのでしょう。僕はクロノメーターを包んで小さな籠に入れ、どんな振動も与えないように自分で持ち、努めて全行程を歩くようにしました。このクロノメーターは、サイゴンのフランス郵船会社事務所長のロランさんが僕に貸してくれたルロイのマリン・クロノメーターなのです[2]》。

一八九二年六月二十五日、彼は船でメコン河を下ってプノンペンに着き、その夜カンボジアのフランス高等駐在官、ルイ・ユイン・ド・ヴェルヌヴィル氏宅で夕食をした。

《ここにいる誰もが、僕が大旅行をしたと思っているようです。僕としては、何も特別なことをしていないと思っているのですが……。二ヵ月間、僕がお米しか食べられなかったことが信じられないのです。未開人たちはそれで満足していますし、それに、他に何も食べるものがない時には、彼らのようにせざるを得ないのです》。

彼は船でシャム湾を通ってサイゴンに帰り、インドシナ総督、訪問した町の駐在官たち、パリの二つの地理学会、オーギュスト・パヴィー宛てに報告書を作成した。二ヵ月半の踏査で、エルサンは任務の目的を十分に達成した。すなわち、数々の人類学的観察と興味ある写真のネガ一四〇枚のほかに、海岸とメコン河のあいだの踏破した地域の正確な地図を完成した。測定が彼のいつもの厳格さで行なわれたことは次のとおりである。

《可能な所ではどこでも僕は現在位置の測定をしました。殆ど全ての緯度測定は北極星の一連の高度から決定されました。この方法で観測を繰り返して非常に正確な結果が得られたので、すばらしい方法だと思います。二〇秒以内の正確さで結果を保証できます。経度は、当然、僕のクロノメーターのほぼ正確な動きに依存しています。何日も同じ場所に滞在しなければならなかった時はいつもそれを確認し、かなり一定だったので、四秒以内で経度を保障できます。緯度を北極星高度あるいは子午線高度から測定できなかったときは、二つの星あるいは朝夕の太陽を観測して高度の二直線で計算しました。標高は、マニラの気象台の気圧計で確認された僕の携帯用気圧計で測定しました》。

一八九二年十月、エルサンは任務の成果をキュペ大尉に報告し、とりわけ、新しい探検をするための補助金を獲得するという確固とした意図を持ってパリに戻った。彼は、到着するとすぐにパストゥールを訪問し、パストゥールは研究所の彼のもといた小部屋を使うよう勧めた。それはエルサンが、ヴィクトール・モラックス、モーリス・ニコル、とりわけエミール・ルーに再会する機会となった。母親には次のように書き送っている。

《僕たちが再会して喜んだことは言うまでもないでしょう。ルーさんは二年で少しも変わっていません。相変わらず親切で献身的です。彼は僕にあと何キロ踏破するつもりだと訊ねたので、〝まだまだ〟と答えておきました。これで旅行趣味が僕をまだしっかり捕らえていることを理解してくれたと思います》。

この理解で二人の友情は強固になり、それ以来、ルーは昔の助手が自分から遠ざかっていくことを受け入れた。クリスマスまで続いたこのパリ滞在のあいだエルサンは、新しい探検のための資金集めに協力してくれそうな人物に嘆願することに没頭した。まず、自分と経歴が似ているF-J・アルマン医師に面会した。一八六六年に客船イエナ号の船舶医師補佐であったアルマンは、翌年サイゴンで下船しそこで病院医師となったが一八七〇年末に普仏戦争のために帰国した。彼もまた旅行趣味にさいなまれ一八七四年に公教育省からコーチシナにおける三年間の科学的ならびに考古学的任務の命令を受けた。

一八七七年、アルマンは収集物を分類するための特別休暇が認められた。今日パリ国立自然史博物館に保存されている収集物がそれである。一八八一年、海軍を辞職し、バンコックのフランス領事になり、一八八五年にはカルカッタの領事となった。

アルマンはエルサンのために直接は何もできなかったとしても、彼はエルサンをエルネスト・ハミー博士に推薦し、ハミーはエルサンに、関係筋に自分を知ってもらうために成果の公表をするよう助言した。これはまた外務省の政治局嘱託のP-A・ルフェーブル-ポンタリスの意見でもあった。彼はエルサンに、パヴィーとキュペーの任務とは袂をわかって単独名で公表し、自分自身で将来の探検を企画するように助言した。

アンリ・ドルレアン皇太子も彼を歓迎し、二人はすぐに共感した。皇太子はインドシナに行ったことがあり、エルサン同様写真にも熱中していた。二人は旅行と写真を大いに語り合ったが、この訪問が先の訪問同様にエルサンに支援、つまり公的な任務と資金をもたらすことはなかった。

エルサンは、外務大臣アレクサンドル・リボに対するパストゥールの推薦状に大きな期待を寄せた。


《エルサン博士から外務大臣殿に要望書を提出してほしいと依頼を受けました。私は全面的信頼と強い熱意をもってこの推薦状をしたためます。エルサン博士は二年間パストゥール研究所で研究に携わり、素晴らしい成果を収めました。彼はルー博士とともにジフテリアに関する一流の仕事を成し遂げ、彼の該博な医学の学識に対して博士の称号が授与されました。科学者としての彼の未来は輝かしいものでした。しかしながら、たくさんの書物を読んだせいで、彼は突然強い旅行願望に取り付かれ、どうしても彼を引きとめることが出来なくなりました。エルサン博士がわが国に大変名誉になる人物であることは私が保証いたします。彼が最近行なったメコン河流域調査の報告書を同封いたします。これをお読みいただければ、エルサン博士の旅行家ならびに探検家としての資質を直ちにご評価いただけると確信いたします。　パリ、一八九二年十月二十一日、フランス学士院、ルイ・パストゥール》[3]。

この推薦にこめられた熱情は、フランス郵船にあてた一八九〇年の手紙の無味乾燥な冷たい調子とはまるで違っている。その作成にエミール・ルーが関与したと推察すると、そこに二人のあいだの和解を読み取ることが出来る。しかし残念ながら、この手紙はリボ氏に何の効果もなかった。

エルサンはついでF－E・ジャメ氏に面会した。ジャメは、パリ弁護士会所属弁護士、ガール県代議士、それに一八九二年三月以来は商業産業植民地省の政務次官であった。彼は非常に愛想良くエルサンを迎えたが、まったく官僚的で、インドシナ総督ド・ラヌサン氏の全権威を楯にとって言い逃れをした。

結局、解決につながったのはフランソワ・シャルム宛てのエミール・デュクローの推薦状だった。一八八〇年に外務省の副局長でありトンキン遠征とマダガスカル遠征の準備に参加したシャルムは、当時公教育省の科学担当の官房長であった。彼はエルサンのために総額一万五〇〇〇フランを認めさせ、インドシナに帰るとすぐにド・ラヌサン氏に挨拶に行くように助言した。

このパリ滞在中にエルサンはパリにある二つの地理学会とも連絡を取った。この二つの学会はもちろんライバル関係にあり、一つは、会長がE・ハミーで、事務局長がシャルル・モーノワールの地理学会である。後者は陸軍省地図保管所所長で、探検家たちに助言して多くの任務を成功させることに貢献していた。もう一つは、商業地理学会で、その事務局長はシャルル・ゴーチオ、『論争ジャーナル』の記者で植民地高等会議のメンバーだった。エルサンは次のように書いている。

《この二つの学会のあいだを立ち回るのは僕には少し微妙でした。この二つはライバルで、どちらも地図もノートも欲しがっています。僕は双方にそれを与えました。どちらが先に公表するでしょう？　もちろん、もう一方は激怒するでしょうね》。

しかしながら、十一月二十九日に商業地理学会[4]で講演をし、十二月二日には同じ講演をもう一方の学会[5]で繰り返すことで合意が成立した。

十一月の末には公教育省が瓦解し、約束された資金が取り消されるのではないかと心配した。そのほか、官僚の《未開人よりもひどい無気力、怠惰、悪意》に対しても闘わねばならなかった。そのため仕方なく、生じた余暇を使って写真と天文学の知識に磨きをかけることにし、特に天文学についてはモンスーリ天文台の講義を聴講した。この講義は彼を夢中にさせ、モルジュの母親のもとで過ごす予定にしていた非常に短い滞在をさらに短縮させることになった。

《僕は木曜日の夜パリを発ち火曜日の朝またパリに戻る予定です。火曜日と木曜日は天文学の講義（星蝕）のためパリにいなければいけないのです》。

モルジュでは、彼は、クロノメーター、電圧計、温度計、メイヤー[6]のピストル二挺を購入し、これらの品物は、一八九二年十二月二十四日インドシナに向けて乗船予定のマルセイユに直接発送された。

一八九三年一月二十九日、サイゴンに着くとすぐ、エルサンはインドシナ総督のジャン＝マリ

モイ族の家族、1892年、エルサン撮影

ー・ド・ラヌサンを訪ねた。この総督は文民権限ばかりでなく軍事権限も握っていた。軍はこの従属を受け入れず、一八九二年、当時極東師団を指揮していたフルニエ提督はフランスに帰国し、ラヌサンは、取巻きの策謀と上席権の争いの重苦しい雰囲気の中で委ねられた任務を遂行していた。

モイ地方

ラヌサンはエルサンにコーチシナと隣接するモイ地方を探訪するよう要請した。サイゴンを出発して内陸を通って北に向かい、最も好都合な海岸の一地点に到達する道筋をつけることが目的だった。エルサンは通過する地域の資源、牧畜の可能性、森林資源、鉱山なども調査することを委嘱された。この任務の行程をたどるには、この地域の地形を記憶しておくと都合がよいだろう。安南海岸には五つの港、サイゴン、ファンチエト、ファンリ、ファンラン、ニャチャンが、ツーランとフエに向かって北上するにつれて一定間隔で続いている。ファンチエトはサイゴンから二二〇キロメートル、そして反対側にファンリから五〇キロメートルほどである。ファンリはファンランから五〇キロばかりの所に位置し、ファンランからニャチャンへの道は六〇キロあまりである。この距離はすべて海岸沿いの小道によるものである。より直線的な車の通れる道路ならば距離を十分に短縮でき、近くの森林の材木を運ぶ重量車両が通行できることになる。フランス人たちが開拓したいと望んでいるのはそのことだった。ファンチエトはこの海岸で最も活気ある港で、現地人のジャンクが行きかうランハ川の河口にあった。モイ族たちは仲間の幾人かをここに送り、彼らの生産物を生活必需品と交換した。五〇〇人近くの中国人がこの地方の塩、ニョクマン、干魚の商売を手中に握っていた。フランスはファンチエトに副駐在官一人、電信局、それに禍根の元凶の税関事務所を置いていた。内陸部は森林で覆われた海抜五〇ないし一〇〇メートルの高原に向かって高まっていた。サイゴンをファンチエトに直線で結び、その途中に内陸部との交通の要衝になる村を選定する、そしてそこを十字路として別の道がまだ踏査されてない内陸とファンチエト以外の港へ伸びる。これが、エルサンが一八九三年二月二十四日サイゴンを発ったときの当面の計画だった。

彼は安南人ボーイ二人と森林監視員ウェッツエル氏を同伴した。ウェッツエルは道路建設の責任者であり、それに大の象ハンターでもあった。エルサンは経緯儀とクロノメーター三個を携えていたが、そのうちの一個はローザンヌのヴァシュロン・エ・コンスタンタンで買ったものだが困ったことに日に十三秒遅れた。彼はまた天然痘ワクチンもたずさえていた。このワクチンはサイゴンのパストゥール研究所で製造されたもので、天然痘の怖さを知りワクチン接種を容易に受け入れる住民たちに接種される予定だった。

ビエンホアまでの道路はすでについていた。その先は二〇キロだけが砂利道で、それから先は轍でえぐられた道を森の中に進むことになった。ドンナイ川のチアンの急流には二月二十八日に到達し、それから道はカイガオとベンノンに向かって登りになる。この二つの安南人の村は、ウェッツエルが担当する一五キロほどの道路で結ばれるはずであった。十二キロ先で道はモイ族の住む最初の村ヴォアイヤンに続く。杭の上に建つ彼らの小屋は、米とトウモロコシを栽培する森の中の焼き畑同様に、ムシャオのところに旅行して以来エルサンには馴染みのものだった。ほかの三つのモイ村は、その最後がチャコン村になるのだが、ヴォアイヤンから八〇キロあり、道路の建設は当然のように思えた。この道筋は、一月には足をぬらさずに渡渉できるが雨季には急流となる五本の小川を考慮にいれる必要があった。チャコン村から十二キロでエルサンの小隊は、ラナ川の支流によって灌漑され米の栽培が可能な美しい谷間に到達した。景観同様に人も変わった。モイ族のように彼らも杭上の家に住んでいたが、彼らはチャム族で、それぞれが内部で仕切られた四角な自分の小屋を持ち、ターバン、長い腰巻、それに、スカーフをつけていることで、マレーシア系を連想させた。エルサンは言語の違いにも気づいた。この谷間の中央のタンリン村は主要な村と考えられ、一〇〇人ほどの住民はすべて、彼らの怖がる天然痘に対するワクチン接種を熱狂的に受け入れた。一八九三年三月二十七日、エルサンは海岸の方角に向けてタンリン村を発った。虎の跋扈する森林を抜けて四〇キロの行進で、ファンチエトに着くまでにプーラ村だけしかなかった。いつものように、野営地は、野獣を近づけないように、夜は松明の輪の中央に設営した。エルサンはファンチエトからファンリに向けて再び上り、そこから彼の任務の第二部が始まった。

彼は進入路の十字路としてタンリンを選び、この村と海岸のもう一地点のあいだの道をたどることにした。この新しい行程のために彼はお供の数を増やした。クーリー八〇人、乗用馬六頭、象一頭である。リウンの町には四月十五日に着いた。小屋の構造はそれまでとは違い、杭の上に立つ小屋ではなく、藁屋根は地面まで下がっていた。この地域のモイ族は鍛冶職人で、包丁、斧、家庭用のさまざまな道具を作っていた。酒を飲むときには、列席者がそれぞれまず壺の中に発酵した米を少し取り、それを家の柱にぶつけて粉々にして、ヤン、つまり仏に代わるこの土地の神の加護を求める。雷雨のときには、マンゴと豚肉あるいは牛肉の塊を並べて置き、村から離れた特定の地点に雷を引き寄せるまじないとした。

リウンの町を発って、縦隊は南西に進みクラカー、コンタン、ララの村を通過した。これらの村は、樹木の生えていない丈の高い草で覆われた高地の中央に位置していた。クラカーではエルサンに敬意を表して狩が企画された。モイ族たちは草原の草に火を放って、周囲何キロもある巨大な火の輪を作った。火は、獲物を押し返しながら中央に向かって燃え移っていった。時おり、野生の鹿、牛あるいは虎が炎の壁を飛び越えて逃げようとするが、モイたちの槍あるいはエルサンの小銃の弾で仕留められた。この狩に対するモイの犬たちの興奮は異常なほどだった。

一八九三年四月二十五日、エルサンは、海抜九〇〇メートルで起伏が多く水田と芝で覆われた高原の村タラに到着した。丘には松が植林され、たくさんの村落が小さい谷の側面に点在していた。タラは小郡の郡長の居住地で、エルサンたちは集会所に迎え入れられた。タラのモイ族は豊かで大群の水牛を飼育していた。宗教的祝宴の折には、彼らは一定数の動物を生贄にし、屠殺された水牛一頭につき二〇メートルの竹竿を綱で固定して吹流しで飾り、それを彼らの小屋の近くに立てた。村落によっては、《碇を下ろした小船団》を遠くから見る思いがした。しだいに山が深くなっていったが、ラナ川とドンナイ川の分流によって良く灌漑された広大な高原には牧畜と耕作ができる大きな可能性があった。一方、ヤラン村の近くでは、錫の鉱脈が急流のくぼみで水の浸食によってむき出しになっていた。

西に向かって再び下り、エルサンは五月十九日タンリンに戻り、そこから、彼の任務の第三部、すなわちニャチャンの南にあるファンランの小さな港とこの交差点を結ぶルートの可能性の調査が始まった。

エルサンは初回、五月二十二日にタンリンを発ったが、選んだ道が道路建設に不適当と分かったため引き返し、一八九三年五月三十日再出発した。六月十一日、一行が到着したのは、ドンナイ川によって灌漑され、タドーム山が見下ろす谷の奥のブロス村である。この山は、実際には、険しい谷を取り囲むたくさんの峰々からできていて、その奥では冷たい水の急流がごうごうと音を立てていた。エルサンは一番高い峰に登ることにしたが、登山は難渋し雨と雲の中を二日がかりだった。野営地は夜のために海抜二〇〇〇メートルのところに設営され、低地ではしつこく彼を悩ませた小さな蛭がいないことを確認してエルサンは安堵した。晴れ間を利用して登頂した最高峰（二〇〇〇メートル）は、あまりにも樹木が覆い茂っていたので景観を見晴らすためには木に登らなければならない程だった。地平線は広大に見えたが、豪雨と厚い霧のため正確に書き留めることは出来なかった。

ついでエルサンは北へ向かいドンナイ川の源を正確に位置づけた。ランビアン高原からサイゴンまで蛇行しそこで広いデルタになるこの長い川は、フランス人たちにとっては貴重な内陸部への進入・交通路に思えた。しかし、この川は何処に始まるのか？　その支流はどれなのか？　その支流がドンナイ川そのものと考えられていないか？　また支流の源がドンナイ川の源と考えられてはいないか？　このあいまいさがドンナイ川とその貫流する地域の探索計画に重くのしかかっていたのだが、エルサンの注意深い記録から、インドシナ総督府の計画に正確な答えがもたらされることになった。

エルサンは相変わらずクロノメーターと経緯儀を携えて、ドンナイ川の流れを上流に向かって辿ることで安南山脈の西の地域を踏破し、この地域の地図を確立するために、人の住む地域を記録し、山々の輪郭と水の流れの曲折を描いた。一八九三年六月二十一日、広い森林で覆われた山の側面をよじ登った彼はランビアン高原を発見し、後にここにダラットの町が建設されることになるのである。彼はこの広大な高原の美しさに感動した。殆ど何もなく、ただ一面の草で覆われたこの高原は、その北西部で海抜二〇〇〇メートル以上に達するランビアン山塊によってふさがれていた。風通しが良く、ところどころに松があり、大きな川が山の側面の一つを蛇行するこの風景は、彼の生まれ故郷スイスを彷彿とさせ、彼は注意深くその経緯度を記録した。四年後、新しいインドシナ総督ポール・ドゥーメールは、《当時言われていたように植民地の気候に苦しめられた》フランス人たちのために高地保養所を建設する必要を感じていた折、エルサンの踏査を知り、たとえば安南南部の山岳地帯にこの保養地を建設するのに好都合な場所、すなわち、快適な高度で、給水が保障され、気候が穏やかで、交通路が整っている場所を助言するようエルサンに依頼した。ランビアン高原はちょうどこの希望に沿うものであると、エルサンは答えた。パストゥール博物館は、インドシナ総督府関連書類の冒頭に次の覚書を保存している。[7]《モイ地方に関するエルサン博士の報告書の中でランビアンの地域に関するものを私にコピーすること》別の手で、《一八九七年八月十七日》と書いてある。三番目の手は、《彼の旅行の原本〔原稿と地図〕を残す必要がありますか、あるいは、調べた後それを彼に送り返すのでしょうか?》と付け足している。ドゥーメールは残すの単語にアンダーラインをし、ウイと上に付け加えてある。一八九七年、ドゥーメールはこの高原に測候所付の調査拠点を設置させ、この地域の居住性についての正確なデータを取るために農業試験に取り掛からせた。一八九九年三月二十五日、ドゥーメール自身がエルサンを伴い、一八九三年にエルサンが作製した地図に基づいてファンチエトの駐在官が確立した道筋をとって、ファンランからランビアン登山をした。この視察に満足したポール・ドゥーメールは、単に静養地ではなく町をこの高原に建設することを決心した。七十歳のエルサンが、インドシナ総督と安南皇帝の臨席のもと、彼の名前を冠した新しい高等中学校の落成を祝ってダラットで催された祝宴に出席したとき、彼は四〇年前にこの高原に到達したときの感動を感慨深く偲んだ。一九四二年にはドコー提督の要請で、旅行の思い出を想起しながらダラットについて次のように書いている。

《僕がランビアン高原と初めて出あったのは、一八九三年六月二十一日、この踏査の途中のことでした。僕のたどった道筋はフィンモン、プレンを経てダラットにいたるもので、のちにダラットへの進入路建設のために選ばれた道筋とほぼ同じでした。松林を抜けて、突然、巨大な緑色の高波がうねる海を思わせる広大な高原を目の当たりにしたとき、僕は深い感動を覚えました。高原の北西の地平線に聳え立つランビアン山塊は、高原に立体感を与えるすばらしい背景となり、風景の美しさを際立たせていました[8]》。

一八九三年六月のこの探索の間にエルサンは盗賊の一団と銃撃戦をした。ランビアンから海岸へと続く道程で、エルサンは朝八時頃貧しいボークラン村に着き、その集会所に多人数の集団が通過した真新しい足跡を見つけた。逃げようとする一人の安南人を捕まえて白状させたところ、その男がツークの一味であり、この集団はサーベル、槍、伐採刀、と、小銃で武装していることが分かった。この集団は六日前にファンリを発ち、その目的は、ファンランに行ってプー（安南人知事）を殺し、銃を奪い、フランス人たちを虐殺することだった。

エルサンにとってなすべきことは明らかだった。野営地をボーイの監視に任せ、三人の安南人、勇敢な象狩人ベップ、ニャチャンの民兵チャイ、通訳チンと共に出発した。四人の男が三挺の小銃、ピストルと薬莢を持っていた。彼らがディオム村についた時、盗賊たちは二時間前に村を去ったば

安南人反逆者、1893年７月逮捕。首領ツークはこのあと間もなく斬首

かりだった。村人たちの情報によれば、盗賊は女二人を含む三〇人ほどであり、暴力を振るうことはなかったが米と馬と鶏が奪われていた。

小隊は滝のような雨のなか追跡を続けた。夜七時頃、四人の男は腹ごしらえをして、道明かりに松の枝に火をともしてまた出発した。九時頃、村に近づいたので、松明を消して殆ど真っ暗闇の中を前進した。しかし、盗賊たちはすでにこの村を出て、次のフォータンナム村で野営していた。

十時にエルサンは、雨で水かさの増した川の対岸に焚き火を認め、四人の男たちは川を渡り野営地を迂回した。おびえた村長は、脅されてようやく盗賊の野営地を教えた。犬たちがほえ始め子供たちが泣いた。エルサンは三人の仲間に、彼から離れず、彼に続いて、彼の命令で撃て、と厳密な命令を与えてから急いで前進した。

焚き火の周りには一五人ばかりの男が見張りをしていたが、白人が現れたのを見て逃走した。小さな小屋の中では二人の安南人たちが静かに談笑していた。エルサンは彼らがかしらと考え、三人の部下がついてくるものと信じきって小屋の中に入った。彼は、その長身と優れた風格（村人たちによる）からそれと知れたツークの胸にピストルの銃身を当てた。二人の男は恐れて立ち上がり、ツークが《撃つな》と叫びながら手を前に出してピストルを奪い取ろうとした。エルサンは撃とうとしたが、ツークは《機転を利かせて指を引き金の後ろに滑り込ませて》発砲できないようにした。この瞬間、エルサンは右足に激しい一撃を食らった。彼は、小さな納屋の中で寝ていた他の盗賊の一人が逃げる前に彼に与えた棍棒の一撃で、腓骨骨折をこうむった。小さな家の別の部屋で寝ていた三人の別のボスが《カックコ！　カックコ！》（首を切れ）と叫びながら駆けてきて槍をふるい始めた。エルサンは部下の安南人たちを呼んだが無駄だった。彼らは怖がって村から二〇〇メートルほどのところで戦の結末を静かに待っていたのである。サーベルの一撃でエルサンの左手親指の半分が切断され、胸に槍の一突きを受けた。ツークは彼からピストルと小銃を奪い、部屋の中にでたらめに発砲した。それから盗賊たちは水田を横切って逃げていった。その時になってエルサンの三人の安南人たちは逃走者に向けて一斉射撃をし、女の一人を捕虜にした（もう一人は川を横断するときにおぼれた）。

村の使いが急遽ボークラン村に送られ、エルサンのボーイに、徒歩で出発の出来ない主人に合流するようにと伝え、一方エルサンをファンランまで運ぶためにハンモックが急ごしらえされた。ファンランまでの行程は、何度も川を横断しなければならず、運搬人たちが肩まで水につかることもしばしばだった。朝七時頃、小隊は象の家族とすれ違った。運搬人たちは怖がってハンモックを地面において逃げ去った。メス象とその子供が襲いかかりそうな様子をしたが、最後の瞬間に母親象が小道を離れて森に姿を消し、エルサンは命拾いした。

一八九三年六月二十六日午後二時、ファンランの電信士は負傷者とその仲間が突然現れたのを見て、その盗賊たちがビンツアンで投獄されていた政治犯で、フランス人たちによる反乱鎮圧を助けたカンシャット（安南人大佐）を虐殺して暴動を起こしたことを教えた。彼らは要塞を略奪したあと山の中に逃げ込んでいたのである。[9]

ハンモックでファンランに到着したことで、ド・ラヌサンからエルサンに委嘱された任務の第三期は終了した。彼の道程手帳の書き込みに従って作成された報告書は、通過した地域といくつかの予期せぬ出来事を綿密に述べてはいるが、公的な文書の中では全ては伝えられず、母親に宛てた二通の手紙の中で、補足の情報を提供している。

《一昨日、七月五日、武装民兵が大ボスのツークをニャチャンの近くで逮捕しました。僕は彼に見覚えがあり今日彼の写真をとります。〔……〕ファンリを脱獄した五十六人の囚人のうち、四〇人がすでに捕らえられました。僕自身は四人を駐在官に引き渡しました。〔……〕それで、僕はこの事件で銃とピストル各一挺を失ったことになりますが、この件で僕が咎められるとは思いません。というのは、総督は南部におけるこのような反乱の企てを非常に心配しているようですが、一方で彼は、安南は完全に平定されていると声高に言っていますから、この事件をもみ消そうとするでしょうし、必要ならばそれを否定すらするでしょうから。僕は自分のしたことを後悔していません。それははっきりとした僕の義務でしたから。〔……〕メイヨーが僕に新しい武器を受け取り払いで送ってくれるように、彼に一言同封します》。

十二日後、彼は母親を安堵させることが出来た。

《僕は明日内陸部に出発しますが、手の傷が完全に癒着し、脚も治ったことをお知らせします。ですから、僕は旅行を続けるのに十分に良好な状態になったということです。今日ツークは首を切られました。僕は何枚かスナップショットを撮るために現場に行きました。実際、ぞっとします。頭はサーベルの四度目の一撃で落ちました。ツークはそれでも動じませんでした。この安南人たちの冷静な死に様は本当に印象的でした》。

エルサンは再び出発したが、この新しい出発は政府の任務に応じるものではなく、前年ムシャオと交わした再訪の約束に応じるものだった。一八九三年七月十五日、エルサンは赤と青のフランネルを巻いたアルミの腕輪を三個、ビンホアの市場に来たムシャオの召使に託し、近いうちに彼らの村に行くことを告げるように言付けていた。エルサンは七月十九日に出発した。道筋は、海岸に沿うマンダリン道路ではなく、殆ど人の通らず、大きな森林と藁小屋用の草の生えた林間の空き地を抜けて、谷の奥まで蛇行する小道を取った。この谷間をうねうねと伸びる川を横断また横断することで旅行期間は三倍になった。一八九三年七月二十八日、エルサンはムシャオのところに着いた。彼は賓客を迎えるために儀式用の赤いズボンを身につけた。しかし、仲良しはつかの間だった。ムシャオは、エルサンがたくさんの安南人民兵を連れてきて、彼の敵に戦を挑んでくれることを望んでいたのである。ムシャオは実際、家畜や象や収穫物の盗難といったあいまいな悶着で、これらの悪事に彼自身が無実ということはないのだが、殆ど全ての隣村と争っていた。エルサンは平和的な調停を提案したが、ムシャオはまずそれを拒否し、七月三十一日エルサンは村で事実上囚われの身となった。すなわち、象はまったく貸してもらえなかったし、召使は誰も彼の馬に餌をやりに行くことが出来なかった。エルサンのほうも、ムシャオと酒を飲むことを拒否し、豚の血を彼の足に塗らせることも拒んだ。たちまち彼は孤立したが、強情さと贈り物でついには障害を取り除くことに成功し、八月一日ムシャオ村を出発することができた。

翌日、彼はクーヌのところに着いた。前年彼がニャチャンからストゥントレンに行ったとき、殆ど知られていない地域についての貴重な情報を提供した年寄りの村長である。エルサンの再訪は、肝臓の急性萎縮を患うクーヌの健康不良のため暗いものとなった。クーヌは苦痛にも拘らずエルサンを友人として迎え、南方の山の向こう側に徒歩二日のところにある大きな湖、ダルラク湖、について話してくれた。八月四日、クーヌが瀕死となり、彼の息子は父親の治癒が神から授かるようにおきまりの生贄を命じた。一日中、モイたちは銅鑼を叩き、夜には呪術師が、のどを切って殺して煮立てた鶏の足を占った。神託は良くなかった。好奇心からエルサンは、何か特別なものがあるかと鶏の足を調べた。彼の周りに沈黙が続きクーヌの息子が彼の神託を訊ねた。《非常に悪い》と重々しく彼は答えた。集まった人々に戦慄が走り、人々は《おー、神様!》と叫んで、悪霊を追い払うためにいっそう強く銅鑼を打ち鳴らした。

翌八月五日、エルサンはクーヌ村を発ってダルラク湖に向かった。村から村へ、彼は自分がムシャオのために戦に来たのではなく、森林を進むのに必要な助けがほしいだけであると、村長たちを説得しなければならなかった。彼の旅行手帳には、各休憩地での交渉、モイ族たちの防御的態度、長談義、贈物、次の村への出発が列記してある。こうしてムスー村に近づいたとき、彼は戦のタムタムが鳴り響くのを聞いた。槍、大弓、それに、戦のしるしの楯を持った一五人ほどの戦士が進み出て、エルサンとクーリーを村長の小屋まで連行した。ムスーは、エルサンが銃で殺した牛を生贄にして、友好の証しとすることに決めた。

八月七日、エルサンはクーリー一〇人を雇い南へ向けて出発した。小道は峠に向かって登り、峠からは大きな湖の辺まで広がる広大な水田が見えた。湖畔では水牛の大群が水を飲み、ところどころ、木々の茂みには村落が見え隠れした。南側には、ランビアン高原のほうに向かって丘が高くなっていた。湖の直径は南北八キロ、東西一五キロ、とエルサンは推定した。彼はまた、ダルラク高原の住民が他のモイ族より長身であることに気づいた。女たちは肥満傾向にあり、非常におしゃべりだった。エルサンはダルラクにやってきた最初の白人だったので、彼を見て好奇心をかき立てられ、ひそひそ話と笑いの種になった。

エルサンが八月十日クーヌ村に帰ってきたとき、老村長はすでに何日も前に亡くなっていた。モイ族では死後一ヵ月経過しないと村長を埋葬しないことになっていたので、この間、彼の小屋ではお通夜が続けられ、毎日、クーヌの息子は動物を生贄にして、銅鑼とタムタムを強く打ち鳴らしながら皆で大量の酒を飲んだ。すべての仕事が止まった。農作業も象の貸し出しもしなかった。エルサンは彼の動物たちを二四時間休息させずに出発することは出来ず、彼自身の休息も葬儀の行事で妨げられた。夜、陰気な物音で目を覚ますと、何か叫びながら、銅鑼を鳴らしながら、六人の村人が老クーヌの蓋の開いた棺を担いで目の前を通り過ぎていった。毎晩、クーヌはこのようにして、ひどい臭いを発散させながら家の周りを回った。

八月十四日、エルサンはムシャオの村に帰りつき、二人の男が互いの仲を祝って祝宴を催す間に、困ったニュースが野営地に届いた。ビエンホアに塩を買いに行く輸送隊に加わっていたムシャオの象のうち、一番きれいな象が帰り道で死亡した。その原因を明らかにするために呼び出された呪術師は、一組の夫婦のせいにした。捕らえられてムシャオの前に引き出され、即刻打ち首となるところだったがエルサンが介入し、彼らの立場を弁護して動物の代価を支払うことを申し出た。しかしエルサンは、その男と女が数日後に盟神探湯(くがたち)の審判にかけられるという罰の報告を受け取っただけだった。もし彼らが手を火の中に入れて火傷をせず、ひと壺の酒を飲んで気分が悪くならなければ、無実と認められるのである。エルサンが村を去るとき、二人の受刑者は首かせをかけられて、ムシャオの一番きれいな象を魔法で殺したのはお前だろうと、互いに非難しあいながら試練を待っていた。

エルサンは一八九三年八月二十四日までムシャオの許に滞在し、近隣の村長たちを訪問し、長談義、約束、贈り物あるいは物々交換によって彼らのけんかをなだめることに尽力することになった。そういうわけで八月十八日、彼はムシャオの最も粗暴な敵、ダンのところを訪れた。彼らは長年にわたり、誰が象を盗み、誰が七人の召使を捕らえたか、と互いに非難しあっていた。ダンは、ムシャオが前年わずらった病気を遠くから引き起こしたという言い掛かりを否定した。《分かるだろ、もし俺にやつを病気にする力があれば、俺はやつの病気が命取りになるようにするさ》と彼はエルサンに言った。ダンはエルサンが持ってきた友好の贈り物について熟考するため自分の家に引きこもり、エルサンは、槍と大弓と楯を持って戦の身なりをした戦士十二人の監視のもとに置かれ、一〇〇人以上の兵士がエルサンの待つ家を取り囲んだ。全員が座って武器を持ち、驚くほど完璧な沈黙を守って待機した。エルサンは手元にピストルを置きベッドの上に静かに横たわっていた。夜、ダンはテントから出て、友好の贈り物を受け取ることをエルサンに伝えた。これに対しエルサンは友好を祝うために銅の腕輪をダンに贈った。

一八九三年八月二十四日、エルサンがムシャオにニャチャンに帰りたいと告げると、彼の主人は、まだ敵を減らさなければいけないことを理由に反対した。それに対してエルサンは、彼の資材を運搬するのに必要な象が拒否されるなら、一人徒歩で出発し、ヤンに祈って復讐すると冷ややかに告げた。モイ族の例にもれず極端に迷信を信じるムシャオは、要求されたお供を与え、八月二十九日エルサンはニャチャンに戻った。翌九月六日、彼はお気に入りのニャチャンを発ち、最近たどった道程、つまりファンラン、タンリン、と、ビエンホアをもう一度通ってサイゴンに帰った。一八九三年の年末は、旅行報告書を作成し、毎日つけたメモに従って地図を作製し、たくさんの写真のネガを現像することで過ぎた。[10] エルサンは彼のメモの一部を、ハノイで印刷された『インドシナ・グラビア雑誌』の一八九三年十一月号で公表した。《コーチシナと南安南のモイ族》のタイトルでイラスト入りの一〇ページあまりの記事である。この記事にはエルサンが踏査した道と計画道路を描いた大地図が添付された。この地図を、一九四五年に国立地理研究所が作製したものと突きあわせてみると、今日の道路網がいかにエルサンのお蔭をこうむっているか判断できる。すなわち、サイゴン-ダラット-ニャチャン-サイゴン地域の多くの国道あるいは地方道（砂利敷きの道もそうでない道も）がエルサンの計画した道路の大区間を取り入れているのである。それに反して、タンリンは彼が計画した大中心地の役割を果たしていないが、それでもエルサンによって最初に踏破されたファンチエト道路が通じる大都市になっている。一八九三年にエルサンが訪れたモイの村の多くは、最近の地図上にはもう存在しない。たぶん文明化の犠牲となって分散され、新しい名称のもとに再編されたのであろう。エルサンはすでに一九四二年に、雑誌『インドシナ』に彼の探検の思い出を書いた時そのことに気づいている。

《僕はインドシナ地理院の一〇万分の一の地図上にムシャオを探したが無駄だった。〔……〕僕がこの地域を探検してから五〇年以上のあいだに、この村が場所を変えたか、あるいは完全に消滅したこともありうる。一八九三年に僕の書きとどめた殆どすべての他の村についても同様である。これらの村に相当するものは地図上に何もない》。

一八九三年末エルサンはサイゴンに滞在していたド・ラヌサン氏に再会し、彼の差し迫った将来についてラヌサンに尋ねる機会があった。その必要性があったともいえる。ラヌサンは決心をつけかねていた。ラヌサンは、予定されるファンチエト道路の土木工事の指揮をエルサンに委ねる決心をしたかとも思われたが、この計画はメコン河に沿う鉄道建設のために放棄されることになった。最終的には予算不足と、とくに、サイゴンにこの種の仕事では彼以上に適任者の鉱山技術者ウートレーがいたことで、エルサンは探検に戻ることになる。一八九三年十二月二十八日、植民地会議はニャチャン－ツーランの道程探索のために二〇〇〇ピアストルの予算を可決した。

一八九四年一月二十二日、サイゴンを発つ前にエルサンは、なにか《民俗学的なもの》を送ってほしいという国立自然史博物館の人類学研究室の依頼にこたえて、象牙を含むさまざまな物を二箱発送した[11]。そして彼は、今回は船客としてフランス郵船の船に乗ってニャチャンに着き、この地を、ニャチャンからモイ地方を通ってツーランに行くことになる彼の新しい任務の基地とした。

ニャチャンからツーランへ

五四人のクーリーとグラス銃で武装した安南人民兵一五人を従えて、エルサンは一八九四年二月十二日ニャチャンを発ち、ダルラク高原を通り、安南山脈を横断しツーランに到着するのは五月七日である。ダルラクまでは既知の村々とモイの人々に再会したが、部族間にいつもある敵意と、とくに白人の傍らで武装部隊がいることで保たれているモイ族対安南人の古くからの憎悪のため、この旅行の前半は生易しいものではなかった。エルサンは毎日長々と議論し、村長に彼の平和的な意図と、所持している武器が虎退治のものであることを説得しなければならなかった。説得できなかった時には村には入れてもらえず、夜の間じゅうモイ族によって、時々大声を出して眠気を追い払いながらの監視をされることになった。エルサンの野営地では番兵が野獣を遠ざけるための焚火が消えないように用心をした。ランビアン高原とダルラク高原のあいだではピコ村が激しい小競り合いの場になった。すなわち、二月二十七日、この村の村長はエルサンたちに道を引き返すように命じてもてなしを拒絶した。エルサンは村の近くで資材の一部を数人の民兵に委ね、残りの一〇人ばかりを連れて迂回路を探しに出かけた。二日後に彼が帰ってくると、住民は夜のあいだに逃亡し、村には人気（ひとけ）が感じられなかった。クーリーを雇う必要からエルサンは民兵を村に行かせたのだが、突然、双方から銃撃のやり取りがあったのち、家を守っていた数人のモイ戦士が家に火を放って数分で猛火が燃えさかった。タムタムが鳴り響き、近くの森に逃げ込んでいた女たちが嘆き悲しみわめいた。エルサンは出来るだけ早くその場を立ち去る決心をしたが、クーリーは逃亡あるいは負傷したうえに馬もモイに持ってゆかれて不足したために、持ってきた荷物箱を選別しなければならなかった。経緯儀、写真機、弾薬、毛布、薬品、少しの米とガラス細工品の箱を壮健な男の肩に配分し、小隊はエルサンが見つけた迂回路のほうに出発した。

しかし、村から村へピコ村の火災のうわさは広まっていたため門は閉ざされ、エルサンたちは通過地帯の地形についての情報も援助も得られず、村の周辺で野営しなければならなかった。三月四日、野営地は矢で武装した何百人ものモイによって攻撃され、立ち去ることを要求された。しかし最初の矢が落ちるや否や、民兵たちはでたらめに射撃して、それに恐れおののいたモイたちは退却した。

この敵対行為は、エルサンが最初の踏査以来よく知っている土地、ムシャオ村、を探し当てて収まった。ムシャオはまたエルサンを近隣の争いに巻き込もうとしたが、前年の夏の記憶がまだ鮮やかだったエルサンは三月十三日、休息した民兵、クーリー、馬、象をつれて北に向かって出発することにした。起伏にとんだ地域を横切り、海抜三〇〇メートルから八〇〇メートルへさらに一五〇メートルへと数時間で移動して、エルサンはまずラデ族の住民に出会った。彼らは、物静かで、楽観的で、砦の無い村に住み、畑を耕作しながら馬を飼育する生活をしていた。エルサンたちはトリム村とチウ村のラデ族たちに歓迎され、三月二十三日、別民族であるバナール族の住む地域に行くことを許された。

これは好戦的な小部族で、村は小さな家族用の家と独身用の大きな共同の家からなっていた。彼らの争いは安南のこの地方全体を血で染めたこともあった[12]。三月二十八日、エルサンは、ゲルラック神父が司祭をつとめ、キュペ大尉も数年前に滞在したことがある[13]カトリック宣教会の建物に到着した。この宣教会は現在のコンツム市の近くにあった。エルサンはここに十日あまり滞在し、ゲルラック神父と連れ立ってモイ族セダン村で何日も小旅行をした。この地域は、とくに起伏の多い、川床でえぐられた山岳地帯で、エルサンはその川の流れを入念に書き留めた。セダン村は全くの鷲の巣で、かろうじて近づくことが出来る程のそそり立つ峰にあり、同心円状の三重の囲いに取り巻かれ、しゃがんでしか入れないほど低い屋根に入口がうがたれていた。男たちは槍と長い柄のサーベルで武装し、卵形の楯は羊の皮で飾られていた。他のモイ族と違ってセダンは神聖なものを尊ぶ感覚を持ち、たくさんあるタブーを犯すと罰金と懲罰の対象になった。ゲルラック神父が、前年、友情の証である血の交換をしたセダンの大村長宅で、エルサンは、肌の色ではなく乗用馬で住民を驚かせることになった。これまでこの村に馬が来たことはなかったのである。

次にゲルラック神父はエルサンを、安南カトリック宣教会の原住民神父が住むコンツムの大きな山岳村に案内した。エルサンは一八九四年四月九日そこを発ってラオス領の重要な村アットプーに向かい、森の小さな蛭の攻撃が活発になる雨の中を、小道もないような森を苦しみながら行進して、この村に十八日に到着した。この間に横断あるいは船で航行した多くの川が丁寧に書きとどめられ、その中の二つの川の合流点で、メコン河を見下ろす安南山脈の斜面にアットプーの大きな村が現れた。貧弱な耕作では村人を養うには不十分で、彼らは山のモイ族とメコン平野のラオス人との交易と闇取引を主にして生計を立てていた。

エルサンはついで東へ向かいシナ海に出るために山脈を再び横断した。アットプー‐ツーラン間のこの最後の部分は、内戦によって分裂し罠や竹ランセットを砦の周りにめぐらせた村々の間をぬって、海抜三〇〇メートルと一三〇〇メートルのあいだを上下しながら一七日で踏破した。エルサンは罠で足にけがをした安南人を毎日治療しながらの強行軍だった。この地域の全ての川には金が含まれていて、モイたちも金の価値を知らないわけではなかった。というのは、彼らはラオス人や安南人とそれを交換していたからである。ある村でエルサンは四メートルの銅線を一グラムの金と物々交換した。

一八九四年五月五日、彼は航行可能な川のほとりにある最後のモイの村に到着し、そこからは安南人のサンパンでツーランまで二日で到着した。それから彼は海岸沿いに古い王城の町フエまで行き、ここに住む安南高等駐在官に任務を報告した。彼はフランス郵船の船でサイゴンに戻りこの三ヵ月の報告書を作成した。[14] それには、踏破した道、出会った部族、彼らの方言、部族のさまざまな決まり、それに、いつも交戦状態にあり危険な雰囲気であることを記載した。彼の報告書は気づいた資源（南部の耕作可能な土地、北部の牧畜に適当な土地、金と鉱石類の存在など）も指摘し、この住民に対して取るべき政治的措置を強調した。すなわち、モイの村長たちの多くは無秩序が横行するのにうんざりしているので、もしフランス人が地方の体制を整えとくに租税を統制することができるなら、フランス人との協力を惜しまないだろうとし、またモイ族の人々は強欲な安南人高官や他の部族の村長に脅されてたえず分担金を支払わされていることから、フランス駐在官の権威を楯に取ることができればと望んでいる。したがって、道路網あるいは鉄道網が縦横に走るようになれば大いに発展すると見込まれる交通の要衝の市場町に駐在官を置くのが適切であろう、と報告した。

一八九四年五月二十七日、エルサンはハノイに行くためにサイゴンを発った。彼は、未知の地域を探検することが、もう彼の旅行の第一目的になることはないだろうということをまだ知らなかった。こんどの新しい任務でどんな栄光が彼を待ち受けているのか、また、彼が今まわり道をしてパストゥール研究所の保護のもとに戻ろうとしていることも、彼は予感していなかった。

第六章　ペスト（一八九四年〜一八九八年）―ペスト菌発見―

ペスト調査のため香港へ　北里柴三郎と競合　原因菌発見と僥倖
血清療法の奏功　インドのペスト流行　流行阻止の焦土戦術
ネズミノミによるペスト伝播

香港

エルサンの探検目的の一つは、インドシナに蔓延する疾病を調査して警告することにより、フランスの新しい植民地を疾病から守ることだった。しかるに、最も恐れられた最古の疾病の一つ、ペストが、十九世紀の初めからすでに中国南部のいくつかの地方を襲い、トンキンをもろに脅かしていたのである。

ペストの歴史家ウ・リエン－テーは、この疾病の発祥地を中央アジアの高地とし、[1] 大昔から、ロシア領と中国領トルキスタン、両モンゴル、インド北部のヒマラヤ支脈のあたりに広まっていたと考えた。十五世紀の末、ペストは中国雲南地方に隣接したビルマ北部に広まり、一八五五年に始まったイスラム教徒の反乱は、軍隊の移動とそれに続いて民間人の大移動を引き起こし、この人々がペストに感染してこれを蔓延させることになる。一八六六年にペストは、当時戦争の最中だった雲南の首都ユンナンフ（現クンミン）に達し、翌年には中国広東地方南部の港町パクホイに達する。この二つの都市は七〇〇キロ離れていて、シンプソンによれば[2]、ペストにそれほど素早い動きをさせたのは雲南から戻ってきた軍隊であるという。二八年間、この疫病は雲南と広東でくすぶっていたので、トンキンは二方向から、つまり一つは直接陸路で隣接した雲南から、もう一つは海路で、トンキンの主要港ハイフォンに定期的に寄港するパクホイからの太鼓腹のジャンクと大型サンパンによって、脅かされていたのである。

エルサンはインドシナに来て以来、南中国で地方病的にくすぶっているこのペストの情報を得て、ハノイに比較的近い中国の町ロンチェウとパクホイでペストの巣窟が覚醒する前に、雲南のペストを調査し、効果的にこの疫病と闘う手段を検討することを、一八九二年、インドシナ総督ド・ラヌサン氏に提案していた。総督はこう答えた、《雲南にこれまでペストはなかったし、それに、私がそれを否定する必要があるだろうか。あの貧しいトンキンはもう十分痛めつけられているのだから、このうえ更にペストを背負わせることはないだろう[3]》。

一八九三年十月、二度目の申し入れもまた拒否された。そのような研究は植民地予算には耐えられない負担になるだろう、と。

一八九四年初めペストは、広東、香港、ついで福建の主要港アモイに達し状況は一挙に緊迫した。数ヵ月のうちに、人口一六〇万の広東で一〇万人以上の死者を数えた。香港で最初の症例を当局が知ったのは五月の初めになってからだった。ペストはすでに数週間前から町で広がっていたにも拘らず、避けがたい検疫の拘束を最大限に遅らせるために、中国人たちが隠していたことは十分ありそうなことである。

香港にペストが発生したという知らせは、九竜とヴィクトリアの英国人たちを動揺させるとともに、トンキンのフランス人たち、それに、この海路の中心地と交易上のつながりを持つ多くの国々を動揺させた。

世界は当然震撼した。というのは、一三四八年と一三五〇年のあいだにヨーロッパで二五〇〇万人がペストに斃れ、一六六五年にロンドンで七万人の死者が、一七二〇年にはマルセイユで四万人の死者が出たことを人々は覚えていたからである。しかも、情況と危険度は過去の世紀よりはるかに悪いことを人々ははっきりと理解していた。つまり、アジアのペスト発生区域の外で起こった先の大流行では、六世紀にせよ十四世紀にせよ、ペストの伝播しうる方法は、陸路では馬車、海路では帆船によるのろのろ交通手段しか利用できず、海路では沿岸航海のみに限られ大陸間航海はありえなかった。一八九四年には、ペストはその伝播に高速交通手段、つまり陸路では鉄道、海路では蒸気船の恩恵を受けようとしていた。遠洋航海が開け、新世界、オセアニア、さらに遠くの港でもペストは到達が可能になっていた。世界中がそれを知り、不安におびえ、震撼していた。[4]

ほかのどんな病気も、集団の潜在意識の中にこれほど深く刻みつけられているものはない。コレラ、チフス、マラリア、インフルエンザ、黄熱のどれもその致死率はペストほど問題にならなかったし、生きながらの死の象徴とされるハンセン病も人類にそれほどのショックは与えなかった。その上、一八九四年に、人びとはペストについて何を、医者たちは何を知っていただろう？　その大流行する性質と伝染性を除いて、その様相が不可解で一見一貫性がないこと、その致死率が高くどんな治療法も無効であること以外は、まだ何も知らなかったのだ。ペストが微生物による病気であることも、その保菌動物も、その媒介動物も分からなかったことから、合理的な予防は何も出来なかった。この知識不足を取り繕うために、十九世紀末の医学概論では、ペストについての相変わらずの決まり文句、つまり《ペストは、みじめな、無知な、不潔な、信じ難いほど粗野な住民の専有物[5]》であると繰り返し、ヨーロッパ人と植民地原住民の感受性の間違った比較をし、またペストが腸チフスの中に分類されるべきかどうかを明らかにするための議論をしていた。一八九四年には、ペストはそれまでの世紀と同様に、不可解で、予測し難く、不治のままだった。エルサンがサイゴンに戻ったとき待ちうけていた未知のものはこのようなものだった。

公式任務も彼を待っていた。フランス政府は代理総督ローラン・シャヴァシューに、パストゥールの弟子を雲南にできるだけ早く派遣して、原因菌を発見し、流行の伝播を研究し、最も効果的な防御方法を講ずるように命じた。一八九四年、エルサンは母親に次のように書き送っている。

《僕はまたサイゴンに戻ってきましたが長くはいません。十二日以内に、雲南のペストを研究するためにトンキンに出発しなければならないのです！！！　僕が時間を有効に使っていることが分かるでしょう。僕は五月十日ツーランに着き、そこから客船でサイゴンに戻りました。僕の留守のあいだに、ペストを研究するために僕を雲南に派遣するようにとの命令がパリから届いていたのです。この恐ろしい病気は雲南で散発的にくすぶっていて、毎年激しい流行を引き起こしていました。

トンキンが今脅かされていて、そのため僕はそこに派遣されるのです。流行は今年中国にも広がりました。香港では毎日死者が四〇人出ています。ですから、僕はまずそこに行って仕事を始めます。それは総督次第ですが、今はド・ラヌサン氏ではなくシャヴァシュー氏です》。

残念ながら、シャヴァシュー氏はパリからの命令だけで満足した。

《ペストの研究で僕が最初にしなければならないことは、ペストの原因菌を探すことです。しかし、ペストの最初の微生物学的研究をするなら、香港のほうがずっとやりやすいことは明らかです。ですからシャヴァシュー氏が僕のように状況を判断してくれることを信じて、香港行きを考えて支度をしています。僕は五月二十八日サイゴンを発ってトンキンに向かいます。途中キノンで、サイゴンに下ってくる総督とすれ違います。彼は話し合い次第で僕を香港に派遣する用意があると言いますが、外務省の公式命令がある以上、雲南の状況がどうかを知らずに彼が決定することはできないでしょう。僕はハノイに行って新しい命令を受け取らねばなりません。ハノイには六月三日に着きます[6]》。

こうして、エルサンは二年間奔走した雲南でのこの任務を手に入れるや否や、《まず香港に行く考えに》急変した。彼は、香港のほうが自分に大きな可能性を提供してくれると総督（元医学部学生）を説得するとともに自らもそう信じたが、ノエル・ベルナールが《自分自身の罠に捕らえられ》といみじくも書いたように、彼は自分が以前に行なった執拗な要請のとりこになっていた。彼は今、あれほど懇願した雲南の任務を取り消させ、香港行きの別の任務を手に入れねばならない羽目になった。一八九四年七月三日、エルサンはコーチシナ衛生局局長のトルーシーとトンキン衛生局局長のグラールに会い、派遣先変更の申請を支持してくれるよう説得した。グラールは六月四日パリに電信をうつことを承諾した。外務省の返事は形式的なもので雲南への出発を確認しただけだった。この拒絶にも拘らずエルサンは固執した。

《ハイフォン、一八九四年六月八日、親愛なるお母さん、僕がここについてからもう六日になりますが、雲南に行くのか、香港か、あるいは別の所か、まだ分かりません。僕は、ペストを最良の条件で研究できる香港に行きたいと思います。総督はといえば、ペストの散発例しかない雲南に行くことを望んでいます。雲南には現在、小銃の弾より伝染病を怖がっている大佐がいて、万一の場合には僕に治療をしてほしいと思っています。そんなことは僕の任務の中には入らないのですけどね。とうとうペストは安南の真っただ中のヴィンで発生したので、そこに派遣されることになりはしないかと心配しています。僕はハノイからと当地から、パリのカルメットに電報を二通送り、さしあたり僕を香港に派遣するように努力してほしいと依頼しました。その返事が今日明日には届くことを祈っています》。

翌日、好意的な返事が届いた。《カルメットはすぐに大臣を動かしてくれました。それで僕は三日後に出発しますから、次の手紙は香港からになるでしょう》。エルサンは、一八九四年六月十五日香港に着き、さしあたりケネディータウン病院に落ち着いた。ペストは町に深い傷跡を残していた。港に船はなく、国外輸送はすべて事実上停止して、とりわけ、いつもは人でごった返す道路には殆ど人影がなかった。一〇万人以上の中国人、言い換えれば人口の半分が、流行の始まった頃から町を出て広東に逃げた。確かに、そこでもペストの流行は最盛期に達していることを彼らは知っていたが、ペストから逃れるよりも葬儀を慣例どおり行なわせない英国人の衛生規則を逃れようとしたのである。

毎日、死体は田舎かサンパンに運ばれた。その場しのぎに作られた墓地は、実際はただの穴で、死体は石灰の中に落とされてコンクリートの覆いをかけられた。死は発病から数日、時には二十四時間以内に訪れ、致死率は病人の九六パーセントに達した。毎日、三〇〇人の英国兵士が中国人の家々を訪れ、病人をどこかの病院に運んだ。もし同じ家族で三人の患者が出れば、残った家族は二十四時間以内に引っ越さねばならず、家の中のものはすべて取り払われ、戸、間仕切り、忘れ物、汚物などすべて海岸に積まれて燃やされ、家の壁と屋根はさらし粉と硫酸を噴霧された。殆どすべての家にペスト患者のいるような道路は、その両端をレンガの壁で遮断され、特別作業班が家ばかりでなく道路の土も消毒し、ずっと後にならなければ、通行は許可されず住民に戻されることもなかった。英国当局は汚染地区の中国人民家を焼却することも検討したが、おびただしい数の住民に支払う補償額の前にこの抜本的対策は諦められ、道路ごと家ごとに消毒することになったのである。

香港の主要救済院であるケネディータウン病院は、すべてのペスト患者を入院させるには十分でなく、当時市民病院院長だったローソン博士は病人を収容するのに必要な隔離所を建設するよう命じられていた。病人たちはまずツンワシュの中国病院と四〇人ほどしか収容できない病院船ヒュギエイア号に振り分けられた。しかし、英国人医師は見舞いのために家族が乗船することを禁じたので、中国人たちは病院船に運ばれることを拒否するようになった。ベッドを緊急に増やすことが必要になり、病人たちはまず昔のガラス工場に運ばれ、地面に敷かれたむしろの上に並べて詰め込まれた。この老朽化した建物は、いまにも倒れそうになったため立ち退きになり、こんどは、警察署が昔使っていた市西部のケネディータウン地区の建物がペスト病院に改修された。といっても、台架の上に板を置き、薄いむしろで覆ってつくった四〇台ほどのベッドを備えつけただけだった。また、建築中の屠殺場に急遽、隔離所がつくられ、昔のガラス工場の近くには大きな藁小屋が建てられて仰々しくアリス記念病院と命名された。そこにはベッドも、毛布も、蚊帳もなく、ヒンズー教徒と日本人だけがマットレスをもらえた。この隔離所はすべてケネディータウン病院に付属し、ローソン博士の指示を受けた。

ペストの最初の症例は広東から来た中国人たちが持ち込み、タイピンシャンの貧しい地区で五月五日頃発生した。この地区は窓もないバラックや仮小屋や物置からなるスラム街で、そこで家族みんなが生活し仕事をしていた。伝染病が発生したとき新しい下水網が建設中だったが工事は中止された。下水管があまりに小さく、そのため排水と汚物がつまり、地区は一段と不潔になっていた。

《僕はたくさんの死んだラットが地面に横たわっているのに気がつきました……ときどき、二人の男に運ばれてゆく担架とすれ違います。病院に連れて行かれる新しい患者です。僕は朝早くペスト患者の死体が路上に横たわっているのを見たこともあります[7]》。

フランス領事館で領事のブルジョア氏は、エルサンが英語を知らないことが英国高官との関係において明らかな障害となるだろうし、さらに英国高官も、フランスの細菌学者が特別かつ公式に到着したことを、英国の専門家が誰もいないことに対する無言の非難と感じるに違いない、とエルサンにあからさまに言った。《僕も良く分かっていて、挨拶回りを始めるのに当惑しています》とエルサンは認めた。

幸い、ハイフォンの医師ルフェーブル博士が一人の宣教師宛ての紹介状をエルサンに渡してあった。この宣教師は香港に三〇年以上在住し、かつてイタリア陸軍砲兵隊士官としてソルフェリーノでレジヨン・ドヌール勲章を受章した人物である。この老勇者、ヴィガノ神父は《フランス人の心とセンスを持っていた》。彼は公式訪問と病院訪問にエルサンに同行した。六月十六日、彼はエルサンを、英国植民地衛生局局長エア氏、女王陛下参事官で伝染病の常任衛生委員会会長フランシス氏、刑務所部門担当のポルトガル人医師マルク博士、香港総領事ロビンソン卿に紹介し、ロビンソン卿は、ペスト患者のいるすべての病院にエルサンが出入りできるように必要な命令を出した。そして最後に、病院責任者のローソン博士に紹介されたエルサンは、自分の任務の目的を述べた。ローソンは、ヴィガノ神父に付き添われたエルサンを、病院船ヒュギエイア号の船上へ、次にケネディータウンのペスト患者の病院へ案内した。この病院は剖検のできる唯一の病院で、ローソンはそこの一部屋をエルサンに与えることにした。

しかし運悪く、そこはすでに北里教授の調査隊によって占拠されていた。実際、一八九四年五月以来、香港の日本領事中川博士は東京の衛生中央委員会に警告をだし、委員会は直ちに香港からのすべての船舶に対し九日間の検疫を設け、一方、日本政府は《まだ殆ど調査されていないこの病気について研究するという人道的使命を自分たちのものとした》[8]。そして六月四日、北里教授と彼の助手で海軍軍医の石神亨、内科医で病理解剖学者の青山胤道教授、彼の助手の宮本、それに、ボランティアの医学部学生の木下は東京を発った。調査隊は六月十二日、エルサンの三日前に香港に着いた。日本人たちは共同研究をするつもりも、ましてやフランス人の競争相手に手を貸す意図もなくその場所を占拠していた。彼らが到着したその日、香港の新聞は北里教授が患者の血液中にすでにペスト菌を発見したと報じた。ローソン博士は剖検を終えたばかりの北里にエルサンを紹介した。

《北里氏はみずから少量の心臓の血液をガラス瓶に採取して、それを検査するために実験室に上がって行きました。そのあいだ助手が剖検を続けていました。僕は、彼らがリンパ腺腫を探そうともしないのを見て少し驚きました。それに反して、心臓、肺、肝臓、脾臓などは非常に綿密に調べました。〔……〕それで、僕らは北里教授にいとまごいをすることにしました。というのは、彼は自分の言うペスト菌を見つけ出せず、そのため、患者はペストではなくて腸チフスで死んだと断言したのです！　顕微鏡下には腸チフス菌がいるという肝臓の標本がありましたので覗いてみました。腸チフス菌は彼の標本に見られる小さな菌よりももっと太くもっと長いし、それに菌が少なすぎると僕には思えました。しかし僕は意見を差し控えました》。

エルサンは日本人たちとドイツ語で会話しようとした。ドイツ語は、ベルリンのコッホの下で七年間仕事をした北里が完璧に話せる言語であり、また翌年、派遣報告をドイツ語で発表している青山についても同様である。しかし、エルサンは書いている、《ドイツに行ったとき以来、僕は少しドイツ語を忘れたみたいです。というのは、僕に返事をする代わりに彼らは顔を見合わせて笑っていましたから》、と。

エルサンとの会話を拒否するという北里の態度は不可解であるし、二人がともに同じ主題で研究しているだけにますます意外である。コッホと結核を、ベーリングとジフテリア毒素の研究をした北里が、エルサンの学位論文も、ルーとのジフテリア毒素の発見も知らないはずはなかった。コッホの研究室で過ごした八年間のあいだに、北里はコッホのフランスに対する敵意、なかんずく、パストゥールに対する敵意に共鳴し、[9] パストゥールの弟子にまで敵意を向けるまでになったのだろうか？　彼は流暢にドイツ語を話す、したがって言語の障害はありえない。彼はエルサンに危険なライバルを感じたのだろうか？　彼は、剖検をすることによって秘密を、つまりペストの原因を暴けるとエルサン同様に知っていた故に、エルサンと距離を置くことでその剖検の独占権を守り通したかったのだろうか？　この二〇年ほど前から細菌学者たちが次々と、ハンセン病、腸チフス、マラリア、結核、馬鼻疽、豚丹毒、コレラ、ジフテリア、破傷風、マルタ熱、軟性下疳、などの病原体を発見したこの時代に、その誘惑は大きかった。

ケネディータウン病院のすべての部屋が英国人と日本人によって使用されていたので、ローソン博士はエルサンに廊下の一区画を割り当て、エルサンはそこに自分の実験室を設営した。六月十七日のことだった。彼は顕微鏡でペスト患者の血液標本をたくさん検査したが、まったく菌を見つけることは出来なかった。そのため彼は死体を解剖したいと頼んだが、その日、剖検はまったくなかったようである。翌日はたくさんの剖検が行なわれたが、それはすべてもっぱら日本人にとっておかれた。

そんな中、大きな藁小屋の新病院が開院して、エルサンは新しい患者の血液を検査できるようになったが、相変わらず結果は得られなかった。この新しい隔離所では死者はまだ一例も出なかったので、彼は剖検をすることは出来なかった。六月十六日、ケネディータウン病院の英国人たちは、エルサンにまだ剖検の許可を出せないとすまなそうに言った。死体はすべて日本人に予約されていたのである。しかしながら、エルサンは朝五時に来たのにたいし、日本人たちは十時に仰々しく入場したのである。六月二十日、またも剖検の拒否、しかし、翌日の許可は約束された。エルサンは患者の血液サンプルをたくさん検査し続けたが、相変わらずそこには何も発見できず、このことから菌はペストに特徴的な病巣つまりリンパ腺腫にいるに違いないとの考えを強めた。この同じ日、英国人と日本人の明らかな悪意の前に、ヴィガノ神父はエルサンに、公式とは言えないがより確実な手段でペスト患者を解剖できるよう助言を与えた。すなわち、エルサンは死体の埋葬を担当している英国水夫にしかるべき金子を与えて、夜のうちに、死者が墓地に運ばれる前に数時間安置される倉庫に入ったのである。

《死体はすでに棺の中にあり、石灰で覆われていた。僕は少し石灰を取り除き股の部分を出した。リンパ腺腫ははっきりしていて一分もかからずに僕はそれを取り出し実験室に戻りました。僕は急いで標本をつくり、それを顕微鏡下に置きました。一目で僕は、正真正銘のピュレ状の細菌を認めました。それは、みんな似通った菌で、両端が丸く、(レフレル青で)あまり染まらない、ずんぐりした小さな桿菌でした。僕はリンパ腺腫を寒天培地に塗抹し、ネズミとモルモットに接種し、パリにサンプルを送るために細い試験管に少しリンパ腺腫の髄をいれ、それからまた新しいサンプルを取るために死体置き場に戻りました。僕は更に二つのリンパ腺腫を摘出して、やはり同じ結果が得られました。僕の菌がペストの原因菌である可能性は大きいのですが、まだそうだと言い切ることは出来ません》。

仕事の条件にくわえ、ケネディータウンの廊下で絶えずおきる邪魔が次第しだいにひどくなったので、ヴィガノ神父はエルサンのために小さな藁葺き小屋を新アリス記念病院の横に建てる許可を取り、七五ピアストルを支払って、エルサンが実験し寝泊まりができる二部屋のわら葺き小屋を中国人業者に二日がかりで建てさせた。彼は一八九四年六月二十二日引越しをして、培養試験管を置き、実験動物を住まわせた。ペスト患者のリンパ腺腫からとった膿を接種された動物はすべて死に、剖検でリンパ腺腫に同じ細菌が見つかった。六月二十二日、エルサンはローソン博士に彼がリンパ腺腫の中に発見した細菌を見せたのち、彼の剖検申請に対してなされた邪魔についての苦情を、フランス領事を通じて総督に提出したことを告げた。翌日、ついにケネディータウンの剖検室の扉が

香港、実験室兼宿舎の藁葺き小屋前のエルサン

開放され、それ以降エルサンは死体のリンパ腺腫を自由に採取することが出来るようになった。その結果、死体には常にリンパ腺腫が認められ（七五パーセントの症例で鼠径部に、一〇パーセントで腋下部に）、このリンパ線腫には常に細菌がいることを確認することが出来た。六月二十三日のこの日から、日本人たちもリンパ腺腫を調べ始めた。

《ローソン博士は全面的とも言えるほど日本人ひいきの態度を示しました。[10] 彼はもっと慎重であるべきだったでしょう。僕の標本を見てから日本人たちにリンパ腺腫の中に細菌を探すように助言したのは彼なのです。最初に日本人たちが分離した細菌は僕の菌にはまったく似ていないと、ほかの人たち同様に彼自身も僕に断言したのですよ。それはずっと長い細菌でした》。

一八九四年六月十四日北里が観察し、その日のうちに、細菌学的検査をしないまま単にその形態から発表されたあの細菌は一体何だったのか？[11] 言い換えれば、ペスト菌発見の優先権は誰に帰すべきか、エルサンか北里か？ 優先権のうんざりするような性質にも拘らず、それに優先権論争にはつまらないこともあるのだが、八〇年近く続いた論争に触れないでおくことは出来ない。一九七五年に公表されたハワード・ジョーンズの論文[12]は、間違いなく決定的に、エルサンのほうが有利になるように論争の終了を告げた。しかし今では議論の余地のないこの優先権も、殆どの微生物学概論やアングロ・サクソンの医学史の中ではエルサンには与えられず、北里に与えられるか[13]、あるいは少なくとも、この二人の研究者による同時ではあるが独立の発見であるとして、《北里・エルサン菌》[14]の用語を用いることを認めた。しかしながら、北里とエルサンによって提出されたそれぞれの論文を読めば疑いの余地はない。ペスト菌の最初の短い記載はエルサンがデュクローに宛てた手紙の中にあり、デュクローによって一八九四年七月三十日の科学アカデミーで報告されている[15]。

《リンパ腺腫は、大量かつ純培養の状態で、短くて両端の丸い、グラム染色で染まらずゲンチアナ紫では染まる非常に小さい細菌を含んでいる。八人の病人で私はリンパ腺腫の中にこの菌を発見した。二人のペスト患者の剖検でも私は同じ細菌を見つけた。この細菌はとくにリンパ腺腫の中に多く、他のリンパ節ではそれほどでもなく、死亡時の血液中には非常に稀である。〔……〕リンパ腺腫の髄を少し接種されたマウスは二十四時間で死亡し、リンパ節、臓器、血液中には細菌が観察された。血液中の細菌はより長く、より細い。マウスは紛れもない敗血症で死亡する。モルモットは三ないし六日で死亡し、接種部位に浮腫、隣接のリンパ節の腫脹、肝臓と脾臓の腫大が見られる。病気が長引けば長引くほど、リンパ節は腫大する。この微生物は寒天培地上で容易に培養され、白っぽい均一な集落をつくる》。

簡潔ではあるが、この記載はペスト菌に関する現在の定義の本質的な点を含んでいる、すなわち、患者の血液中よりもリンパ腺腫の中に多い桿菌で、グラム陰性、普通培地に増殖し、マウスを敗血症で殺す。彼の記載がせいぜい一週間の仕事の成果であることから一層すばらしい。実際、彼が執筆した日付は、一日二日の違いはあるにせよ、一八九四年六月二十八日頃になる。これは、一つには、当時郵便物はサイゴンからパリまで四週間かかったことと、もう一つは、接種されたモルモットは三日から六日のあいだに死んだとエルサンが明確にのべていること、を考慮した上である。彼は六月二十日以前に接種をすることができなかったし、六日待たなければその結果を得られなかったはずだからである。

より完璧な記載は『パストゥール研究所紀要』一八九四年九月号に掲載された[16]。

《第一に、病人の血液とリンパ腺腫の髄の中に微生物がいるかどうかを調べることが肝心なことだった。リンパ腺腫の髄は、すべての症例で、紛れもない細菌のピュレが詰まっていた。この細菌は、短くずんぐりして、両端が丸くなっていて、アニリン色素で容易に染まるが、グラム染色法では染まらない。この桿菌の両端は中央部より強く染色され、菌体の中央部に明るい空間を持つようである。ときおり、桿菌は莢膜で囲まれているように見える。病人のすべてのリンパ腺腫とリンパ節にはこの細菌が大量に見つかる。血液にもときおり菌が見つかるがはるかに少ない。血液に菌を認めるのは非常に重症で急速に致死的な症例だけである。リンパ腺腫の髄は寒天培地に塗抹すると、白い、透明な集落をつくるが、これを反射光で観察すると虹色の辺縁を呈する。培養にはグリセリン寒天培地のほうがさらに良い。菌はまた凝固血清培地にも増殖する。ブイヨン培地では、菌は非常に特徴的な様相を呈し、まったく丹毒菌の培養を思わせる、すなわち、液は透明で、菌の塊が試験管の壁面と底に沈殿する……この培養を顕微鏡で観察すると短い桿菌の文字どおりの鎖となっている。この菌体の真ん中が膨れた異常な形は陳旧化した培養では次第に増えてくる〔……〕。リンパ腺腫の髄をマウス、ラット、モルモットに接種するとこれらの動物は確実に死に、剖検で特徴的な病巣が見られ、リンパ節、脾臓、血液中に多くの桿菌を認める。モルモットは二日から五日以内に死亡する。マウスでは一ないし三日である。初回の動物接種ではとくに、単核白血球に取り込まれた微生物を認め、肝臓と脾臓も微生物が非常に多い。脾臓の髄あるいは血液を使ってモルモットからモルモットへの菌の継代をすることは容易である。何代か継代するとより早く死ぬようになる。鳩はリンパ腺腫の髄であれ、ペスト菌の培養菌であれ、中等度の量を接種しても死なない》。

この記載はまったく疑問の余地を残さない。ペスト菌の重要な性質はすべて記載されている。すなわち、リンパ腺腫の中に極端に多いこと、形態、グラム染色法で染色されないこと、集落の特徴、ブイヨン培養で混濁しないこと、マウス、ラット、モルモットに対する病原能力、実験的接種後の病巣の特徴、それに鳥が感受性のないこと、である。

正確で完璧なこの記載と比べて、北里は何を報告したのか?[17] 彼は一八九四年八月二十五日の『ランセット』誌に《ペスト菌についての予備報告》を発表し、それには次のように書かれている。

《私はここでこの細菌についていくつかの特徴を述べる。この細菌は、ペスト犠牲者の血液、リンパ腺腫、脾臓ならびに全ての内臓に認められる。この菌は両端が丸い桿菌で、通常のアニリン色素でよく染まり、とくに血液からの標本では、その先端は中央部より濃く染色され、莢膜が、時にははっきりと認められるが認め難いこともある。脾臓で見つかる細菌はメチレン青溶液でよく染まる。現時点では、グラム二重染色法が用いられるかどうか言うことが出来ない。このことについては別の機会に報告する。細菌は非常に弱い運動性を示し、この運動性は牛ブイヨンに入れてふらん器におくと増強し、培地を混濁させる……》。

このように、ペスト菌についての最初の論文では、細菌学経験十年の北里が、この細菌はグラム染色陽性かあるいは陰性かを言うことが出来ないと白状している。この告白は信じがたいとともに理解し難い。もしある細菌、たとえば、ジフテリア菌、結核菌あるいはレプトスピラ菌が、グラム染色で容易に染まらないならば、ペスト菌はなんの技術的な困難もなくグラム陰性ということになる。北里がこの菌の染色性状を明確にできないと白状していることは、彼の分離した細菌をペスト菌とすることについて重大な疑いを抱かせる。そのうえ、この細菌が《牛のブイヨンを混濁させる》ということは、ペスト菌には決してありえないことである。[18] 二年後の一八九六年十二月十八日、北里は東京医学会で、彼の細菌は確かにペスト菌で、グラム陽性で運動性があるのに対し、エルサンの細菌はグラム陰性で運動性がないと主張して自縄自縛に陥った。そのとき以来、問題は決定的にはっきりした。ペスト菌はエルサンによって記載されたもので、グラム染色陰性で運動性がない、したがって、北里が分離した細菌はペスト菌ではなかったのだ。[19]

　彼が六月十四日に見て《トリコレラ菌に似ている》とした菌がペスト菌であったことは考えられるが、その後彼が記載した莢膜を持ったグラム陽性の菌は肺炎球菌を思わせる。

　北里の培養した菌を調べた矢部辰三郎[20]は一九〇〇年に次のように書いている。《莢膜、菌のランセット状の形態とグラム染色に対する反応は、北里はこれを一時ペスト菌の一種とみなしたが、この菌がタラモン・フレンケル菌（肺炎球菌）の一種であることを示している。この菌は神戸のペスト患者でしばしば見つかっている》。

　そして矢部は結論した。《われわれの著名な細菌学者がペスト菌について殆ど信じがたい誤謬に陥ったことを非常に残念に思う》と。

　ジョルジュ・ジラールは、肺炎球菌がペスト患者で証明される頻度と、肺炎球菌がエルサン菌と相関する結果を強調した。一つには、マウスに二つの菌を同時に接種した場合には、《肺炎球菌の感染が最初に進行し、ペスト菌の感染を覆い隠してしまう》[21]こと。もう一つは、培養温度が最重要に思えること。もし肺炎球菌培養の至適温度が摂氏三七度で、エルサン菌が三〇度とするならば、そのことから、ペストが疑われる場合には二つの容器で同時に、一つは三七度、もう一つは二八度として、血液培養をするという決まりがG・ジラールによって確立された。肺炎球菌とペスト菌が混在する場合には摂氏三七度の培養は前者に有利になり、一方後者は三〇度以下でよりよく増殖する。北里の器材装備には、ペスト菌の特別な温度要求性を知らずに、当時決まりであったように摂氏三七度に調節したふらん器が含まれていた。エルサンは、自分の顕微鏡とサイゴン病院で借りた高圧滅菌器だけで、ふらん器は持っていなかった。彼が藁小屋の中の気温で菌の培養をしなければならなかったその貧しさが彼に幸いした。香港の平均気温は六月には摂氏二七度、七月には二八・四度、つまりペスト菌の増殖に最適だった。

ハワード・ジョーンズは次のように書いている。

《一九三八年、エルサン菌がペスト菌であり北里菌は異端菌であることを世界中が受け入れた。青山、堀内、中村、岡田、緒方、と山極を含む日本人のペスト学者たちは、北里菌がまったく違う細菌だと考えることで意見が一致した〔……〕。要約すれば、当時最も学識があり最も熟練した細菌学者の一人である北里は長年の研究経歴を持ちながら香港でグラム染色の間違いを犯したのか、あるいはまた、彼が同定した菌はペスト菌でなかったのか、いずれかである。最初の説明は信じがたいが、二番目のほうは信じられる。〔……〕。北里が医学細菌学の先駆者の一人として尊敬されてほしいことに疑いの余地はない。しかし、北里とペスト菌の関係の不明瞭な矛盾した話からすれば、ペスト病因論への彼の貢献は、それを解明したよりも一層難解にしたことであると結論される》。

論争はいま最終的に終りにすべきであろう。ペスト菌は、エルサンが発見し、確認し、培養した細菌である。彼の正当性と独占権は細菌命名委員会に認められ、彼に敬意を表してエルシニア属がつくられ、二名法の規則にしたがって、ペスト菌はエルシニア・ペスティスと名づけられた。

この細菌をエルサンは香港で研究し続けた。一八九四年八月八日まで系統だって几帳面に彼は研究を続けた。毎日ケネディータウン病院で彼は患者を検査し、死者を剖検し、リンパ腺腫を摘出し、病巣を綿密に研究し、それから自分の藁小屋に戻って分離した菌を実験動物に接種した。こうして彼はペストの臨床と病態生理について、感受性のある動物ばかりでなく人でも、現在われわれの持つ知識の基礎を確立した。彼は、パストゥールが鶏コレラ菌や炭疽菌に対して行なったように、ワクチン開発をするためにこの細菌を弱毒化する可能性をすでに予見していた。

彼は自分が現場で全てをすることが出来ないと考えてエミール・ルーを頼り、毎日細い試験管にたくさんのリンパ腺腫の髄を採取して、それを直ちにパリのパストゥール研究所に発送した。彼はこうしてペストの二一症例のサンプルを送った。九月十五日、彼はカルメットに次のように書いている。

《今、パストゥール研究所にはペスト菌の真正の培養株があり、ルーさんの許で大いに役立っていることと思っています》。

われわれはパストゥール研究所に保存されている歴史的菌株の中にエルサンが送った株を探した。リストにその菌株はなく、その理由を知ることが出来たのはシャルル・メリユー博士のお蔭である。一九七二年五月十三日、彼がわれわれに書き送ってくれた手紙がここにある。

《私が細菌学にデビューしたとき、私の父が培養試験管をふらん器に入れるのに何故木箱を選んだかを、ダンボール箱についての不幸な出来事を思い出しながら説明してくれました。ご存知のとおり、私の父がルーに呼ばれてルイ・パストゥールのもとに来たとき、彼はドイツのフレゼニウスのところで化学の学位論文を準備していました。彼は講習の企画のためのルー氏の個人助手になり、その最初の仕事の一つがふらん器の整理をすることでした。ダンボール箱を取り上げたとき、底がはずれ、試験管が壊れ、マルセル・メリユーはひどいショックを受け、〝香港ペスト－エルサン株〟を見つめたそうです！　ルー氏は非常に怒り、私の父に、君がどうなるかには関心はないが、パリのペスト流行の責任は君が負うことになるのだ、と宣言したそうです。ルーは父に服を全部脱がせ、その服全部と滅菌に耐えない靴までも高圧滅菌器で滅菌させました。彼は裸足で、うなだれて部屋に帰ったそうです（このとき父はパストゥール研究所の最上階でメチニコフと相部屋だったと思います）》。

ペスト菌を発見したエルサンは、ほかにもまた、特に疫学領域で重要な知見を矢つぎ早に追加していった。

香港に着いて以来、エルサンは、非常にたくさんの死んだラットが汚染地区の道路に横たわるのに気がついていた。本能的に彼はその意味を予感した。

《ラットは間違いなく伝染病の重要な伝播者です。この動物は下水に住み、病気を散発的な状態に維持しています。彼らを消毒することは出来ませんし、そこから追い払うことも出来ません》。

ペストの拡散におけるラットの役割はそれまで疑われることがなかった。確かに、非常に数少ない文献が、われわれの知る限り二つしかないのだが、人の死に先だってラットが死ぬことを報告している。たとえば、一七九二年雲南のペストの折に詩人シー・タオナンによって書かれた詩の中に、《ラットが死んでまだ日も経ぬに／人びともまた斃れる／崩れ落ちる壁のように》[22]とあり、またバーガヴァタ・プラーナには、《ラットが屋根から転げ落ち、酔っ払いまがいにふらつくならば、逃げろ、ペストはもうそこだ》とある。この二つの文献のほかには、ネズミのペストと人のペストのあいだに関係がありそうだという記載はどこにも見当たらない。

ペストの流行のあいだ、たくさんの動物がその責任を負わされ駆逐された。しかし、ネズミ退治が行なわれたり、ラットの被害に対する庇護聖人サント・ジェルトルードへの祈りは古くからあったにしても、それは収穫前の作物あるいは納屋に入れた穀物の中で彼らが犯す損害ゆえであり、決してペストを予防して最小限に食い止めるためではなかった。英国のラット・キャッチャーはハーメルンのネズミ捕りと対をなす話だが、この人気のある伝説は十三世紀の少年十字軍ブームに属するので、ペスト流行とは誤って関係づけられている。

ペリシテ人がユダヤ人に勝利してダゴン神の寺院に契約のひつぎを納めた直後に、アシュドッドの町で突発した疫病を物語る聖書のくだり（《ペリシテ人のペスト》と間違って言われる）を絵にした殆どすべての画家たちは、生き生きとしたラットを町の道路や畑の中に描き、彼らがラットとペストの関係をまったく知らずに、ひしめき合う齧歯類に言及した聖書原文に忠実に従ったことを示している。

ラットとペストの関係はヨーロッパにおいてはそれほど疑われていなかったことから、一八七一年のパリ攻囲のあいだ、飢えた市民たちは躊躇せず首都の齧歯類を食べた。

したがって、ペストの疫学におけるラットの役割は一八九四年にはまったく知られていなかったと言える。エルサンは齧歯類を最初に剖検したときから次のように指摘していた。

《家の中や道路で見つかる死んだラットは、殆ど常に臓器の中に大量の微生物を持っていて、その多くに紛れもないリンパ腺腫が見られる》[23]。

エルサンは人ペストとネズミペストのあいだの臨床・解剖学的同一性を確認した。すなわち、ラットの剖検で、腋下あるいは鼠径、ときには腹腔内、腸間膜リンパ節に腫脹があることを明確にし、それを消化管からの感染に結びつけた。彼はラットが感染している現実を共食いによって証明した。

《動物に、培養した菌あるいはペストで死んだ動物の脾臓や肝臓の断片を口から摂取させると、マウスではしばしば、ラットでは殆ど常に死亡する》。

ことに、人由来のペスト菌をラットに接種したり、ペストで死んだラットの内臓をラットに食べさせたりして、人のペストとネズミのペストの単一性、つまりどちらも同じ細菌で起こされることを証明した。最後にエルサンは、齧歯類間のペストの伝染性を証明した。すなわち、同じ広口瓶の中に健康なマウスと菌を接種したマウスを入れて、後者が先ず死に、続いて健康なマウスが死んで、《その臓器の中にはペスト菌がいた》。

このような実験の単純さは微笑ましくすら思える。しかし、ペストのどんな説明もまったくなかった一八九四年の背景の中に置いてみると、この実験の意味が現実に明解なものになる。エルサンはまったくの無知から出発して三週間で、手助けもなく、その場しのぎの《実験室》で、ペストが細菌感染によることを発見し、その病原体を分離培養して性状を明らかにし、疫学的な研究によって、ラットのペストが人と同一の菌によって起こされ、人のペストに先行することを明らかにした。エルサンは、香港における腺ペストについての論文の中で、ペストの最初の定義を次のように書いている。《したがって、ペストは伝染性の、菌接種によって発病可能な病気である。ペストの流行では、ラットはその最も重要な媒介動物であろう》、と。

感染がどのようにして起こるのか、ラットからラットへ、そしてラットから人へ、どのようにして菌が広まるのかはまだ解明されずに残された。エルサンは、動物を剖検した部屋にたくさんのハエが死んでいるのに注目し、ハエをブイヨンの中で押しつぶし、これをモルモットに接種して、モルモットがペストで死ぬことを観察している。ハエの感染と、ハエの口や足によるペスト菌の受動的運搬はペストの伝播においては附帯現象に過ぎないことを今日われわれは知っている。エルサンはこの研究に長々と拘らず、ラットからラットへの、あるいはラットから人へのペストの伝播様式を特に探ろうとはしなかった。そして三年後に彼は、人におけるペストの感染の考え方を次のように要約している。

《人は動物と同じように、皮膚の傷や消化管からペストに感染する。ペスト菌は排泄物の中にいることが指摘されている上に、ペスト患者では腸炎の症状は稀ではない》。

七月初め、ロビンソン総督は、ペストの再発を大規模消毒で予防するために土地を掘り起こすことに危険がないか、またペスト菌が汚染した家屋の土壌の中にいるかどうか、そして、いるとすればどのくらいの深さにいるのか、を調べることをエルサンに要請した。病気の伝播における土壌の役割は、ドイツの化学者マックス・フォン・ペッテンコーフェルによってほんの少し前、一八七五年頃に検討されたばかりだった。彼はのちにミュンヘン衛生研究所の所長になる研究者で、エルサンはベルリンのローベルト・コッホ研究所で研修を受けた一八八八年に会ったことがあった。ペッテンコーフェルは土壌には重要な役割を演じる《Y》因子があると考えていた。殆ど説得力はなかったが、エルサンは土壌のこの役割に異議を唱えることはせず、なかんずく、このババリアの化学者をあざけり中傷して一九〇一年に自殺に追い込んだ人たちに口を合わせることはしなかった。エルサンがこの研究に取り掛かったとしても、一八九四年七月二十一日にカルメット宛てに書いているように、確信を持ってのことではなかった。

《ご存知のとおり、土壌中の微生物の研究は容易なことではなく、たとえそれを見つけられなくとも、決していないとは結論できません。僕がこの実験に取り掛かったのは、なにも見つからないだろうという密かな確信を持ってのことです》。

エルサンは香港で最もひどく汚染されたタピンション地区の家の土壌を調べることにした。家は警察によって立ち退きさせられ、道路はレンガの壁で塞がれていた。それは死の地区だった。英国人たちは各家をカルキと硫酸をたっぷりと散布して消毒し始めた。消毒剤が何処まで浸透したかを見るために穴を掘ってあった家で、彼は四、五センチメートルの深さの土を少し採取した。藁小屋に戻って、この黒い土を微量、五ミリリットルのブイヨンに薄め、直ぐこのブイヨンにつけた白金線で二本の寒天培地に塗抹した。

《まあ考えても見てください、この二本の試験管にペスト菌のたくさんの集落が出来たのですが、他の菌は何も生えないのですよ!!!　この菌は弱毒化されていると思いますので、今日それを確認するために接種してみます。パリでこの実験を繰り返せるようにこの土をお送りします》。

彼が分離した菌株は実験動物に病原性がなく、外部環境において菌が極端な抵抗性を持つこと、消毒による毒力の弱毒化が結論された。この最初の結果を確認するために彼は中国人地区でサンプル採取をするために引き続いて何度も戻り、何度も同じ菌を見つけた。これがペスト菌であったかどうかをわれわれが確認する術はない。病原性がなかったことはこの判断を支持するものでもないし、消毒剤による弱毒化を示唆するものでもない。パリでカルメットとルーが香港から送られた土のサンプルに菌を見つけた様子はない。それにも拘らずエルサンは土壌中に菌が残っていることの疫学的な重要性を予感している。《この微生物は土壌中で保存され、状況が有利になればラットが感染すると考えられる。こうして伝染病がよみがえるのでしょう[24]》。この《有利な状況》というのは曖昧ではあるけれども、イラン領クルディスタンのペストの発生地で六〇年後に証明された土壌中に棲むペスト菌とペストの再出現の概念を、エルサンははっきりと予見していた[25]。

エルサンがサイゴンに帰ることを決めたとき、英国人たちは彼がさらに数ヵ月香港に留まって土壌中の細菌の研究を続け、消毒方法を示してほしいと執拗に頼んだ。流行は事実上終焉していた。日本人たちは数週間前に帰国し、英国人たちはこの研究のために彼らを引き止めようとは考えなかったようだ。北里がペストの原因菌を発見したと主張したときは、政治的に彼にへつらったにしても、彼らがより長期的な支援のために助力を求めているのはエルサンに対してだった。エルサンの拒絶はまったく政治的なものではなかった。彼が帰国する理由は明快で、彼はそれを総督に次のように、自分の仕事は終わった、と述べている。

《私はペスト菌を分離し、その生理学的性状についての基礎的研究をし、十分な研究材料をパリに送りましたので、香港における私の使命は達成されたと判断します〔……〕。私はペストの研究を続けるために今度は雲南に行くつもりです。病気の原因は今ではよく分かっていますから、研究はずっと易しいでしょう》。

サイゴンに戻る前に、エルサンは広東に小旅行をした。

《ここは人口二〇〇万以上の、美しくはないけれど非常にユニークである点で恵まれた大都市です。ここでもペストは今年一五万人の犠牲者を出しました。今ではもうその話をする人はいません。中国人の所帯は非常に大きいので直ぐに穴埋めされたからです》。

牛ペスト

エルサンは、彼をまだ雲南の任務に派遣したがるシャバシュー総督とハノイで面会したあと、一八九四年八月二十五日にサイゴンに帰り、最新の著書、『モイ族の国で』を脱稿してそれを一五部印刷させた。[26] そして九月二十三日、彼は雲南への途中ハノイに立ち寄り、十一月の初め雲南から戻った。彼の気持ちはもうまったく新しい計画のほうに向いていた。すなわち、インドシナの水牛の群れに被害を与える獣疫の研究をし、その原因を見つけ――たぶん細菌性のものと彼は考えたのだが――それと闘い、それによって植民地の財産の一つを守るために政府の仕事を手に入れることだった。《この仕事を手に入れて》、彼は十一月十二日サイゴンを発ち、マンダリン道路を経てニャチャンに向かった。彼は、早く着きたくて、夜を日に継いで旅をし、通常十二日かかる道程を七日で進んだ。到着すると直ぐ、《牛に適応した人ペストの微生物によって》起こされると考えた獣疫の研究に夢中になって取り掛かった。この獣疫は《牛ペスト》とは呼ばれるが、まったくペストとは無関係で、ウイルスによって起こされる感染であることを現在われわれは知っている。

　エルサンはこの研究に取り掛かるために、全てを急拵えしなければならなかった。実験室を作り、モルモット、ウサギ、水牛などの動物をそろえた。しかし、実験的に水牛で病気を再現できたところで、急いでニャチャンを発たなければならなくなった。植民地省からの電報で、《胆汁熱の微生物を研究するため至急ジエゴシュアレスに行く》ようにとの命令だった。エルサンは安南人のボーイを連れて、一八九五年一月十一日にニャチャンを発ってサイゴンに向かい、そこからアデン行きの船に乗り、その地で彼は省からの詳細な指示を受け取った。彼は《何とかエジプトで八日間過ごせるようにし、それは非常に興味ある滞在となった》。二月六日、彼はスエズで再乗船して、レユニオン島に立ち寄り、三月八日にノシベで下船した。《マジュンガにはノシベほど胆汁熱がなく、ノシベは滞在するにはずっと快適であるという理由でマジュンガに行くのをやめて》のことだった。血尿性胆汁熱は今日へモグロビン尿性胆汁熱と名づけられ、熱帯マラリア原虫によるマラリアの重症合併症である。ラヴランによってこの寄生虫が発見されてから五年後の一八九五年には、血尿性胆汁熱はマラリアの特殊な型と考える人もいたが、別の病気と考える人もいた。後者の考えは植民地視察医学官トレイユ博士のもので、彼はエルサンが患者の血中に血液寄生虫を探していることに非常に興味を持った。エルサンがそれについて言ったことはさておき、エルサンはその二症例を観察して生物学会紀要に報告しているので[27]、血尿性胆汁熱がノシベに確かに存在したことになる。エルサンはこの病人の血液中に血液寄生虫は検出できなかったが、病人の尿から小さな菌を分離して、この菌はパリの陸軍病院でルーと一緒に検査した病人の尿中に見たものと同じだと信じた。彼は一八九五年五月二十五日母親に書いている、《僕たちは彼の尿の中にマダガスカルの小さな菌を見つけました。ですから、これが血尿性胆汁熱の原因かも知れません》。エルサンは病因については間違っていたとしても、キニーネがこの病気を悪化させ、さらに引き金とさえなる作用を持つことを確認したのは多分彼が最初であった。すなわち、《キニーネは血尿性胆汁熱の治療において無用であるばかりでなく有害なように思える》[28]と彼は報告した。

一八九五年四月、エルサンはフランス政府とパストゥール研究所によってパリに呼び戻され、エミール・ルーの研究室で、香港由来の菌についてカルメットとボレルが始めた研究に参加することになった。エルサンは到着すると直ぐ、パストゥール研究所に急いだ。そこではルーが《非常に情愛を込めて》彼を迎え、彼はパストゥールが《この前の発作以来ひどく変わった》と思った。エルサンはもうパストゥール研究所の一員ではなかったが、またそこに住み込む許可を得て、そのお蔭で昼夜を分かたず自分の時間をすべて研究につぎ込むことが出来た。彼はエルサン菌の研究を急ぐあまり、義務的な訪問は遅らせることにした。《僕はまだ急ぎの訪問をたくさんしなければいけません、すこしも楽しくない訪問ですけど。少しずつ片付けてゆくことにします》。

彼は兄フランクの息子の代父になることを断り、家族の義務もたくみにかわした。《兄さんは自分の息子の代父に誰か他の人を選んでほしいですね。僕は叔父なのですから、掛け持ちではなくて叔父でいたいですよ》。

母親については、彼はもちろん早く会いたかったが、もう少しして《再開したペストの研究が軌道に乗ればすぐに》モルジュに行きますからと前もって知らせた。

《僕がいない間少しなおざりにされていた僕の細菌に毒力を取り戻させなければいけません。つぎに、毒素を準備するために、たくさんのフラスコのブイヨンに菌を植え付けることになります。そして毒素がふらん器の中でできる間に、モルジュにちょっと顔を出すことが出来ればと思っています》。

いつものように、エルサンは効率的な時間の使用法を心得ていて、母親の許での滞在は毒素の産生が続いているあいだの予定だった。

パリに到着して以来、エルサンには急ぎの関心事はただ一つしかなかった。すなわち、菌力を弱毒化することを目指してペスト菌の研究を続け、それによってペストに対するワクチンを手に入れる試みである。この関心事はパストゥールの研究方針に沿っていた。大まかに言えば、コッホとその学派は人と動物の感染の原因病原体を同定することを目指したのに対し、パストゥールとその弟子たちはこの同じ病原体の病原力を弱めてそれでワクチンをつくることを目指していた。

エルサンは香港で最初の動物接種実験をしたときから、病原性がないか、あるいは殆どない菌株のあることに気づき、香港の腺ペストについての最初の報告書を次のように締めくくっている。

《この非常に示唆に富んだ事実から私は、病原性がないか殆どない種の細菌あるいは変異株を接種することによって、おそらくペストに対する免疫を賦与することが出来ると考える。私はすでにこの方針で実験を始めていて、その結果は別途報告する予定である》。

人をペストに対して免疫すること、それがこの病気の性質と病原体を発見して以来のエルサンの期待するところだった。香港以来、彼の初期の実験はこの目標を目指していた。一八九四年七月二十一日、彼はカルメットに書いている。

《モルモットに大量の毒力のない菌を接種して免疫を獲得させることは出来ませんでした。鳩はこの病気にならないことから、菌を接種した鳩の血清で成功するかも知れません。それに、ルーさんとあなた方なら、すぐに実用的な結果に到達するだろうと楽観しています[29]》。

一八九五年四月から七月、エルサンは自分の実験と、カルメットとボレルがルーの指導のもとに香港株の到着とともに取り掛かった実験を再開した。一八九五年七月、『パストゥール研究所紀要』に掲載された結果は総括すると二種類のものだった。一つはワクチンが、もう一つは抗ペスト血清が出来たことだった。先ずワクチン接種だが、濾過した培養液、すなわち毒素だけでは何の予防効果もなかったが、摂氏五八度で一時間加熱して殺した微生物を静脈内あるいは腹腔内に注射すると、モルモットとウサギに生菌と死菌の同時接種に対して防御力を与えた。一番良い結果はウサギに三、四回、皮下接種をした後に得られることが分かった。このようにして、R・ポリッツァが彼の古典的概論の中で強調するように、[30]

《ペストに対するワクチン接種の現代史は、一八九五年にエルサン、カルメット、ボレルが、ウサギに加熱した死菌を繰り返し注射することによってこの感染に対して免疫できたときに始まった》。

この結果に力を得て、この三人の研究者は、ルーが前年ジフテリアに対して行なったように、抗ペスト血清を得るために馬の免疫に取り掛かった。[31]馬に静脈経由でくりかえし注射すると免疫ができ、その血清はウサギ、モルモット、とくにマウスをペスト感染から守った。ペスト感染から十二時間後に注射することで、感染から回復させることも出来た。エルサン、カルメット、ボレルは論文の最後に次のように書いている。

《したがって血清療法に関するこの実験は継続される価値がある。動物で得られたこの結果がさらに満足のゆくものならば、同じ方法を人のペストの予防と治療に応用する試みがなされることになるだろう》。

このようにして、人のペストを予防し治療できる可能性は一八九五年のこの夏から理論的に確実なものとなった。しかしこの実験が進行するにつれて、エルサンはインドシナへ再渡航する方法を考えていた。彼の強みは、招待されればそれを受け入れ、それによって彼の意図に有利になる出会いが見込めるときには、何度でも訪問を繰り返すことだった。彼は自分の計画を次々に、公教育省文部科学局長R・ド・サン゠アロマン、地理学者アルフレッド・グランディディエ、植民地大臣シヨウタン、地理学会事務局長モーノワール、その会長トレイユに説明した。エルサンはそれぞれに、ニャチャンへ戻るのに有利になるように議論を展開した。パストゥール研究所での実験から、馬血清でペストの予防と治療ができる可能性が証明されたので、彼はニャチャンにこの血清を大量に準備するための実験室を設立する必要があった。彼はまた水牛の病気について中断された研究を進める必要もあった。彼は、この病気が水牛に適応したペスト菌によるもので、インドシナの家畜を衛生的にするためにもそれを証明する必要があると信じきっていた。ルーは、エルサンが外務省や植民地省に出かけるときには彼に付き添い、エルサンの要求を職権で支持した。その任務はついに認められ、エルサンはまだ出発命令も受けないうちから一八九五年八月四日出航予定のメルボルン号の船室を予約した。

エルサンはルーとカルメットに再会し、パストゥール研究所の彼の小さな部屋に再び住み着き、設備の整った実験室で研究し、抗ペスト血清の作製を首尾よく成し遂げながらも、パストゥールの健康の悪化を心配した。彼は一八九五年九月二十八日に亡くなるのだが、ペスト菌の発見の栄光に包まれたエルサンの訪問は、彼にとって最後の学問の歓びとなったことだろう。[32]

エルサンは直接マルセイユに戻った。モルジュを最後に訪れてから四年半が経っていた。母親は彼に再会するのをどれほど待ち遠しく感じたことだろう！　しかし彼は急いでスイスに行くことはしなかった。軍人の彼は許可なくフランスを離れることは出来ないという障害があったとしても、容易に乗り越えることは出来ただろうに。四月二十一日パリに到着した彼は、五月十日になってからその申請をしたのである。直ぐ認められたにも拘らず、仕事を口実に一日一日と出発を遅らせた、結局五月の末になって、母親のもとで過ごしたのは六日間だけだった。

しかしながら、メルボルン号でのこの新しい出発から月二回になる彼の手紙には、感情の疎遠はまったく見られない。彼の母親は相変わらず彼の特別な証人であり、彼女に対してだけエルサンは自分を語った。しかし一八九五年のこの夏には彼女には分かっていた、彼が戻ってきてヨーロッパに落ち着くことは決してないだろうということを。一〇年前にマールブルグから書き送られた一言、《僕が医者になったら、一緒にフランスのプロヴァンスかイタリーに住みましょうか？》を忘れなければならないことを。

マルセイユ、アデン、コロンボ、シンガポール、サイゴン。海路の二十六日と新たな気晴らしの真新しい《双眼写真》機による写真撮影。サイゴンでは、別れた時のままの安南人使用人たちに再会した。《少し疥癬（かいせん）がふえて惨めさを感じさせる服装でしたけれど、彼らをみんな引き取りますよ、彼らには慣れていますし、各人の欠点と資質をよく知っていますからね》。そして、エルサンはニャチャンの海岸の小さな家に再び居を構えた。この家は彼が香港から帰った前年の秋に駐在官が彼に支給したものだった。この時代のニャチャンには、猟師の家が少しとフランス公務員、つまり、駐在官、副領事、税関吏と民兵監視人のための低い家が何軒かまとまっていた。

ニャチャンで海に流れ込む小さな川沿いの部分を除いて、内陸部から海岸に至る道はない。したがって、全ての交通は沿岸航海によるか、幅の狭いくねくねと曲がるマンダリン道路によって行なわれる。ニャチャンのすばらしい停泊地は確かに重要な寄港地であるが、地域の活力の基盤にはならない。工業はなく、職人も商人もいない。当時は、すばらしい場所であると同時に殆ど人気（ひとけ）のない場所だった。

インドシナ総督によって支給される五〇〇〇ピアストルの予算で、エルサンは小さな家の中にその場しのぎの施設を拡張することが出来た。

彼は抗ペスト血清を準備するために馬を飼育しなければならなかったので、レンガ造りの馬小屋と小動物（実験用のウサギ、モルモット、マウス）のための藁小屋を建築させた。しかし激しい季節風に曝される海岸近くの場所は大動物の世話には不都合で、エルサンはその地方の安南人役人に頼み、ニャチャンから一一キロの所にあるカンホアの古い要塞に馬と大多数の牛を住まわせてもらった。建物は大きく、食糧調達はずっと楽だった。

このカンホアの別館には、二〇頭の馬のための馬小屋、牛と水牛のための小屋、馬の世話をするマレー人のための小さな家、水牛の世話をする安南人たちのための家があった。もう一軒の小さな家は、毎日自転車でニャチャンからカンホアに通うエルサン用のものだった。この自転車は、パリで時々ブーローニュの森をルー博士とサイクリングしたものだった。彼は一頭立ての軽二輪馬車購入するまで、この道のりを二八分で走った[33]。

ニャチャンとカンホアの仕事が増え、助手と動物、それに獣医が必要になった。一八九六年、それまでフエ勤務だった陸軍獣医プザスがニャチャンに配属になった。プザスは、その仕事振り、有能さ、効率の良さ、謙虚さで、すぐにエルサンにはなくてはならない存在になった。

ティゼの治癒

一八九六年春、エルサンは香港からの招請に悩まされた。ペストが猛然とぶり返し、病人を治療するのに彼の血清が求められたのである。しかし要塞の二頭の馬からとれる血清ではあまりにもわずかな量だった。抗ペスト血清の作製はパリで続けられていたのでそれを送らせて、一八九六年六月、彼は再び香港に出発した。しかし流行は殆ど終息していた。そのため彼は、病気がまだひどく流行していた広東に行ったが、この町は外国人には敵意を抱くことから、そこで血清を使用することを殆ど諦めかけていた。そんな折、カトリック宣教会司教のショス猊下(げいか)が、絶望的と思われる若い生徒の一人を救うためにどんな試みでもと彼に頼んだのである。エルサンは彼の血清はまだ人に用いられたことがないことを隠さなかったが、ショス猊下はこの最初の試みの全責任を引き受けた。エルサンは、彼の論文、《抗ペスト血清で処置されて治癒したペストの第一症例の記録》[34]の中で、この治癒の状況を回想している。

《十八歳の中国人青年ティゼは神学校の生徒で、そこで看護師の仕事をしていた。数日来気分がすぐれなかった（疲労と頭痛）が、六月二十六日朝十時、右鼠径部に激しい痛みを訴え、正午には急に発熱、床に就かなければならなかった。ショス猊下は私を午後三時に彼のもとに連れて行った。中国人青年はまどろんでいて、めまいなしには立っていることが出来なかった。極度の倦怠感、高熱、白くなった舌。右鼠径部に触ると非常に痛がる腫脹があった。確実にペストの一症例と思われ、初期症状の激しさから重症に分類される。五時（発症から六時間後）に、血清一〇ccを注射。この瞬間、病人は嘔吐し、うわごとを言い、これは非常に危険な徴候で感染の急速な進行を示していた。夜六時と九時に、それぞれ一〇ccの注射。夜九時から真夜中まで、病人の状態に変化なく、まどろんでいて、身体をうごかし、しばしばうめく。熱は相変わらず非常に高く、少し下痢あり。真夜中から病人は静かになり、朝六時、校長の神父がペスト患者の様子を見に来たとき、患者は目を覚まし治ったようだと言った。実際、熱は完全に下がっていた。倦怠感とそのほかの重篤な症状は消えていた。鼠径部は触れてももう痛がらない。腫脹は殆ど消失。治癒があまりに早いので、もし前夜何人かの人が私と一緒に患者を見ていなければ、私は真正ペストの症例を治療したことを疑うことになっただろう。私が最初のペスト患者のもとで過ごしたこの夜が不安でいっぱいだったことは容易に理解されるだろう。しかし朝、日の出とともに成功がはっきりした時、全てが、疲労さえもが忘れられた》。

《証言者》の中には、広東のフランス領事の名があり、医学アカデミーでの報告にはその供述がエルサンの報告のあとについていた。

誰もが、このティゼ青年の治癒を、ジョゼフ・メイスター少年のものと比較したくなることだろう。どちらの場合にも、エルサンとパストゥールは、有効性と安全性を動物でしか試していなかったのだが、その治療法を初めて人に適用したのである。実際は、パストゥールは彼の取巻きの懇願に屈したとしても、エルサンは彼の血清を試す機会を待っていただけである。エルサンの報告に添えられた広東のフランス総領事の話はこの手続きに何の疑問も残さない。

《六月二十六日金曜日、十一時ころ、私はエルサン博士の訪問を受け、彼は自分の任務の目的を述べ、ペスト患者のいる中国人病院で彼の準備した治療血清を使用してみることが出来るかどうか、と私に尋ねました。私は博士に、彼が実施しようとしている実験的治療をここで試みることは許可できないと、偽ることなく申しました。ヨーロッパのもの全てに対する広東住民の敵意は強く、その実験は在留ヨーロッパ人たちにとって非常に危険なものになるでしょう、と。私は博士が広東を去る前に、私と一緒にカトリック宣教会に行ってみることを提案しました〔……〕話し合いの初めから、ショス猊下は自分の心配していることを私たちに話されました。彼の神学生の一人が殆ど突然にペストに似た症状に襲われたというのです。司教の言葉を聞いたエルサンは、自分の旅行の動機、自分の発見、そして、動物では何度も有効性を確かめた治療法を病人に適用して見ることのできない無念さを司教に話しました〔……〕。博士は神学校に行き病人を慎重に診察しました。もう疑いもなく急性ペストの一症例でした。そのとき、白状しますが、私は一瞬非常に大きな不安を感じました。私たちはそんな試みとその結果の責任を受け入れることが出来るのでしょうか？　とう とう、ショス猊下は私を見つめながらはっきりと言われました、博士に思いがけない治療をお願いすることが自分の生徒に残された唯一の救済の道です、と。司教の言葉のあと私は、エルサン博士が身の安全を保障され満足の行く条件で自由に治療に取りかかれるようにするしかありませんでした。私はショス猊下に次のように申しました、〝抗ペスト血清の注射がされることに反対はいたしませんが、ただ条件があります。治療が中国人のいないところで行なわれることと、この詳細は病人の完全回復まで厳格に秘密とされることです。それにより、不成功に終わった場合に起こりうる面倒を避けることができるでしょう〟と》。

成功したにも拘わらず、領事はエルサンに広東を去ってアモイに行くことを勧めた。アモイは人口二五万人の都市で、その港には、上海、香港、シンガポール、マニラから船が出入りしていた。多くのヨーロッパ人、英国人、ドイツ人それにアメリカ人たちは周辺地区に生活していて、彼らの住まいはペストを免れていた。それに反して、中国人町はひどくペストに侵されていた。エルサンは、英国人の医者も勤務しているアモイの中国人病院で診療を始めると、在宅のペスト患者のもとにしばしば呼ばれることになった。広東では思いもよらぬことだった。彼は十日で二十三人の患者に抗ペスト血清を注射して、亡くなったのは二人だけだった。亡くなった二人の治療開始は病気の五日目で、あまりに遅すぎたのである。エルサンは治療を早く始めることの重要性を強調した。彼はアモイでも、広東の若い神学生の場合のように、数時間で患者が回復することを観察した。[35]

抗ペスト血清のお蔭で得られたアモイでの成功は直ぐに知れ渡った。そのため、エルサンが再度広東に、ついでニャチャンへの帰路マカオに立ち寄ったときは、高官たちが熱烈に彼を迎えた。香港の英国政府だけは冷たかった。エルサンはその理由を知った。フランス領事ルルー氏は、ヴィクトリア女王の誕生日に、運悪く病気にかかったと思いこみ、英国人の祝宴に出席できなかった。しかし、すぐ回復してこの誕生日の翌日香港に現れたのだが、高官たちはこれを侮辱と感じた。その結果、英国人は誰も一八九六年七月十四日のフランス領事レセプションに出席しなかったのだ。[36]一八九六年七月二十四日、エルサンは、政治的、経済的、医学的な総合的理由から、広東にパストゥール研究所の系列研究所を創設することをルーに提案した。第一に、英国人たちは、香港の近くの中国主要都市にそのようなフランスの影響が根付くのを見てきっと激怒するだろう、そのことは、エルサンには不愉快ではなかった。次に、広東は外国人とくにフランス人に極端に敵意を持っていたので、ペストの治療センターの創設は彼らのそのような態度を改めさせるだろうし、また中国政府は中国本土の研究室を、ニャチャンつまり外国にある研究室を援助するよりも喜んで財政的に援助することになるだろう。最後に、四〇万ないし五〇万回分と予測される中国の抗ペスト血清の巨大な需要にニャチャンが答えることは不可能だった。パストゥール研究所が南中国に、そして場合によっては、もう一つ天津にも創設されることが必要だった。これらのパストゥール研究所はフランスの微生物学を中国人医師に教えることを保障することになり、このことは当時コッホ学派のドイツ人たちによって要請されていたことでもあった。エルサンはこの創設の利点をルーに強調し、また中国駐在フランス大使ジェラールと外務大臣アノトーに対しても同様に陳情した。この計画について議論し、《パストゥール研究所で新しい情報をたくさん仕入れる》ために、エルサンはまたパリに出かける必要があった。抗ペスト血清を生産するための動物の世話と処置をプザスに任せて、エルサンはボーイを連れて一八九六年十一月三週間滞在の予定でパリに赴き、その帰路モルジュに二十四時間立ち寄った。そしてインドシナに向けて再び乗船した。

ボンベイ

マルセイユからサイゴンへの航海のあいだ、エルサンはボンベイ市からたびたび送られてくる電報に悩まされた。ペストがインドの港町ボンベイを襲い、当局がエルサンに援助を求めたのである。彼が来てくれることは、彼の船がインドの沖を通過してコロンボに寄港するのと同じくらい当然の成り行きだと彼らには思えたのである。しかし、荷物の中に抗血清を持っていなかったので、彼は寄り道することを断った。手ぶらでボンベイに行って何になるだろう？　ボンベイ市が嘆願したにも拘らず、彼はプザスと免疫中の動物が待つニャチャンへと航海を続けた。しかしこの免疫はパリで期待されたような結果をもたらさなかった。つまり、同じ馬でも採血するたびに、あるいは馬ごとに抗血清の力価が違った。しかも、エルサンの留守中に二四頭の雌馬が炭疽病で死んでいた。それを新しい馬に入れ換えてまた免疫を再開しなければならなかったのである。幸い、二人目の獣医のフランボーが友人のプザスの補佐に来てくれた。とはいっても、馬の免疫がはかどらないため、エルサンは動きが取れなかった。一八九七年一月二十日、母親宛てに次のように書いている。

《僕が帰ってすぐ、十分免疫されているように思える二頭の雌馬を試験的に採血しました。その血清が良ければ、大量の採血をして直ぐにインドに出発します》。

彼は二月二十日にようやく、《昨年の血清とほぼ同じ、どちらかといえば低い力価》の血清七〇〇回分を持って出発することが出来た。援助の手をボンベイ市に無理やり求められて、いやいや出発する様子が感じられる。《僕が持って行きたいのは七〇〇回分ではなく七〇〇〇回分なのです。それに血清にはもっと活性があってほしいのです》。

コロンボでエルサンはプザスの死を知った。彼の公的死因は《マラリアの悪性発作》であったが、この説明にエルサンは満足しなかった。悪性発作は安南では知られてないように思えたからである。これが最初の症例か？　あるいは、プザスは人ペスト菌の取り扱いをしくじったのか、あるいは不注意で菌を自分に接種したのか、そして自分の病気の原因が分からず、彼が製造保証し十分力価を知っている抗ペスト血清を自分に注射することを怠ったのか？　エルサンにとっては、プザスは実験室感染の犠牲で亡くなったのであり、それだけに彼の助手の死を痛ましく感じた。

エルサンは旅を続けてツチコリンからマドラスへ、マドラスからボンベイへとインドを横断した。この旅行に彼はがっかりした。土地に殆ど起伏がなく、単調で、先の旱魃でさらに無味乾燥になっていたからである。

一八九七年三月五日、彼は前年の秋以来ペストが流行するボンベイに着いた。最初の症例は八月の末、荷役岸壁地区で働いている人々や穀物倉庫の近くで住んでいる人々の間で発生した。いつものことだが、彼らは当局が信じないのを放置していた。しかし病気が町の他の地区に広がり、一八九六年九月二十三日にペストの流行が公式に認められた。[37]

ボンベイは、一五三〇年にポルトガル領となり（そこから、ボアバヒア、良い湾という名前が由来する）、一六六六年にイギリス東インド会社によって買収された。一八九六年には人口八〇万人以上を数え、沿岸随一の港は過密な交通量で賑わっていた。全インド半島同様に、ボンベイはそれ以前にもすでにペストの被害をこうむっていた。[38] たぶん、一三九九年、一四四三年、一五九〇年―一五九四年、と一七一八年に、そして間違いなく、一六一一年―一六一八年、一六八三年、一八一二年―一八一五年、一八三六年―一八三七年、と一八五三年―一八五四年に。しかし、一八九六年の流行は、交通手段にもたらされた進歩のせいで、たちまち憂慮すべき様相を呈していた。海上では、蒸気船が遅い帆船に取って代わったばかりであり、陸上では、英国人によって敷設された鉄道網のおかげで人々の移動がどんどん容易になっていた。

ペストを拡散させる危険とくに大陸間伝播はこの新しい状況で極限に達していた。英国とインドの緊密な関係は、ロンドンで昔のペストの再来を恐れさせ、英国当局はすぐさま疫病に対して対策を講ずることを引き受けた。ペスト委員会はガタクル将軍を委員長に、患者の隔離、家屋の消毒、町の消毒を定めた措置を公布したが、これらの措置はすぐに悪い評判がたった。急いで設置された病院には殆ど患者は来なかった、なぜなら病院は、カストの分離という厳格に守られるべき社会秩序に違反していたからである。すぐさま家族は、外国当局による住居の不可侵権を口実に初期の患者の症例を隠した。家屋の消毒は全ての人々の日常生活を覆した。すなわち、家屋に石灰を散布し、空気が入るように屋根を取り壊し、あまり不衛生な家屋は家具や衣類ごと焼却するという措置は、住民全体に耐え難いものだった。荷役岸壁地区にペストが発生して以来、ラットの大量の死体とこの齧歯類の異常大発生が観察されていた。ネズミの駆除が命じられ、ヒンズー教徒がその目的に徴用されたが、この命令は動物の命を奪うことをはっきりと禁じる宗教上の教えに抵触した。それに、いつものことだが、旅行者と貨物に課せられる検疫は商取引を台無しにし、港湾都市の活動を麻痺させた。

一八九六年十二月三十一日の報告では、入院した真性ペスト二九八〇症例のうち二二八八人が死亡し、致死率は七六・七パーセントとされる[39]。同時期、三〇万人以上の住民が町を逃れ、そのためプーナ、カンターリー、ハイデラバード、その他の町にペストを広めることになったという[40]。一八九七年二月、三五三二症例のペストの届出があり、致死率は九〇パーセントとされる。三月五日にエルサンが到着したとき、流行は下火になっていたが、それでも日に六〇症例の新しい発生があり致死率は九〇パーセントだった。

エルサンはフランス領事J-C・ド・ピリンスキー宅に住み、二ヵ月間、入院患者を診察して抗血清を注射した。致死率五〇パーセントで、結果は期待はずれだった。パリで作製した血清では、アモイと広東で八〇パーセントの治癒が得られていたことから、すぐに彼は、ニャチャンにおける馬の免疫プロトコルとテクニックのせいだと考えた。彼はまた病気の初期の患者を見つけることが困難なことも考慮しなければならなかった。中国における彼の経験では、早期に血清を注射することが絶対に必要であることが分かっていたのに対し、ここの病院は殆ど瀕死の患者しか収容していなかった。[41]

四月末、ペストはボンベイで下火になり、パリから届いた血清はニャチャンのものより良い結果を出していた。エルサンがインドシナに帰ることを考えていた折に、もっと北の、カッチ半島のマンドヴィで、新しいペスト発生があった。彼がそこに着いたのは五月の初めの週だったが、そこのペストはあまりにも電撃的で、人口一〇万の町（その半分は逃走していた）で日に一〇〇人が死に、パリのパストゥール研究所からの血清でも効果がなかった。

エルサンは、ロシア人、オーストリア人、ドイツ人、エジプト人の派遣団医師たちのために英国人たちが立てたテントに滞在し、流行が下火になった六月初めになってようやく、ボンベイに帰ってきた。しかしエルサンが彼の血清を注射している間に、もう一人の元パストゥール研究所員W・M・ハフキンはその年の初めからボンベイに身を落ち着けペストのワクチン接種を始めていた。彼は一八九〇年にエルサンの後任としてルーの助手となり、一八九三年三月にはカルカッタに来て、彼自身がパリのパストゥール研究所で開発したワクチンでコレラの予防接種をしていたのだが、一八九七年一月、彼は英国政府からボンベイに実験室を作る許可を取り、《ハフキンのリンパ》[42]の名で知られるペストのワクチンを作っていた。これはペストに対して用いられる最初のワクチンだったので、ハフキンはしばしば抗ペスト・ワクチン接種の考案者として紹介されているが、実際は、彼はただ、エルサン、カルメット、ボレルが考案したワクチン製法に変更を加えただけだった。エルサンらは一八九五年にペスト菌を固形培地上で摂氏三七度で培養し、摂氏五八度で一時間加熱して殺菌した菌を接種することで、ウサギを免疫できる可能性を証明していた[43]。ハフキンによって作製され大量に用いられたワクチンは、培養液（牛のブイヨン）と摂氏二七度という培養温度（ボンベイの気温）で違っているだけものだった。エルサンは、いつもは科学的優先権や所有権の観念には無関心で無縁だったが、ハフキンのリンパが注目されることに少し苛立ちを示した。ニャチャンに帰ってから総督に提出された《インドのペストについての報告[44]》の中で、彼は次のように述べている。

《英国の新聞は、ハフキン氏が発見したというペストに対するワクチン接種の話題で騒ぎ立てています。彼は、ペストを予防するために、熱で殺菌した培養ペスト菌を注射しています。この方法は新しいものではありません。僕らがこの方法をカルメット、ボレル両氏と一緒に、一八九六年の『パストゥール研究所紀要』に発表したのですから。僕が人にそれを試みていないのは、僕らが動物で行なった実験がそれを許さなかったからです。ハフキン氏がボンベイで人に対して大規模に行なった予防接種は、加熱培養菌によるワクチン接種が危険であり、また、そうして獲得される免疫は長続きしないことを示しています。いくつかの症例で、ペストの毒素にたぶん非常に感受性の高い人だと思いますが、このワクチン接種後わずかの時間の間に死亡しています。別の症例で、ペストの潜伏期にあった人では、ワクチン接種で病気の進行が加速され確実に致命的になっています。最後に、免疫の持続が非常に短いことです。抗血清による免疫のように、せいぜい一〇日から一五日です。そのうえ、抗血清の注射が、無害で体調をまったく悪くしないのに対して、加熱培養菌の注射はしばしば重篤な神経症状を伴い高熱を出します》。

エルサンが市の招聘でボンベイにいた間に、インドのフランス事業所総裁はペストの調査のため、植民地一等医務官ボノー博士に出張を命じたが、彼もまた《ハフキンのリンパ》[45]には厳しい判断を下した。

《ハフキン氏による抗ペスト・ワクチン接種のいわゆる新法に関して大騒ぎになっています。この方法は決して新しくはなく、パストゥール研究所で数年過ごしたこの考案者は、この方法が動物を免疫するのに用いられるのを見なかったはずはありません。しかし、エルサン氏がウサギを免疫するのに二週間毎の注射を三、四回繰り返す必要があったのに対して、ハフキンは間隔の短い二回、いや一回ですら人を免疫できると主張しています。何に基づいて、彼はそんなに早く免疫が獲得されると信じるのでしょうか？　何の根拠もありません。彼は動物実験をまったく試みていません。彼は免疫を賦与しうる量を実験的に探すこともせずに、経験主義だけでいきなり人に実施したのです。彼は理論が拠り所とする科学的基礎を後ろ盾にして、抗コレラ・ワクチン接種についてすでに行なったように、無分別に突き進んだのです〔……〕。ハフキンのワクチン接種の方法は、それが賦与する免疫の見地から疑わしく思えるばかりでなく、とくに流行時には危険にさえ思えます。というのは、もしある個人がペストの潜伏期にあり（これは簡単には分からないが）この人にワクチン接種をすれば、こうして接種された毒素は体内で産生された毒素に追加され、軽微でありえたかもしれない病気を活性化し促進します〔……〕。リンパ体質の患者のうちには、重篤で急速に致死的になる事故が突発しうるでしょう。したがって、加熱培養菌でペストに対して人を免疫できる可能性は確信するものの、ハフキンの方法は実際に免疫を成立させるにはあまりも短絡的であまりに拙速であると、われわれは非難します。また、その利点に比較してその危険は非難するにあまりあるものです》。

一八九七年五月末、ペストはボンベイで衰退して行き、エルサンは血清が不足していたので幸運だった。ニャチャンの血清生産は不十分だったし、パリから届く血清も最初のものほど活性を持っていなかった。そのうえ、エルサンはまったく一人で、病気初期のペスト患者を見つけることは難しかった。全体として、ボンベイにおける彼の仕事の条件は複雑微妙で、ボノーはそれをうまく強調した。

《エルサン博士はこれに関してたくさんの困難を抱えていた。英国人医師が指揮する病院で自分の患者を持っても、彼には必要な行動をとる全面的自由は与えられていなかった。彼の患者のリンパ腺腫にヨードが注射され、有害ではないにせよ無用なストリキニーネやベラドンナやストロファンチンが患者に処方された。そのため、このような症例にもとづく統計は、これらの症例が彼一人の決断に任されていれば持ちえたような価値を持ちえないだろう[46]》。

エルサンは殆ど安堵の気持ちでもう一人のパストゥール研究所員、P-L・シモン博士をボンベイに迎えた。シモンはパリのパストゥール研究所のラヴランとメチニコフのもとで仕事をしていたが、インドのエルサンの交代としてルーが派遣を決めた。彼は、活性のより強い抗ペスト血清のほか、カルメットが現場で試してみることを希望した抗コレラ血清と抗蛇毒血清を携えてきた[47]。

エルサンは一八九七年七月初めにニャチャンに戻った。シモンはカッチマンドヴィ[48]で彼の後任になり、その後英国当局から彼の自由になる実験室を与えられてボンベイに数ヵ月留まった。エルサンはボンベイ市当局からは声を大にして要請をされたにも拘らず、英国人医師からの支援はなかった。彼は英語を殆ど話せないことは自分で認めるが、とりわけ彼が耐えがたかったのは、血清を自由に使用できなかったことである。おそらく彼はその気持ちを無愛想な言動で表したのだろう、というのは、その噂はリールまで届いていたから。カルメットは、リールから、一八九七年八月四日にシモンに書いている。

《あの純朴なエルサンはほんとに非社交的だからね。彼のボンベイでの態度は非常に評判が悪かったので、彼の残した不愉快な印象を修正するのに、君が少し苦労するのではないかと心配です……僕としては、君がどこでも歓迎されることを望んでいます。君は彼以上に世間の常識を持っているし、なによりも君は彼と違って好意を勝ち取れる性格を持っています》。

そして、一八九七年九月二十九日の手紙には、

《エルサンに関して君が言うことに少しも驚きません。非社交的な性格の彼は英国人同僚との関係で少なからぬ失敗を犯したに違いありません[49]》。

当然ながら、ボンベイのペストはヨーロッパを非常に不安におとしいれ、一八九七年二月十六日（つまり、エルサンがボンベイに到着する以前に）、第十回国際衛生会議[50]がベニスで開催され、参加国はベルギー、デンマーク、フランス[51]、ドイツ、英国、ギリシャ、オランダ、ルクセンブルグ、ポルトガル、オーストリア、ロシア、現ユーゴスラビア、スペイン、スウェーデン、ノルウェー、ペルシャ、トルコ、米国だった。一八五一年と一八九四年の間に開催されたこれまでの九回の会議が、すべてコレラ対策に当てられたのに反して、ベニスの会議はボンベイのペストの拡散を阻止する手段を検討することを目的とした。それは、科学界がペストについて最近得られた知識を総括する機会であった。会議の出席者たちは以下のことを正式に認めた。ペストが一八九四年に香港でエルサンによって発見された微生物による伝染病であること、ラット、マウスとその他の齧歯類がペスト

に感受性があること、人の流行にはしばしばネズミの疫病が先行すること、水は伝染に重要な役割を演じるように思えないが、コレラの時のように、煮沸した水しか飲まないことが勧められること、患者の分泌物と排出物（リンパ腺腫の膿、痰、便）がペストを伝染させうること、患者の衣類と寝具を消毒すべきことも認められた。病気の疫学だけははっきりしないままだった。人の感染とラットから人へのペストの伝播様式の決定的な点についてはまったく議論が交わされなかった。重要な発見がまだ残されていたのである。それは、翌年一八九八年六月のシモンの業績である。

エルサンは、ペストが細菌感染症であることを証明し、その病原体を分離し、ラットの感染と人の感染の間の関係を明らかにしたが、体内への菌の侵入様式を気にかけたようには思えない。おそらく彼は無意識のうちに、ラットとマウスにおける共食いによる感染実験の結果と、ペスト患者の家の土壌からペスト菌が分離されたことに影響されたのだろう。この結果は、消化管感染あるいは足の裏のかすり傷からの感染の可能性を意味した。これは、シモンが報告したように、一般に認められている意見ではあった。

《ロシア、英国、ドイツ、イタリーからの派遣団はペストにかかわるあらゆる種類の研究をボンベイで行ないました。私は、さまざまな国籍の学者たちと話し合いをするうちに、伝播の問題についての共通した意見がこの調査団の中で支配的であり、この問題はもう以前に解決済みであるかのようであることに気づきました。すなわち、広く認められていることは、患者の排泄物とともに排出された病毒は、人でもラットでも、いったん地面に広がってほこりに混じれば、さまざまな方法で皮膚や粘膜と接触するようになります。食物と一緒ですと、腸ペストになりますし、吸気と一緒に、あるいは皮膚の擦過傷からも侵入します。たとえば、原住民の症例が非常に多いのは、裸足で歩く習慣から、ヒンズー教徒では下肢にたくさんの擦過傷ができ病毒が侵入しやすくなることで説明されます[52]》。

シモンの発見は、まず、一見矛盾したような観察の厳密な解析から生まれた。あるときは、死んだばかりのラットの死体に一瞬触っただけでペストを引き起こすのに十分であるのに、何時間も前に死んだ死体には長い間触れていても無害だった。またあるときは、ラットとの直接の接触がないにも拘らず、ラットが死んでいた家の中を通ったあとでペストが突然発生した。他方、シモンは、病気の初期のペスト患者には、早期フリクテンと名づけられた非常に小さい水疱があり、その水泡液を塗抹して培養すると必ずペスト菌が得られることに気づいた。早期フリクテンは大きくなると、ペスト性炭疽[53]の名で知られる壊死になった。シモンは、このフリクテンの部位は、ヒンズー教徒の足によくある偶然できた擦過傷には決して一致せず、皮膚の健康で薄い部位、足背、くるぶし、胴に見受けられることを観察していた。

《それはまた寄生昆虫に刺されやすい部位でもありました。この観察に加えて、病巣の外観と蚤の刺し傷が皮膚に残す痕跡とのあいだに認められる類似性から、私はこの昆虫のせいにすることを思いつきました》。

もし蚤が刺すことでペスト菌を移すことが出来るなら、蚤は感染したラットの血を摂取して感染するに違いないとシモンは結論した。この場合には、微生物は蚤の腸管内容物の中に顕微鏡で見えるはずだった。《少々困難を伴う》こと、と彼はユーモアを交えて結論したが、そのことをまだ確認する必要があった。想像できることだが慎重に、また強調しなければならないことだが勇気を持って、シモンはペストで死んで間もないラットから蚤を集めた。それを検査することによってエルサン菌の存在が実際に明らかにされた。一八九七年六月二日、シモンは決定的な実験を行なった。かれは、大きなガラス容器の中に、ペスト患者の家で捕獲された病気のラットを入れ、そこに健康なラットの入った金網の籠を入れた。二匹の齧歯類の間に直接の接触はなかったが、金網は瀕死のラットの蚤を通過させた。このラットの血液と臓器の中には菌が一杯だった。シモンは次のように書いている。

《この日、私は、この世にペストが現れて以来人類を苦しませてきた秘密を暴いたという思いで、言い表せないほどの感動を覚えました》。

ラットからラットへ、あるいはラットから人へのペスト菌の伝播において、蚤が果たす役割を発見したことは懐疑的にさらに嘲笑さえ交えて受け止められた。シモンはそれに驚かなかった、《おそらく当時、医師団の思考は疫学における昆虫の介入を受け入れる準備がまだまったく出来ていなかった》。シモンのすばらしい発見が最終的に受け入れられるには、インド・ペスト委員会の調査報告が一九〇六年に発表されるのを待たねばならなかった。

ニャチャン

一八九八年六月二十三日、エルサンは、ペストがニャチャンでも彼の研究室近くの漁師地区で発生したことを知り、すぐに彼はペスト実験中の猿の檻からの汚染を疑った。この動物の排泄物はときたまペスト菌を含んでいたので、毎日、檻と檻を入れている建物の地面は丁寧にクレゾール消毒液で洗浄した。しかしエルサンは、猿の餌であるバナナと米のくずの周りにたくさんの蟻がいるのに気がつき、この昆虫が細菌を安南人の家に運ばないかと心配した。彼の不安は確認された事実に基づいていた。彼はボンベイから四匹のマングースを持ち帰って、それを地上一メートルの所に置いた檻に入れた。彼はしばしば蟻の行列が猿の檻からマングースの檻へ向かっているのに気づいていた。もちろん、両者は実験室の建物によって十分離れていたし、蟻には十分の餌を与えていた。しかるに、六月初め、マングースが一匹気づかれることもなく死んでいた。しかし、他の二匹のマングースが六月二十日に死んだとき、プザスの後任のカレ博士はその二匹を剖検し、肝臓に典型的な病巣を発見し、そこからペスト菌を分離した。最初の人の症例が漁師の住民の中で通報されたとき、その関係が頭に浮かんだ。六月二十五日、こんどは、マングースの世話をしていた安南人ボーイが死んだ。そのため、実験室の職員には血清注射で予防処置をとった。七月三日、エルサンは、駐在官と安南人高官の同意を得て、汚染した安南人の家とすぐ近くの家を立ち退かせて火をつけた。住民たちは血清注射を受け、ニャチャン川の河口にある島に急いで開設された隔離所に移された。彼らは補償を受けて移住し、数年間は焼却した家の跡地に立ち戻らないと約束させられた。一八九八年七月十二日、エルサンはルー博士に電報を送った、《当地で疫病、至急血清発送を》[54]。

ニャチャンのこのペストの源はまもなく明らかになった。最初の症例はニャチャン川の河口の反対側にあるキュラオ村で三月に発生していた。そこの住民は、シンガポールへ行く途中に安南海岸に停泊した何艘かの中国ジャンクの水夫に豚を売った。彼らが中国を出発したとき、彼らの田舎はペストで汚染されていたのだが、インドシナ政府は何の検疫措置も取らず、ジャンクは途中ペストをばら撒いてきたのだった。しかしながら、致死率がキュラオでは殆ど高くなかったので病気の原因は気づかれず、正式に同定されるまでに、ペストは近隣の村々、スオンフアン、フォンカン、ニャチャンを襲っていた。エルサンは、初めて一人でペストに立ち向かい、あらゆる面でペストと闘わねばならなかった。香港でもボンベイでも現地の役所が、彼に医学的助言を求めることなく必要な規則を定めて施行した。ニャチャンでは、駐在官と高官が同意すれば、彼は取るべきすべての措置を一人で決めねばならなかった。汚染地区を焼却したあと流行はしばらく収まったが、この措置は安南人に容易に受け入れられなかった。彼らにとってこの病気は、十分知られていず（彼らの言語にペストを指す単語は見当たらない）、明白な神の思し召しだったのだ。すなわち、原住民の副知事が寺院に住んだために村の精霊が住民に罰を与えた、と考えた。忠告されたフランス高官は、急いでこの役人を引っ越させた。一八九八年八月八日、エルサンはルー宛に二度目の電報を送った、

《流行阻止》と、しかしまさにその夜、漁師が一人急死して、小さな鼠径リンパ腺腫と幾つかの大腿リンパ節の腫脹があり、その髄の中にペスト菌が見つかった。引き続いてすぐ別の症例が村に発生し、じわじわと家から家へと広がった。コレラの症例もいくつかあり診断は難しかった。しかるに、安南人たちはコレラ患者の家は燃やされないと知ると死亡届を故意に混乱させた。

八月十二日、エルサンは最初の電報の結果としてルーから四〇〇回分の血清を受け取り村人の治療を再開した。九月五日、それまで免れていた村の一部にもペストが相変わらず広がるのを見て、エルサンは決定的な決断をした。彼は急いで二キロ離れた無事な地区に新しい村を建設させ、一八九八年九月十五日、ニャチャンの安南人村の全家屋に完全立ち退きを命じ直ちに火をかけた[55]。続く二週間の間に報告されたのは四件のみで、疫病の広がりは食い止められたようだった。しかしながら、十一月十日、囚人が死亡し、初めは説明がつかないように思えた、なぜならその男は独房の中で感染したことになるからだった。しかしエルサンが知ることになったのは、燃やされた村に近づくことは正式には禁止されていたが、多くの安南人たちが夜、家の残骸を掘り起こしに出かけ、取り押さえられると禁錮刑を受けていたということだった。死亡した囚人はおそらく禁を犯して感染したのだろう。一八九九年一月二十六日、エルサンは、《安南ニャチャンの腺腫型ペストについての報告[56]》を書きながら、疫病は終息したと考え、いくつかの結論を下した。村で診断されたペストの七二例のうち、五三人の患者、つまり七三パーセントが死亡した。七二人のペスト患者すべてが抗ペスト血清で治療されたわけではなく、半数は家族に隠されたか、現地人の医者の治療を受けていた。三九人が血清治療を受けず、その全員が死亡していた。エルサンの血清で治療を受けた三三人の患者のうち一九人が生き延び致死率は四二パーセントだった。この報告の中で、エルサンは流行の経過、伝播の様相、症状、治療を回顧した。彼が報告書のタイトルに《腺腫型》の語を入れたのは、ペストには三種類の型、つまり腺腫型、肺型、電撃型が存在することを認めたからである。お客の応対をしていて疲労を感じ、倒れてすぐ死亡した四十歳の商人の症例はその電撃型だった。この最終報告の中で、エルサンは、流行の始まった頃、ルーによく話した蟻の役割についてはもう言及していない。その間に彼はシモンの実験を知り、それを次のように認めている。

《シモン博士は、蚤が大いに関わりを持つと考えています。彼の意見にまったく同感で、彼の言うように、家の立ち退きの際には蚤は藁小屋や土の中に残りますが、まもなくいつもの食べ物がなくなると隣の家にたどりつき、そこに感染を持ち込むと考えられます》。

エルサンがペスト患者のいた家を燃やすことを命じたのはこの推論からだった。決して、彼の報告書の中でも、手紙の中でも、彼は齧歯類が演じるかもしれない役割については言及していない。この報告書を書き上げて数日後の一八九九年二月初め、ニャチャン近くの二つの村でペストが何件か発生したとき、エルサンはふたたび焦土戦術をとった、すなわち、住民は抗ペスト血清で処置を受け、移住させられ、補償され、一方、村は燃やされた。一八九九年四月、エルサンはこの新しい発生源が根絶され、ニャチャンのペストが消滅したことを告げた。

第七章　ニャチャン（一八九八年～一九〇二年）―船上で見初めた絵のような漁村―

ニャチャン・パストゥール研究所本館と付属動物施設の建設
動物飼料のための農園を開墾　　古いトーチカを改修した終の住処
ベトナムに蔓延する家畜伝染病の体系化
有用植物（パラゴムの木、キナの木など）の馴化と試験栽培

ニャチャンの疫病流行はそれ自体非常に心配なことだったが、それに加えてこの疫病は、エルサンがようやく彼の本拠地に戻り将来の活動すべての基礎を作りあげた折も折、突然発生したのである。一八九五年にパリから戻るとすぐ、フランス政府によって認められた補助金のお蔭で、海岸の小さな家のつましい研究室から、将来ニャチャン・パストゥール研究所として使う最初の建物に移転できる見通しが立った。また研究所を機能させるには、二つの付随事業でそれを支える必要があることが彼には分かっていた。一つは、実験のための小動物と特に血清生産のための大動物をつねに供給できるようにするための動物飼育、もう一つは、この家畜に必要な飼料を供給し、また場合によっては実験室の財源を増やせる可能性のある農業であった。しかしながらこの二番目の事業が、彼が馴化する決心をした植物のパラゴムの木とキナの木を通して、新しい世紀の黎明期に国の富と健康に貢献することになろうとは予測していなかった。ゴムの生産と、主要な疫病の一つマラリア

に対する闘いに必要なキニーネの生産は、パストゥール研究所の資産を増やすばかりでなく、インドシナの発展に貢献することになったのである。しかし、エルサンは先ず建築家に変身しなければならなかった。

一八九一年、彼がサイゴン－ハイフォン間を沿岸航海した折に、フランス郵船の船上で覚えたあの目くるめく思いは、決して消えることはなかった。ニャチャンはエルサンにとって恩寵の地、お気に入りのビオトープなのだ。彼はこの地に定住して離れようとはせず、一九〇二年から一九〇四年までポール・ドゥーメール総督の執拗な要請で一時的にこの地を離れた時も、そそくさと戻ってくるのである。

ヨーロッパ人は一九〇〇年にはかろうじて二〇人ほどで、細かい砂の美しい湾岸に沿って居を定め、一方、原住民の集落は、南シナ海に川が流れ込む河口の《漁師岬》と呼ばれるのがぴったりの場所に、粗末な小屋で一塊になっていた。このあたりは、風の穏やかな小さな停泊地で、毎晩、山からの微風が起こる頃には小船が帆を広げ、漁火で一晩漁をしたのち網袋を溢れんばかりにして、翌朝、海風で河口に押し戻されて帰ってくる。毎朝、村の女たちは籠一杯に新鮮な魚をいれ、延々と行列をつくって足早に、内陸地方特にこの地方の高官が居住するカンホアの要塞に魚を売りに行った。このあたりの大地が形作られて以来殆ど手つかずの、雄大な静寂に包まれた穏やかな自然景観の中に、月に二度、迫りくる近代化の証であるフランス郵船の船が現れた。船は停泊のできる限界まで湾内に進入し、植民地に配属された白人たちがボートで上陸した。公共工事の技師、さまざまな行政官吏、入植者たちである。近くの山々から吹き降ろし、湾に張り出す峡谷によって停泊地のほうに導かれる微風と、沖合からの海風によって風通しがすばらしく良く、また井戸からは清水がわき出るニャチャンは、いずれ、インドシナのヨーロッパ人たちにとって休養と保養の地となり、たくさんのホテルや別荘が建設され、バカンスを過ごす家族に必要なあらゆる都市化がもたらされるに違いなかった。しかし一八九五年には、まだそのようなものは何もなかった。海岸に立つフランス人たちの数軒の低い家屋と河口の奥にかたまった漁師の藁小屋のあいだに、昔のトーチカの残骸が立っていて、河口と海の角で、孤独な男にぴったりの立方体の灯台だった。エルサンは一八九五年にそれを買い取り、相次ぐ改修をかさねて、少しずつ自分の家を作り上げた。三階建の高さで一辺七・五メートルのレンガ造りの立方体は、全周を幅二メートルの格子つきの回廊で取り囲まれ、正面は海に向き、それに突き出た軒がついていた。ロンドンの古い地区の小さな家のように、各階一部屋になっていて、一階は食堂、二階は事務室で、寝室は三階にあり、最初は瓦の屋根がついていた。この住居は長らくニャチャンではひときわ目立つ建物だったが、一九〇八年頃エルサンが屋根瓦をセメントのテラスに置き換えて、そこに小さな天文台を整備して以来、そのドームのせいで遠くからでも一層目につく存在になった。アレクサンドル・エルサンは、半世紀近くものあいだ、この家の回廊からあるいは屋上のテラスから果てしない静かな旅を楽しんだ。時間によってあるいは気分によって、彼は海や河口を眺めていた。そこでは、屈み込んでエビを探す女たちや漁師たちの動きが、グランカンの思い出の延長となった。あるいはまた、彼が、初めて、苦労して道を切り開いたあの山のはるかな支脈をながめていた。さらにまた、家の南六〇〇メートルのところには、パストゥール研究所の建造物が立つ村を見下ろすことが出来た。

コンクリート防潮堤の建設、1915年、高潮の襲来から家を守るためにエルサンの指図で工事

一八九六年頃に建てられた研究所の最初の建物は海岸にあまりに近く、その後二度の冬のあいだに、激しい雨と大しけの被害をこうむらねばならなかった。この大しけでは、新しい建物の二部屋までもぎとられてしまった。一八九九年、建物は七〇〇メートル後方に移され、エルサン自身が監督して作らせたコンクリートの小さな堤防で守られることになった。この堤防は、海岸沿いの道路を破壊するほど荒れ狂う海に対抗するために必要なものだった。一九〇一年二月には、モンスーンは激しく荒れ狂い、研究所の主要な屋根、屋根の垂木、波板トタンがすべてもぎ取られ、二〇メートルも離れたところに飛ばされた。そのためエルサンはこれらの危険を考慮して研究所を再建させることになるのである。

フランス人地区のはずれにあるニャチャン・パストゥール研究所には、長さ五五メートル、幅一〇メートルのテラス付きの二階建ての本館がある。一階には、血清の準備と滅菌に専用の実験室、動物の手術と採血のための二部屋、会計係の事務室、小さな物品とガラス器具を保管する部屋があった。二階には、三つの実験室、図書室があり、建物の角に、アレクサンドル・エルサン所長室が置かれた。この本館の横には平屋の小さな付属の建物が付いていて、実験中の小動物や特にかさばる物品を収容した。パストゥール研究所本館は四辺形の辺の一つとなり、他の三辺は個室に仕切られた厩舎で、そこには三〇〇頭の牛や馬を、健康なものも免疫中のものも入れることが出来た。建物によって囲われた中央の空き地には給水塔があった。

エルサンのフランス人助手と研究所関係者用に、最初から、三軒の個人用の家も建設された。どれも白いモルタル塗りのレンガ造りで茶色の瓦葺だった。一続きの部屋はベランダに面し、モルタルの白い壁の単調さは明るい緑色に塗られた指物で補われていた。数メートル離れた後方には、付属の建物の中に、台所、安南人家政婦の宿舎と厩舎がまとめられていた。インドシナの伝統的な植民地タイプのこれらの家々は、ニャチャンのフランス人地区を構成する家に似通っていた。

エルサンは研究所のすべての設備にいちいち注意を払った。それは彼にとって、物理学、力学、電気に対する趣味が具体的な応用例を見つけることの出来る良い機会だった。研究室の中では、パリから届く機器（蒸気消毒器、火炎滅菌器）の設置と良好な稼動を点検し、この小さな港では途方もなく贅沢なもの、つまり電気と水道の設置工事にも自分で立ち会った。水は井戸から風車の力でくみ上げられ、庭の中央の給水塔に蓄えられた。電気は小さな発電機で供給された。一九二五年になると電気設備は非常に改良された。すなわち、一五馬力の低カロリーガス・モーターで動く二台の発電機は、ロータリー・ポンプを動かす一連のモーター、製氷機、絞りかす粉砕機、藁切り機、骨粉砕機に電気を送り、研究所と付属家屋の照明を確保した。《物理学のこの分野に僕はいつも興味を持っていて、電気専門技師を呼ぶまでもなく、自分でこれらの機械の据え付けができるくらい良く知っています》。

物によっては冷蔵保存が必須となる実験室では、製氷機の必要性は議論の余地がなかった。一八九六年エルサンは、総督から七〇〇〇フランの特別割り当てを受け、パリにこの機械を注文した。製氷機は翌年稼動し、六時間で八〇キロの氷をキロ当たり五サンチームの原価で供給した。エルサンは機械には非常に興味を持っていたので、最初の機械はニャチャンの公共工事監督者ビゴア氏の助言をえて始動させたとはいえ、故障の修理と一九一一年の新しい機械の設置はエルサン一人で監

ニャチャン・パストゥール研究所、1904年からエルサンによって建築

督し細部の改良まで行なった。気密性の検査で、圧搾空気によって見つからない漏れがあったとき、エルサンは機械に少しの亜硫酸ガスを入れ、その臭いで職人に弱点を見つけさせた。またエルサンはメーカーが公表するより以上の氷の製造を達成した。機械が使い古されて、一九一一年に、一時間に二〇キロ供給できるピシェの低カロリーガス機械に交換されたとき、原価は上がったが、この生産によってパストゥール研究所と新しい病院だけでなく、ニャチャンの住民にも供給が出来るようになった。

サイゴン・パストゥール研究所はその開設がパリで決定され、パストゥールがルーの講習会受講者の中からサイゴン行きを承諾する者を探したが、これとは反対に、ニャチャン・パストゥール研究所は一人の男エルサンによって、またエルサンを中心に、そしてこの男が好んでこの小さな港に住み着いたがゆえにニャチャンに創設された。しかしながら、どちらの場合でも、最初のつつましい施設は、基礎研究、実用細菌学と教育の重要拠点に変わった。この三つの活動はすでに本家の活動となっていた。ニャチャンの研究所に委ねられた初期の任務は、人のペストについての研究を遂行し、将来の流行の際に人の症例を治療することの出来る血清を完成することだった。しかし、ずっと前からエルサンの注意を引いていたのは、もう一つのペストだった。すなわち、インドシナで家畜の大量死の原因となり、したがって新しい植民地の経済に重大な損失をもたらす牛ペストである。エルサンは、探検で村々を通過するうちに、この多数の家畜の死を観察する機会があった。エルサンが一八九五年にニャチャンに落ち着いたとき、近郊の水牛が牛ペストにかかっていたので、直ぐにその研究に取り掛かることが出来た。

この病気は約三日の潜伏期で発症し、その後体温は摂氏四〇度あるいはそれ以上に達する。動物たちは腑抜けたようになり餌をとらなくなる。寝そべり、震え、血の混じった大量の下痢をし、目から涙を流し、鼻からは膿状の鼻汁を流す。死は一日ないし六日で突然に訪れる。エルサンはたくさんの水牛を剖検し、同一の病変、すなわちうっ血した小腸と気腫性の肺を確認した。研究計画は出来上がっていた。すなわち、この大量死の原因病原体を分離すること、治療血清と予防ワクチンを準備することだった。このやり方は人のペストで成功したばかりだったので、エルサンはこの動物の病気も同じ微生物によるものと信じ込み、同じ方法に基づく実験にとりかかったが、結果は得られなかった。牛ペストは極東だけの病気ではなかったので、実りのない結果ではあったがルーにこの結果を知らせた。エルサンはこの時、別の研究者がこの病気を研究していることを知った。一人はトルコで、友人のモーリス・ニコル、もう一人は、トランスバールで、ローベルト・コッホであった。この二人の細菌学者は実験室の小動物、マウス、モルモット、ウサギが実験的感染に感受性がないことを確認したばかりだった。牛ペストの研究をすることは、結果的に感受性のある動物種、つまり牛と水牛について実験することを意味し、したがって一群の大動物を収容し、餌をやり、世話をしなければならないことになる。この義務はエルサンの将来の方向づけに確かな役割を果たした。もし彼が自分の仕事を人ペストについての研究に限定していれば、小さな動物小屋と小さな厩舎がニャチャンの研究室の近くにあれば十分だったことは間違いない。しかし、牛ペストはたくさんの家畜を必要とし、そのためにカンホアに最初の付属施設を設置し、既存の小さな所有地を拡大する必要が生じた。何百頭もの動物維持と、どうしても必要になる馬丁の費用を支払うために、エルサンはニャチャン周辺の広大な荒地に試験栽培を始めた。これによって彼は二十世紀には大農園主になるのである。仕事の増加と家畜の処置のため助手が必要となり、一八九六年三月プザスがやってきた。それでももう一人獣医が必要になり、プザスは数ヵ月後に当時オルレアンの砲兵第二連隊で獣医だった彼の友人のフランボーを呼び寄せた。エルサンと同様にプザスも、毎日の重労働、たとえば実験前の動物の健康管理、免疫中の動物の体温測定、注射、採血を分担してもらうために、フランボーの到着を待ちわびた。

感染症から治癒した動物あるいは人の血清は、その病気の原因微生物を攻撃する特性を持っている。健康な牛や水牛に実験的に牛ペストを誘発してこの動物から採血すれば、このペストに対して活性のある血清を得ることが出来る。それでエルサンはこの仕組みを応用して、回復した動物の血清を集め、健康な動物にそれを注射してこの動物の防御の程度を確認した。自然の病気を再現することは簡単ではなかった。最良の接種経路、正確な一回量、注射の回数、接種と防御抗体出現のあいだの必要な時間間隔、防御の持続を決めなければならず、それにはまず原因病原体を準備しなければならなかった。この一連の実験においては時間が大きな役割を演じる。病気の動物は治癒過程のどの時期に最良の防護血清を提供するのか？　病気のどの段階ならまだ動物を救えるのか？　有効な血清を得るのに何度まで実験動物を採血できるのか？　実験の周期を再開するのに動物をどのくらいの期間休ませるのか？　これらのすべての作業には何ヵ月もの模索、待機、不安と、しばしばの失敗、とくにあらゆる併発症の危険があった。そして、免疫中のすべての動物が破傷風や炭疽病で死んだときには、実験はたとえ終了間際でもやり直さなければならなかった。最も単純な場合でさえも何ヵ月もの忍耐と綿密な観察が必要だった。しかるに、ニャチャンでは事は単純ではなかった。実際、たくさんの動物を剖検してみると、存在する病変は一義的なものではなかったし、実験小動物には害のないはずの対照接種が、常にではないにしても、時折ウサギを殺した。一つの複雑な状況を明確にするためには何年も必要だった。つまり、インドシナの家畜の群れは牛ペストだけではなく、敗血症性胸膜肺炎やパスツレラ症のような随伴感染症にも冒されていて、この随伴症の突発が事を面倒にしたのである。

プザスの急死のあと、新しい獣医のシャルル・カレがフランボーと一緒に牛ペストの研究を続けた。二人は、一八九八年、トンキンで家畜に激しい獣疫が発生したとき、エルサンによってその現場に派遣され、たくさんの牛の死体を剖検し、いつも牛ペストの同じ病変を見つけた。そして彼らは問題の獣疫はこの単一の病気が原因だと結論した。彼らは健康な動物に病気の動物の血清を大量に接種して、同じ病巣を持った病気を再現した。彼らがニャチャンに持ち帰ったこの血清は、接種された牛に病気を誘発し斃死させた。この毒性のある血清で三人の研究者は抗ペスト防御血清を開発し、この血清でカレは牛ペストの蔓延するカンボジアですばらしい成績を上げた。[1]

三人の研究者は一つの確信を得た。すなわち、エルサンが斃死した動物のリンパ節の中に観察した最初の細菌は、牛ペストの原因ではなく、単に重感染した菌に過ぎなかったのだ。本当の犯人は目に見えず、非常に目の細かい濾過器も通過するもので、もちろん当時の顕微鏡では見えないウイルスが関係していた。エルサン、カレ、フランボーの三人は、パストゥールが狂犬病について行なったように、実際に病気の原因菌を見ることなく病気の印象から推論した。

ニャチャン・パストゥール研究所は、それに従って、その任務の第二部である実用的応用に着手することになった。すなわち、ニャチャンとカンホアで、インドシナの牛向けに、カレとフランボーの抗ペスト血清の大量生産を開始したのである。[2] 一九〇〇年春、生産は月一二〇〇から一三〇〇回分だった。治療の成果は評価でき生産量は次第に増大した。一九二二年には、抗ペスト血清一〇万回分以上がインドシナの畜産飼育者に供給された。しかしながら、ワクチン接種効果にはばらつきが出た。すなわち、牛は完璧に防御されたにしても、水牛はしばしば獣疫の犠牲になった。これを確認したことで、エルサン、カレ、フランボーは、牛ペストは家畜に影響を与える唯一の病気ではないという彼らの仮説に勇気づけられた。この仮説は、フランボーとカレが去ったあと、ニャチャン・パストゥール研究所内部で口論の発端になる。一九〇〇年、フランボー、次にカレがフランスに帰った。どんな経緯で彼らはエルサンと別れたのか？　エルサンは母親にたえず彼らをほめていた。カレについては次のように言っている。《僕は新しい共同研究者にとても満足しています、〔……〕彼には全面的信頼をおくことが出来ます》。別のところでまた次のように書いている。《僕のすばらしい共同研究者カレのおかげで、安心して留守に出来ます。〔……〕残念ですが、彼は三月に僕のもとを去ります》。そして、フランボーについては、《彼は静かな性格でよく働く愛想の良い男です》。

しかしながら、どちらもエルサンのもとに留まりたいとは言わなかった。それでも、三人は、後任者のカルゴー、次いでブランが着任する前に礼儀正しく別れた。

ジョゼフ・カルゴーはカレと同じボース出身で当時二十八歳、彼はリヨンの獣医学校を主席で卒業し、ニャチャンが彼の初めての配属先だった。一方ブランは、一九〇〇年十二月一日陸軍省第二部（騎兵隊）第二室（補給）からインドシナに派遣された当時、軽騎兵第十連隊の副獣医師だった。前任者の仕事を引き継いだ彼らはすぐに情況を限定的にとらえた。すなわち、牛ペストの病原体は見つからないのだから病原体は存在しない、病原体はインドシナにはいないのだ。そのかわり、しばしば検出され牛のパスツレラ症の菌として同定される小さな細菌が問題の病気の原因である、と。一九〇二年秋、カルゴーとブランは、《インドシナにおける牛パスツレラ症（いわゆる牛ペスト）》と題する論文の原稿をエルサンに提出して、この国に牛ペストが存在することを否定した。エルサンはこの論文にはっきりと異議を唱えた。この異議を無視して、著者たちはこの原稿を『獣医学論文集』に投稿し、論文は一九〇三年二月号に公表された。このときには、カルゴーはすでにフランスに帰国していて、ブランはといえば、《一日中殆ど口を利かず、自分の仕事を誰にも話さずに》急死した。劇症型デング熱にかかった上にマラリアの発作を併発し、治療が遅れたためサイゴンの病院に到着した翌日なくなったのである。

一九〇四年七月、エルサンは『パストゥール研究所紀要』に《インドシナの二、三の獣疫についての研究》と題する長論文を発表した。彼は、安南には牛ペストがないというカルゴーとブランの断定を取り上げて、時間つぶしの下らない議論の次元ではなく、この二人の獣医の診断が牛の飼育に害を及ぼすという理由で逐一論駁した。すなわち、この獣疫をただパスツレラ症だけのせいにすることは、関連する病理学の認識不足を招き、その発症機序と治療の研究を拒否することになる、と。研究野を一方向にのみ限定することは、エルサンにとって、パストゥール学派研究者の開放的精神に反する偏狭な立場であった。そしてエルサンはこの状況を前にして必要な結論を引き出し、フランスの法律はフランスの家畜には有効だが、そのままではインドシナに適用することは出来ないとした。

《インドシナに対する一八八一年の保健衛生法は、それが厳格すぎるという点で修正するのは当然である。〔……〕この法律は、牛ペストに関しては、偶発的にフランス本土に持ち込まれる外来性疾患を対象とするもので、このような疾患をどんな代価を払ってもフランスから排除することを意図したものである。そのため、家畜群の屠殺とかその所有者に支払われる補償金のような、牛ペストに対する極めて厳しい措置となっているのである。状況はインドシナではまったく違った様相を取る。牛ペストは地方病であり、われわれはこの獣疫がどのようにして発生するのかを知らないし、これからもずっと、インドシナからこの災禍を最終的に排除することができるとは考えられない。〔……〕私には、汚染した群れの屠殺は行き過ぎで無用な措置に思える。感染した群れの中には、一定の割合で抵抗性のある動物がいて、この動物は牛ペストに対して免疫を獲得している。このような動物を屠殺することはあらゆる点で残念である。抗ペスト・ワクチン接種が新たに取られる措置の第一順位に置かれることが望ましい。このワクチン接種は真価を発揮したので実用化されるべきである》。

新任助手の獣医シェインの研究によって、アレクサンドル・エルサンの正しいことがすぐに証明されることになった。一八七七年生まれのアンリ・シェインは一九〇〇年にニャチャンに赴任し、インドシナの近隣の国々で若干の任務についたことを除けば、一九二七年に亡くなるまでニャチャンで生涯を過ごした。エルサンは心ひそかに反対だったのだが、彼は家族を呼び寄せさえした。シェインは、カンホア地区の獣医業務とニャチャン・パストゥール研究所の動物微生物学研究室を担当し、そのほか弟子と研修生の教育を引き受け、獣疫検査官にもなった。牛ペストが彼の主要研究テーマではあったが、他の病気の疫学についても多くの点を解明し、その予防的措置をうまく調整した。インドシナの動物病理学領域で彼の果たした役割は顕著だった。

シェインとエルサンはニャチャンの周辺に牛ペストの発生源があること、カルゴーとブランの血清療法には限界があることを確認した。すなわち、血清の接種によって動物は十二日しか防御できず、したがって再接種が必要だったのだ。シェインは血清の作製と使用方法を改良して、動物の防御率を向上させた。当初は、牛ペストから回復した牛に、有毒な血液の一回量を漸次増加させて注射し、その数週間後に血清を集めていた。

シェインの最初の変更点は、健康な動物を用いて、抗ペスト血清の一回量と有毒血液の数リットルを同時に注射することだった。数年後には、有毒血液の代わりに三日前に感染させた子牛の腹腔洗浄液を用い、二週間後から一週間隔で連続四回採血することにした。四回目の採血のあと防御抗体価は上昇しないので、一月休ませた後そのサイクルを再び開始することにした。

残念ながら、すぐ分かったことは、腹水洗浄液を取るために使う子牛の九〇パーセントが手術に耐えずに死ぬことで、必要な子牛の頭数が非常に増加した。一九二二年、牛ペストの研究室は週一五頭の子牛を《消費した》、そして需要の増加で、この数は週四〇頭にまで達した。牛は一回の採血で二リットルから二リットル半、つまり、四〇から五〇回分の血清がとれた。生産の週と休息の週を考慮すると、一九二二年には、牛一頭は年二〇ミリリットルの一〇〇〇回分を供給することが出来た。ところが、一頭の牛にワクチン接種するには、その大きさと種にもよるが、二ないし一〇回分が必要だったので、[3]牛ペスト対策に必要な家畜は増加する一方だった。大きな改善は一九二二年一月にニャチャンに赴任した獣医のアンリ・ジャコトによってもたらされ、彼は不活性化した臓器の髄をもとに抗牛ペスト・ワクチンを開発したのである。[4]このワクチンが一九二九年―一九三〇年に流通するようになったとき、致死率は、馬では七〇パーセントから二五パーセントに、水牛では九〇パーセントから七〇パーセントに低下した。致死率のこの数値はまだ高く、インドシナにおける牛ペストの重大さを示している。しかし一九三〇年からは、家畜はジャコトのワクチンできちんと守られるようになった。二度のインドシナ戦争（フランスと、ついでアメリカとの）の間は国の衛生状態が悪化したにも拘らず、戦前のワクチン接種大キャンペーンのお蔭で免疫を獲得した群れでは、破滅的な致死率はなかったようである。[5]

ニャチャン・パストゥール研究所の初期には、人と動物の二つのペストで忙しくしたが、サイゴンの研究所は厳密に人の病気に方向を定め、その後エルサンの研究室は動物の病気のみに活動を限定することに決められた。エルサンはインドシナの獣疫についての論文の中で、次のように結論している。

《インドシナの獣疫についてのわれわれの知識は多くの点でまだ不明のままである。この主題について知識補完に必要な研究をすることはニャチャン・パストゥール研究所の責務である。この研究所の過去と伝統、パリ・パストゥール研究所との親密な関係はわれわれにこの任務を覚悟させるものである》。

動物の病気それぞれについて、エルサンとその共同研究者の行動の仕方はいつも同じだった。すなわち、病気経過の現場調査、サンプル採取、そしてニャチャンに戻って病原体分離と血清・ワクチンの準備をめざした研究を実験室で行なうことだった。このやり方は、多くの疫病について取られた方法だが、その最初は水牛の敗血症性胸膜肺炎だった。牛と水牛の伝染病であった敗血症性胸膜肺炎は牛ペストに似ているが喉に腫瘍を作り、この症状で敗血症性胸膜肺炎を他の病気と鑑別することが出来た。死は通常、出血性敗血症を起こしたあと二日から四日に不意にやってくる。致死率は七〇から九五パーセントである。敗血症性胸膜肺炎はしばしば牛ペストと同時に群れを襲うことから、カルゴーとブランは混同を引き起こし、牛ペストにかかった牛の致死率を敗血症性胸膜肺炎だけのせいにしたのである。彼らが去ってから、エルサンはアンリ・シェインとともに長い一連の実験をしてこの二つを区別することが出来たのである。シェインは敗血症性胸膜肺炎が蔓延したコーチシナへ出張した折に原因病原体を分離して、これをニャチャンに持ち帰って敗血症性胸膜肺炎に対する牛抗血清を準備した。しかし、あまり満足のいく結果ではなかった。敗血症性胸膜肺炎に有効なバクテリオファージによって効果的な防御が達成されるには、一九二〇年、バクテリオファージを発見したばかりのカナダ人細菌学者デレルのニャチャン来訪を待たなければならなかった。

スオイヤオ

人ペスト、牛ペスト、敗血症性胸膜肺炎のせいで牛の大群を飼育することになり、エルサンは、海岸から遠くなく、牧場と穀類の栽培に好都合な場所を探した。探検でさまざまな面を知り尽くしている未開の内陸部ならば、土地の選別がどれほど容易かは誰よりも彼がよく知っていた。一八九六年、彼は、ニャチャンの西二〇キロほどのところに、少しずつ開墾されている藪の払い下げ地五〇〇ヘクタールを手に入れた。この用地にはたくさんの利点があった。すなわち、この土地は、払い下げ地の名前のもとになっているスオイヤオ川によって灌漑され、この川は、少し下流のカンホアで別の川と合流してニャチャン川となっていた。つまり農園までは舟で行くことができるのである。また近くを通るマンダリン道路は、当時かろうじて車の通れる小道だったが、安南海岸に沿う唯一の道であることから、確実な発展が約束されていることはエルサンに明らかだった。最後に、海抜は高くなく沖積土で出来ているこの土地は栽培にも牧場にも適していた。この開墾に投資される費用が、出来たばかりの研究所にあまり負担にならないように、エルサンはその費用を研究室の予算には入れさせず、カルメットとルーの援助を得て、個人的にこの払い下げ地の買い手になり、その後も定期的に彼の俸給の一部を投資した。

　要塞にいた動物たちは、スオイヤオ[6]に移され、牛と水牛のほか三〇〇頭の羊と同数の山羊が収容できる大きな家畜小屋に落ち着いた。しかし、このような家畜は、原住民に盗まれたり虎にさらわれたりするほか獣疫に脅かされるので、エルサンはその危険を最小限にするために、それを五〇頭ほどいれるたくさんの牧養場に分散し、それぞれの牧養場には家畜小屋、水のみ場があり、二重の監視囲いがめぐらされた。牧養場間のつながりをなくすることで獣疫の危険を減らし、二重の囲いによって虎と泥棒を近づけないようにしたのである。

　しかしながら、虎はあまりにも大胆だったので、エルサンは天然の牧場を思い出し、彼の故郷の家畜が首にかけている鈴をたくさんスイスから取り寄せた。エルサンは一年後に次のような観察をしているので、カリヨンの魔力は虎に効果があったようだ。《僕らの雌牛が鈴をつけてから、虎が牛をさらうことはずっと少なくなり、今ではむしろ僕らの馬を追いかけています》。

スオイヤオの施設はまた二つの利点を持っていた。すなわち、ニャチャンで連続採血に疲労して時には数週間も休養させなければならない動物たちを牧草地で休養させることと、実験スケジュールによって何ヵ月もさらには何年先までも使用予定のない動物を予備に取っておける可能性である。ニャチャンに相次いで着任した獣医たち、ルーがガルシュから送ってよこした馬丁ペルナン、それにスオイヤオの安南人職員たちによって助けられ、ある年は馬の腺疫、またある年は牛の破傷風や炭疽病、などの避け難い危険はあったものの、何年にもわたってエルサンは何百頭もの牛、水牛、馬、山羊の群れの世話と入れ替えに専念した。

スオイヤオの農園の後ろには安南山脈の最初の支脈がそびえていた。その山塊の海抜一五〇〇メートルのところに第二の農業施設が一九一四年に開設され、平地の気候に耐えられないいくつかの植物と動物種の高地馴化を研究することになった。また気象観測をすることも重要になった。この施設は山塊の名をとってホンバと名づけられた。スオイヤオとホンバはある種の栽培には適さなかったので、エルサンは後にさらに四つの農業施設、ドラン、ジリン、ジウーム、小ランビアンをつくった。スオイヤオの開墾は一ヘクタールずつ行なわれ、林の中に一区画が出来るとすぐ種まきをした。最終的に耕作面積は四五〇ヘクタールになり、残りは馬小屋、家畜小屋、牧草地にとっておかれた。さまざまな植物の栽培が試みられたが、あるものは、すでに植民地で成功していて当座の収益性が見込まれたからであり、またあるものは、彼がインドシナに導入することに興味を示したからだった。キナの木を除いてすべて、当初は相当額の収益をもたらすことが狙いだった。

一八九七年以来、彼はカカオの栽培を手がけ、これは完全に成功して四〇ヘクタールを占めるまでに拡張された。

コーヒーの木の栽培はトンキンですでに行なわれていたので、エルサンはトンキンから種を取り寄せた。一八九六年秋にリベリア種二〇〇〇苗が、成長初期には有利な時期である雨季を選んで植えつけられた。この栽培はすぐ非常に順調であることが分かったので、二年後には、平行して取り掛かった稲の栽培を諦めてその空いた区画にリベリアを蒔いた。同時に、リベリアよりも香りの優れるアラビカ種を二〇万粒植えた。しかし数年後にアラビカは諦めなければならなかった。この種のひ弱な小低木は強い暑さに耐えられず、三年から六年の間に弱ってしまったからである。リベリアの栽培は容易だったにしても、その売り上げからは一一ヘクタール以上植え付けをすることは出来なかった。薬用植物はたくさん植えられた。たとえば、解熱作用のある *Simaruba amora* 催吐効果のある *Ururoga ipecacuanha* 栽培面積が一ヘクタール半にもなった *Sterculia acuminata* すなわちコラの木などである。一八九八年、エルサンはコカの種一〇〇〇粒を植え、薬局で用いられるコカインの抽出で利益をあげたいと思った。選ばれた品種 *Erythroxylum coca* は《雑草のように》スオイヤオで成長したが、二十世紀のはじめに新しい薬品のストバイン[7]が発見され、そのためエルサンはこの栽培を拡張する気をなくし、一九二五年には一ヘクタールだけになった。

エルサンはグッタペルカの栽培も試みた。その乳汁のラテックスは高く評価され、マレーシアで非常に良く生育していたからである。しかし安南では同じようには行かず、グッタペルカが《旺盛に生育するのをためらう》と考えて栽培を諦めた。最初に開墾した六ヘクタールの試験栽培が有望ではなかったトウモロコシの栽培とまったく同じだった。ナツメグ、梨、バニラは一八九六年に種を蒔いたが栽培を続けるに見合うような結果はえられず、三年後、梨の収穫が三年連続で思わしくなかった時に放棄された。

稲を植えた最初の区画は一八九七年に、確かにたくさんの収穫があったが並み以下の質だった。それに、もみを脱穀する良い機械がなかったので、この作業はすり鉢とすりこ木で行なわれ、米が砕けてしまった。すでにインドシナにあるほかの農園や準備中の農園と競争するには高額の投資が必要なことから、エルサンは、馬にもみを供給する株を少し残して稲の栽培を諦めるほうを選んだ。インドシナでは知られていなかったが、脱穀されていない米は燕麦の代わりに馬の餌になったのである。二つの大戦の間に、そのほか二つの栽培がスオイヤオで始められた。油椰子とマニホットである。椰子については、一九二三年に *Elaeis guineensis* つまり油椰子の苗を受け入れるために一五ヘクタールが開墾され、この栽培は、油を絞ったあとの絞りかすが家畜の餌になることでお金になることが分かった。絞りかすの購入は、この時代に年に三万ピアストルつまり二四万フランについていたのだ。マニホットについては、一九二七年、二ヘクタールに *Jatropha manihot* の種が蒔かれたが、当時はちょうどエルサンがゴムの木の栽培を続けるかどうか迷っていた時である。すなわち、非常に激しい台風でゴムの木のプランテーションの大部分が台無しになり、その取替えには時間がかかり、また高くつくことが予想されていたし、この時代、合成ゴムが市場に出回り、ラテックス相場の暴落を引き起こしていたのである。一方、マニホットの苗は丈が小さかったので風によって打撃を受ける危険がなく、根は家畜の喜ぶ餌になった。結局、パラゴムの木が植え直され、マニホットの栽培は二ヘクタール以上には広がらなかった。

たばこは、コーヒー、稲、そのほか同時期に植えられたさまざまな植物より早く成長して利益になるように思えたので、エルサンは実験を試みたのだが、インドシナの財産の一つになる別の植物、*Hevea brasiliensis* の成功の前に諦めることになった。

Hevea brasiliensis あるいはゴムの木

何故アレクサンドル・エルサンは一八九八年八月、一〇〇〇粒のゴムの種を蒔いたのか？　研究所の財源を増やすことを急ぐあまり、利益を生む収穫までに八年から一〇年の年月が必要であることを知らなかったのである。にも拘らず数ヵ月後、彼は新たに二〇ヘクタールを開墾させ、またそこにゴムを植えた。この新しい区画の費用は、彼個人の資力には余りに高額だったので、ルーに頼んでの援助を受けた。エルサンは、ゴムの取引が並外れた発展をすると見事に予見していたが、それはたぶん、工業と機械のあらゆる進歩に対する彼の熱烈な好奇心のお蔭だろう。彼によれば、確実な発展を約束されている産業の中に、ゴムが大きな役割を果たそうとしている自動車産業があった。

この十九世紀の末に、ゴムについて人々は何を知っていただろう？　カウチュ（涙を流す木）の性質である弾力性と防水性は、ラ・コンダミーヌが十八世紀の中頃南アメリカを旅行中に記載したものだが、フランスに届いた凝固したラテックスは役に立たなかった。その加工は十九世紀の間に少しずつ進んだ。テルペンチンとエーテルに不完全溶解（エリサンとマッケー、一七六一年）、ナフサに良く溶解（マッキントッシュ、一八二三年）、《素練り》（ハンコック、一八一九年）、加硫（グッドイヤー、一八三九年）、この最後の二つの処理のお蔭で、たくさんの産業の中でゴムが使用されるようになった。当時大発展していたサイクリングで、一八八八年のダンロップによる空気タイヤの発見が世間に知れ渡った。進歩の人でありサイクリストであったエルサンは、自動車の将来の役割を予測し、ラテックスの需要の増大を予感することが出来た。他の旅行家、それにラ・コンダミーヌ自身も、ゴムの木が南北回帰線内の全地域にたくさん生えていることに気づいていて、間もなく、ラテックスを産する性質はいくつかの樹木（*Hevea, Ficus*）ばかりでなく、小灌木（*Guyaule*）つる性植物（*Landolphia*）にも再発見された。

これらの植物の中で、ラテックスの収穫と工業的加工に一番適したものを選択する仕事がまだ残されていた。スオイヤオの施設を含む実験的農業施設がそこで決定的役割を演じた。十九世紀の大部分のあいだヨーロッパで処理されるゴムは、中央あるいはラテンアメリカ、アフリカ、マダガスカル由来だった。しかし収穫は樹木に傷をつける原始的な方法で、時には木を切り倒しておこなわれた。この破壊的方法は中止すべきで、前世紀末の農業技術者は三つの問題を解決しなければならなかった。すなわち、管理農園の中で自然林の樹木同様に旺盛な樹木を得ること、最大量の乳液を出来るだけ木を弱らせないで採取する方法を決めること、それに、ラテックスの質を改善することだった。

南北回帰線内の地域に植民地をもつ国はゴムの木の栽培に取り組むことが出来た。英国人はセイロンにパラゴムの木を導入した最初で、オランダ人がジャワにと続いた。一八七六年、バウテンゾルグの試験庭園が開園して、さまざまな植物（バニラ、コーヒー、サトウキビ）の傍らで、多種類のゴムの木が検討された。*Hevea brasiliensis, Castilloa elastica, Willughbeia tenuiflora, Ficus elastica* などである。

フランス人もまたインドシナに来て以来、外国に依存せずにまた当時貴重だったこの原料の原価を下げるために、ゴムの木の農園を作りたいと願った。

一八七七年、サイゴンの植物学者ピエールは、セイロンで馴化したブラジルのパラゴムの苗木をもらいサイゴンの植物園に植えた。しかし、たぶん紅土質の土壌のためにそれを維持できなかった。二〇年後、この同じ植物園のハフナー園長は、植民地主任薬剤師ラウールがマレーシアから彼に送ったパラゴムの苗木二〇〇〇本を受け取った。ハフナーはこの苗の一部を、チューダウモットの近くのホンエム試験施設に植え一部をエルサンに与えた。エルサンは一八九八年夏この苗をスオイヤオに植えた。

最初の苗が成功したので、エルサンは栽培面積を増やす前に三ヵ所の農園を訪問することにした。すなわち、その一つはバウテンゾルグ農園、ここでは違う種のゴムの木の生産高を調べることができ、その中には一八七六年の公園開園時に植えられて四半世紀近くになる木もあった。それに、マレーシア半島のセランゴール農園、フエ近くの農園である。しかしニャチャンに帰ってから、彼は *Hevea brasiliensis* の栽培を維持して増やすことに決めた。この種はスオイヤオでよく生育し、他のどの種もこれ以上の質のものはなかったからである。

パラゴムの木の栽培ばかりでなく動物の世話にも、ますますたくさんの職員が必要になり、この二十世紀の始めにはスオイヤオにたくさんの小さな家、倉庫、たばこの栽培が始まったときには大きな乾燥場、それに特に、二階が農園担当の研究者の住まいになっている化学実験室が建設された。のちに耕作面積が増加したときに必要な労働力を供給できるようにとの配慮から、農園の周囲に安南人の小集落が移住し易くするために、エルサンは、八〇ヘクタールの開墾地を稲作地として、新しく来る人たちが自由に使えるようにした。

しかし、牛ペスト、牧畜、熱帯農業と、たくさんの研究主題がエルサンをニャチャンにつなぎとめている時に、彼はもう一度自分の選んだ土地を去らざるを得なくなった。すなわち、彼がパリのパストゥール研究所で逃れた教職の仕事が再びインドシナで彼に追いつき、一八九九年、総督のポール・ドゥーメールは、獣医師が牛ペストのワクチン接種をするのを手伝えるように、フランス語のできる若い原住民を養成することを彼に要請した。

そのときから、安南とトンキンの上級駐在官は定期的に生徒をニャチャンに送ることになり、その最初の二人がシャルル・カレに委ねられた。カレは当時サイゴン・パストゥール研究所所長のシモンに宛てた手紙の中で愚痴をこぼしている。

《かろうじてフランス語を知ってはいるが温度計を見たこともない男を送りつけ、数ヵ月で獣医助手にするのは簡単です、〔……〕議員か行政官みたいには作れません……エルサン博士は、そんなことはいとも簡単だと、熱に浮かされたみたいに、なんだかだ、言っています。彼は漠然とした考えしか持ってないようです》。

一九〇二年、安南人生徒のレベルについての《漠然とした考え》は、ポール・ドゥーメールの固執の前に、エルサンがハノイの新設医学校の校長になることを承諾した時、彼にはっきりと見えてきた。

第八章　ハノイ医学校（一九〇二年〜一九〇四年）—ハノイ大学医学部の基礎づくり—

ドゥーメール総督の要請　医学校校長　後任総督との確執で校長辞任
ニャチャン・パストゥール研究所所長に帰任

一九〇〇年まで、インドシナ人向けのフランス公的教育は、初等、中等、高等のどれも植民地全体としては行なわれたことがなかった。フランス文化の最初の拠点をハノイに設置する決断をすることは、この空隙を意識したポール・ドゥーメールの責務だった。彼にまず医学を選ばせたのは、エルサンに対する彼の評価なのか、あるいはその当時、法律、文学、あるいは科学のどの科目の教育を始めるにせよ、有能な人物が誰もいなかったからなのだろうか？　いずれにせよ、最初の教育拠点は一九〇二年に創設された医学校であった。ポール・ドゥーメールは、本来の学校、パストゥール研究所付属研究室、病院、それに、所長と医師と教授の官舎を含む総合施設長にエルサンを据えた。その建設費は総額で一五〇〇万フランの予算になった。一九〇二年二月二十七日、ポール・ドゥーメールはハノイ医学校の礎石を据え、ハノイから五キロのキンルオック村の仮小屋に設置された臨時校舎で開講式を行なった。その一ヵ月前、エルサンは、ドゥーメールの希望に沿えるかどうかと気遣いながら、しぶしぶニャチャンを発ち、トンキンの首都に落ち着いた。彼は、官舎が与えられるまでの間、メトロポール・ホテルの《モダンで快適な》部屋を月三二五フランの下宿代で借りた。

一九〇二年には、ハノイは人口七万人の大きな美しい町になっていた。一八七三年と一八八二年の戦後の町には、紅河デルタに散在する小屋に三万人の避難民が住むだけだったのだ。二〇年の間に、フランス人たちは町を著しく改良し近代化した。幅の広い舗装道路、屋根つきの市場、電気、水道、下水道の普及した新しい建造物群、一方ではまだ原住民の町には美しい宗教建造物も保存されていた。十九世紀の最後の五年間で建築されたラヌサン病院、競馬場を含むたくさんの公共建造物は、市街地にヨーロッパの首都のおもむきを与えていた。

ハノイは交通混雑にさいなまれ、河川航行が内陸の工業資源（亜鉛、方鉛鉱、銅、石油、それと特に石炭）や農業資源（米、コーヒー、畜産品）をハイフォン港と外国貿易に連絡をつけていた。地方の手工業品の漆、象牙、金の装身具、絹の刺繍は西欧向けに売りさばかれ、ヨーロッパ人によって導入された新しい産業のマッチや製紙がそれに加わったばかりだった。[1]

三七五人の候補者が医学校の講義を受講することを志願し、ただちに主要な基準が設けられた。フランス語の十分な知識である。先ず一二五人が選ばれ、エルサンはそのうちで柔軟な理解力を持つ三〇人だけを選抜した。しかし、トンキンの教育水準は高い評価を受けているとしても、官吏の教育はまったく科学の準備にはなっていなかったので、十月から一月まで予備授業が行なわれることに決まり、駐在官の通訳団に所属する原住民家庭教師が、文法、代数学、物理学、化学、地理、自然科学の初歩を教えることになった。一月の末、正書法と計算についての試験で、医学部第一学年に入学する生徒が選抜された。教授は、（物理、化学と比較解剖学を自分用にとっておいた）エルサンのほか、植民地主任医師ジャン＝バティスト・ベルタン＝カピュス、陸軍薬剤師ロマン・デュレーニュ、ルロイ・デ・バール、ルゴルスで、学校の事務はアナトール・ガロアが担当した。一九〇三年六月、初年度末の試験が行なわれ、一一人の生徒が第二学年に進級を許された。予備コースの一二人の生徒はすべて試験に合格し第一学年に入学し二期生となった。学生の時間割は本国のものに似せてつくられ、午前中は病院（診察、回診、手術）、午後は授業（毎木曜日は筆記試験が行なわれ、土曜日の午後は口頭試問に当てられた）であった。[2]

しかし、一九〇三年から授業は嫌な雰囲気の中で行なわれることになった。というのは、ポール・ドゥーメールが一九〇二年にパリに帰り、その後任のポール・ボーは十月に着任するとすぐにエルサンの考え方に対して敵意をあらわにしたからである。一九〇二年十一月五日、エルサンは、《さまざまな徴候から、僕らの黄金時代は終わり、ドゥーメール氏の帰国で僕らはたくさんのものを失ったことが、もう分かります》と書いている。

講義が新しい医学校の建物で行なわれるようになり、生徒たちの将来がはっきりと定められなければならなかったにも拘らず、新しい総督と医学校のあいだの関係には嫌がらせ、言いがかり、罠がいっぱいだった。エルサンは、植民地大臣がボー氏に承知させた昔の《ドゥーメール派》のブロニ氏を頼りにしていたが（ドゥーメールの後継者を厳しく批判したのはエルサン一人ではなかった）、総督のほうもエルサンを追い出すための加勢を得ていた。一九〇三年十二月、陸軍衛生局の新局長シャルル・グラール氏がハノイに着任し、医学教育を併合して陸軍当局のもとに置く意図を公然と告げた。パリから、ルー博士と植民地大臣がボーとグラールに交渉し、エルサンはハノイを断念し、ニャチャンとサイゴンのパストゥール研究所の所長となることを承諾した。彼は、努力が無駄だったという悲痛な思いを抱いて生徒たちと別れた。

《現在の総督の考えでは、医学校を卒業する生徒の将来に希望はまったくありません。彼らは評価されることなく、先入観によってあらかじめ決めつけられているのです。彼らを看護師にしかしたくないと言うのですが、僕はこれを受け入れることは出来ません》。

教官の一人だったノーダン博士は一九二五年に《インドシナ医学校史》[3]を回顧して、政府の立場で危機感を説明している。

《数年間の暗中模索はあったが、それまでの経験から、ボー総督がインドシナの体制における本当の個性とも言うべきものを医学校に持たせたことで、その庇護のもとで確立された新たな組織体が予見できるようになった》。

一九〇五年の政令は《補助医師》の職種をつくり、第一期生は一九〇七年に卒業した。ノーダンは次のように書いている。《この医師たちの実用的知識は、医学校の創設に未だに敵意を抱く人々に好意的な感銘を与えた》と。ハノイ医学校の発展はボーの後継者アルベール・サローに負うところが大きく、彼は校舎を拡張し新しい教育体制（薬学、眼科学、物理化学、自然科学）を構築することに尽力した。この医学校が本国のものと同等の卒業証書を交付するのは一九一九年になってからである。

一九二三年、大学は医学校と薬学校になり、本国から正教授を迎え、理論と実地教育を七部門に分けて行なった。すなわち、医学博士、薬剤師、医療事業補助医師、医療事業補助薬剤師、軍医助手、中国補助医師、原住民助産婦の七部門である。一九三六年にハノイ大学は医学と薬学の混合学部となり、教授資格者の選抜に競争試験を課した。[4]

一九一九年以来、大学病院は《エルサン病院》となった。一九四七年のハノイ陥落以降、ホーチミン政府は医学部を再開させ、ベトナム人の名前がフランス人の名に取って代わる中で《エルサン病院》はエルサンの名を残した。

第九章　ニャチャンへの帰還（一九〇四年～一九四三年）―終の住処に戻る―

ベトナムの人と家畜の伝染病対策　獣医師と医療従事者の育成
熱帯農業（ゴムとキニーネ）の大成功　倦むことのない科学的好奇心

一九〇四年春、エルサンはごく短期間パリに滞在し、モルジュでは数時間しか過ごすことが出来なかった。すぐハノイに引き返さなければならず、ニャチャンに帰還してほっとするのは一九〇四年九月のこと、再び人と動物の病気に関する研究とパラゴムの木の栽培に携わりながら、農業技師の活動に専念することになる。しかしニャチャンに落ち着いた喜びも束の間、母親病気の知らせに気持ちは曇り、一九〇六年二月六日、母親は亡くなった。

モルジュに帰ることもかなわず、彼は相続財産の詳細を取り決める世話を姉に委ね、自分の取り分を放棄して姉と兄のフランクに分配した。こうして二〇年以上にわたってエルサンと母親の間に途切れることなく続いた文通は終わり、新たな文通がすぐにエルサンと姉の間に続くことになる。しかしこの文通は、同様に規則的であっても、頻度はそれまでの月二通の代わりに一通だけとなり、母親との文通のような意義もなかった。

エルサンは一九〇四年にニャチャンに戻った時すでに四十歳を過ぎていた。彼をあちこちで度々豹変させたあの血気も、少しずつ、定住する必要性に取って代わられていった。しかし創造力は少しも衰えてはいなかった。それどころか逆に今は別の才能が、もちろん以前ほど衝撃的ではないが、より奥深いより穏やかな才能が発揮されようとしていた。放浪者は、建築家、大農園主、畜産業者に決定的に道を譲ろうとしていたのである。母親の死はヨーロッパとの最後のつながりを断ち切った。一三年前、サイゴン－ハイフォン間の沿岸航海でニャチャン湾の穏やかな華麗さに魅了された彼は今、そこに碇を下ろした。そこで自分が生涯を終えることになるだろうと、彼には分かっていた。

彼がこれからニャチャンで過ごそうとしている四〇年のあいだ、まずなりよりも病理学が重要な位置を占める。

エルサンは早くから、人の病気の研究をサイゴンの研究所に任せて、ニャチャン・パストゥール研究所を動物の病気に方向付けたとはいえ、自分の受けた医学教育を忘れていなかった。一九〇六年、ニャチャン－ファンランの鉄道路線の建設に来たトンキン人クーリーたちのあいだで流行病が突発したとき、安南で発生した発疹チフスの最初の症例について、彼は綿密で模範的な観察を報告することができた。

公共工事の工事現場つまりニャチャンからの鉄道の工事現場で、フランス人技師の指揮下で働くために安南各地から連れてこられた多数の労働者について、週一回の健康診断が行なわれていた。これは重大疾患のマラリアを見つけて患者を入院させることを目的とした検査だった。マラリア患者が運びこまれるニャチャンの病院でエルサンとその助手のヴァサルは、マラリアではないが、高熱、譫妄、頭痛、嘔吐に数日間苦しみ、それが十日目頃まで悪化したのち、急速に回復して治癒するという患者を五人診察する機会があった。特徴的な発疹はなかったがエルサンとヴァサルは発疹チフスを思い出し、当時は有効な薬物による治療がなかったので、マラリア患者のようにキニーネを与えることは無駄であることを確認するにとどまった。エルサンは、トンキンにある発疹チフスが安南ではまだ知られていないことを知り、この病気を実験的に再現して自分の推測を確かめたいと思った。しかし残念ながら、実験動物への実験的接種はすべて失敗に終わった。そのため、五症例いずれも軽症で患者は回復に向かったことから、エルサンとヴァサルは、軽症で全身状態が良好な二人の安南人入院患者に、実験的にチフスを再現するためにこの回復期の病人の血液を注射させて欲しいと持ちかけた。患者はすべての危険を知らされた上でこれを承諾し、エルサンは、彼の論文、《インドシナで観察された発疹チフス様疾患》[1]の中で、この病気の潜伏期間、経過、キニーネの無効性を明確に報告した。

エルサンはインドシナに来て以来マラリアには悩まされ続けた。探検している間に彼自身感染し、定期的にキニーネを服用することには慣れていたが、パリ滞在中にこの毎日の服用を怠ると、かなり激しい発熱発作の再発でキニーネ服用順守を求められることになった。マラリアは植民地の衛生状態に非常に重くのしかかっていた。

統計によると、一九二〇年にはまだ、インドシナの病院に入院した一〇〇〇人の患者のうち十二人は重症マラリアに冒されていて、その一〇人が死亡した。植民地化の初期から、もっとも悪性のタイプが森林地帯に発生し、開墾や伐採活動のたびに付きまとった。殆どすべての開発で頻回に労働者を入れ替える必要が生じ、他の地方から別のクーリーを来させても、すぐにまた感染してしまった。公共工事の大きな工事現場は、残念ながら、感染危険性の非常に高い場所に多くの若者が集まる機会となっていた。ノエル・ベルナールは一九〇四年から一九〇六年まで、ハノイ－ユンナンフ間の鉄道路線のもっとも不衛生な区間の建設に協力したので、ニャチャン－ファンランの間の鉄道区間で起きる状況を想像することができた。

《何度かむなしい試みをした後、労働者のための模範的組織が整備された。すなわち、新鮮な食品配給センター、飲料水処理、予防キニーネの投与、普段の衛生監視などである。病人の故郷送還は続けられたが、それでも原住民の全員数を三ヵ月ごとに入れ替えなければならなかった。フランス人幹部スタッフは、サイゴンの病院とかろうじて回復して戻った工事現場との間を行ったり来たりした[2]》。

鉄道工事のあいだ、あるいは、内陸部への道路の開削の折に、マラリアにかかった労働者を受け入れたニャチャンの病院を定期的に訪問していたエルサンは、インドシナにおけるマラリア患者の頻度を決して知らないわけではなかったが、サイゴンの研究所で行なわれている研究を侵さないために、マラリアをニャチャン・パストゥール研究所の研究テーマにすることはなかった[3]。しかし、サイゴンとハノイ（サイゴンの付属施設が一九一二年に開設されていた）の研究を統合して、インドシナ・パストゥール研究所のマラリア対策部門が一九三〇年にインドシナ総督とパリ・パストゥール研究所の合意で開設されたとき、エルサンはこの部門を統率することを承諾した。エルサン自身がマラリア問題に関わることはなかったにせよ、予防用キニーネを生産することのできる木をインドシナに馴化させることでマラリアの治療に貢献した。

他の病気が、今度は動物の病気だが、この時代にニャチャン・パストゥール研究所の研究分野に入ってきた。主要なものは、炭疽病、馬のスーラ病、ピロプラズマ症と犬の狂犬病である。

一九〇四年、インドシナの獣疫の目録を作成していたエルサンは、フランボーがニャチャンの近くで安南人所有の牛の群れから炭疽病菌を分離したことを思い出した。この群れの近くで牧草をはんでいた研究所の馬も、数頭が炭疽病で死んだ。同時にブランもトンキンの数例を報告した。しかしエルサンは、インドシナで炭疽病が拡大することを予測せず、用心するように忠告するにとどめ、脅威となりそうな他の病気を犠牲にしてこの病気に関心を寄せることを望まなかった。それでも、パリから抗炭疽病ワクチンを取り寄せ、一九一一年からはニャチャン・パストゥール研究所でその製造を命じた。

インドシナ全土で、軍隊ばかりでなく個人の馬車と農作業用に、当時は馬が重要な位置を占めていたことから、馬のスーラ病は悲惨な様相をとっていた。一八八六年、獣医のブランシャールがこの病気をトンキンで宿営していた砲兵隊の雄ラバの中で見つけ、それを眠り病の一型とした。一九〇一年、ニャチャン・パストゥール研究所の厩舎の馬がスーラ病の症状を呈し、カルゴーがこの病気の経過を観察し、コーチシナに出張していたブランも同時にこの病気に気づいた。彼らが辞職したあと、ニャチャン・パストゥール研究所に来た新任のヴァサルはエルサンの指導のもとに観察を続け、この病気の詳細な研究を行なった結果、この病気が他の動物種（ラット、モルモット、ウサギ、犬、猫、牛、水牛）の間にもある一方、鳥類（鶏、鳩など）は抵抗性であることを見つけた。ヴァサルは特にスーラ病の予防に重要な発見をした。すなわち、ウシ科動物は保菌動物で、殆ど症状が出ないが、そのかわり周囲に病気を広めることを見つけたのである。

一九〇七年、シェインは牛から馬への伝染を確認し、治療——まだ確立されてなかったが——するだけではなく、ウマ科とウシ科の動物を、牧場のみならず家畜小屋と水のみ場でも分離することで、流行の連鎖を断ち切ってインドシナのスーラ病の対策とすることを提案した。彼はまた、病気の動物を屠殺することと、動物が一緒によく通う池や水路を排水し草刈をすることを勧めた。

一九〇五年、ヴァサルはスーラ病の病原体である特有な性状を持つトリパノゾーマを分離した。エルサンとヴァサルはニャチャンで分離された株をパリのパストゥール研究所へ送り、ラヴランがその性状を確認してトリパノゾーマ・アンナメンセ[4]と名づけた。スーラ病は決してインドシナだけに限局される病気ではなく、多数の他の国々にも被害を及ぼし、この名前の由来はパンジャブ語である。治療の試みは世紀のはじめから砒素製剤、アンチモン製剤、尿素化合物で行なわれたが効果はなかった。研究はドイツ、フランス、英国の研究室でも行なわれ、一九二〇年、ドイツの会社バイエルは、殺トリパノゾーマ剤《二〇五》を売り出したがその構造式は秘密にされた。四年後、パリ・パストゥール研究所でエルンスト・フルノーの研究チーム（数年後にスルファミドの発見に参加したトレフェルと共に）はバイエルの《二〇五》の構造式を見つけ、フルノーの《三〇九》として、直ちにインドシナで用いられた[5]。ニャチャンで《三〇九》の処方を入手したアンリ・ジャコトは、数年後、インドシナにおける馬スーラ病の治療法と予防法を提案した。

もう一つの研究テーマは、これも家畜に大量死を引き起こすピロプラスマ症で、他の獣疫と同時に突発するのでしばしば他の原因のせいにされた。インドシナのピロプラスマ症の流行（ニャチャンとランビアン間の輸送に当たっていた雄ラバを全滅させてしまった一九一〇年の流行を含め）が同じ血液寄生虫の別種によるものであることをエルサンの指導のもとで証明したのはシェインの功績だった。

さらに二つの動物疾患が、インドシナのウシ科動物に重大な結果をもたらした。口蹄疫と特にパスツレラ症である。エルサンが一八九八年にニャチャンに戻ったとき、彼の所有する牛の群れのあいだで口蹄疫の流行があり、この獣疫の経過を追跡しその進展を記載することができた。一九二二年、アンリ・シェインは、この国には二種類のウイルスがいることを証明し、この病気の対策に重要な発見となった。

一九二七年、アンリ・ジャコトは、この世紀の初めからのインドシナとそれ以外の国々で発表された論文を再検討し、インドシナにおける牛と水牛のパスツレラ症の統計表をつくった[6]。彼の長い調査研究が明らかにしたことは、この細菌が猛威を振るう散発的あるいは持続的な発生地があること、この病気には慢性と急性の臨床型があり、慢性型は良性、急性型で重篤なことである。さらに彼は、一九〇一年にシェインによって分離された細菌は、キットによって一八八七年に発見されたものと同じで、パスツレラ・ボヴィセプチカであること、その病原性は気候条件と感染する動物種に依存することを示した。

最後に彼は、予防措置とさまざまな治療法を体系化した。パスツレラ症、敗血症性胸膜肺炎、牛ペスト、出血性敗血症の間に生じる混乱についての歴史的考察によって、インドシナのウシ科動物の細菌性病理を明確にしたのである。当時、彼はニャチャン・パストゥール研究所の副所長として五年間をエルサンのもとで過ごしていたが、アンリ・シェインのあとを継ぐことになる。

もう一つの病気が、今度は人とある種の動物を冒すものだが、インドシナで流行していた。主として犬によって伝播される狂犬病である。アルベール・カルメットは、一八九一年にサイゴンに着いたときから、この《狂った犬の病気》を観察していた。そして何十年もの間、狂犬病にかかった人にはパストゥールの治療を施したが、病気の動物のみならずその動物と接触した犬はすべて、感染しているかどうかを調べることなく、無条件に殺すのが慣例だった。一九三二年、インドシナ経済利益大評議会は犬の狂犬病に対する対策機関をエルサンの職権のもとに創設し、ニャチャン・パストゥール研究所は、健康な犬、特に飼い犬を狂犬から守ることの出来るワクチンを完成する任務を与えられた。エルサンは研究所の構内に、この新しい研究テーマのための建物、すなわち、七五頭分の、通気の良い、清掃のしやすい、まずまずの居住条件を備えた犬小屋、大きな滅菌室、実験用とワクチン製造用のウサギとモルモットを収容する百個ほどのケージの置き場所、それに、感染動物を取り扱い、注射し、採血するための部屋を建設させた。一九三三年七月に最初の実験が始まり、ワクチンの完成は早かった。一九三四年、犬用の狂犬病ワクチンがニャチャンで生産体制に入った。[7]

一九三五年、もう一つの建物が建設された。生産が決定されたばかりの豚ペスト血清を作るのに必要な動物を入れる模範的豚小屋である。ここでもまた、明るくて、換気が良く、中央通路の両側に二列の十分に広い単独房があり、健康な動物と病気あるいは免疫中の動物を同時に収容できるような建物だった。

狂犬病あるいは豚ペストに対するこれらのワクチンは、既存の他の製品の仲間入りをし、血清とワクチンの生産というパストゥール研究所の一つの使命に答えることになった。エルサンは一八九六年以来すでに、小規模ではあったが、人ペストの血清と牛ペストのワクチンの生産に取り組んでいたが、まもなく、この生産は企業レベルといえるまでに発展した。獣医師シェイン次いでジャコトの指揮のもとで、A・ガロアとR・ガロアの経営のお蔭で、ニャチャン・パストゥール研究所は、インドシナにある大部分の動物病、すなわち、敗血症性胸膜肺炎、細菌性炭疽病、症候性炭疽病、家禽コレラ、牛パスツレラ症、豚パスツレラ症、牛ペスト、豚ペスト、家禽ペスト、狂犬病、豚丹毒、豚サルモネラ症と闘うための血清とワクチンを生産し続けることになったのである。

平行して、ニャチャンは人ペストに対する血清の生産も続けた。一九〇五年には九三九回分、一九二〇年には一四万一四四〇回分が出荷された。この生産は、パリで生産されてニャチャンに出荷された血清でその不足分を補われ、一九〇五年には二〇九一回分の補足をうけた。ニャチャンはまた人用の他の血清と他のワクチンも生産し、あるいはパリから送られたものを配給することで、破傷風、赤痢、髄膜炎、連鎖球菌感染症、コレラ、ジフテリア、肺炎球菌感染症と闘ったのである。

一九三一年から、ニャチャン・パストゥール研究所は地域の医師と獣医師のために、臨床検査室の仕事を引き受けた。最初の年は五九三人と七頭の動物の検査、そして一〇年後には九二三人と二

ニャチャン・パストゥール研究所、抗血清作製のための家畜舎

一五頭の検査が行なわれた。

ニャチャンで生産された血清とワクチンを、何百、ついで何千、何万回分と素っ気なく列挙できる裏には、エルサン研究室のこの工業化を可能にした構造、すなわち、実験から大量生産への移行、品質検査、分注、ラベル張り、発送、経理の仕組みが隠されている。エルサンは、学生時代には母親に言われてためらいがちに家計簿をつけ、また、探検していた折には省庁にうんざりしながら会計報告をしていたのだが、その彼が、アナトール・ガロアついでその息子のロベール・ガロアにこの分野で補佐されていなければ、これほど

見事にニャチャンの実務をこなせただろうか？

教育と畜産学

一八九九年に、ポール・ドゥーメールが《フランス語の分かる》原住民の若者に科学教育を受けさせたいと思ったとき、インドシナ人たちに提供されていたフランス語学習の可能性はどのようなものだっただろうか？　その可能性は事実上存在しなかった。というのは、特権階級の高官とフランス人教師による共同管理の学校を村に開校するために、安南皇帝が最初の法令を公布したのは一九〇六年のことで、効果は殆どなかったからである。[8]一九〇七年、当時インドシナ総督だったアルベール・サローはフランス人による単独管理の共学教育施設を創設した。その成功で一九二〇年三月二日インドシナ公教育局がハノイに設けられることになり、初等、中等、技術教育のすべてをその管轄下においた。

この日から、ワクチン接種補助者になるためニャチャンに研修に送られる生徒は、初等教育の証明書を受けたものの中から選ばれた。彼らの研修は六ヵ月続き、その間に動物の拘束法とワクチン接種法、家畜の給餌と世話だけでなく、衛生規則とインドシナにいる動物種の病気についての基礎概念を学んだ。アンリ・シェインの指導で始められたこの教育は、彼の死後、後継者のアンリ・ジャコトによって続けられ、一九三九年には、肉と動物由来の食料品の検査についての概念も教えられることになった。この安南人青年たちは、インドシナに配属されるフランス人と安南人の獣医師の助手になることになっていた。彼らは一九二二年に一一人だったが、一九三一年には二十三人に達し、その後は減少したが、獣医師の数は増えた。インドシナ獣疫部門に任命されたフランス人獣医師は、植民地に到着すると先ずニャチャン・パストゥール研究所で三ヵ月の研修を受け、インドシナ半島のあらゆる地点で遭遇しうる家畜の病気を勉強した。アンリ・ジャコトの指導の下で、彼らは飼育ばかりでなく、インドシナの家畜を改良するための地方品種と外国品種の交配についての動物関連技術の研修も受けた。この交配は二十世紀の初めからエルサンの主要関心事の一つとなっていたものである。この研修を受けるために一九二二年にニャチャンに来たアンリ・ジャコトは、彼もまたルーの講習会の卒業生で、ニャチャンに定住する決心をし、一九四七年にパリ・パストゥール研究所に戻るまで彼のキャリアの大部分をこの地で働いた。

一九二二年、八人の獣医師が三ヵ月の研修に参加したが、一九二五年には三人だけとなりハノイ大学卒業の安南人獣医師が一人それに加わった。年々フランス人の数は減り、安南人の獣医師が増えた。一九二九年にはフランス人一人にインドシナ人三人、一九三〇年には一人と一六人、一九三六年にはフランス人ゼロにインドシナ人二四人、逆に一九三八年には二人のフランス人だけが六ヵ月の研修を受けた。一九四〇年には、戦争中の本国は、教育を含む業務のために植民地を財政的に援助することができなくなった。そして、総督はニャチャンの研修のための獣医師とワクチン接種補助者の募集を一時中止することを決めた。一九四三年のエルサンの死で、研究所はそれ以降生徒の受け入れをしなくなった。

獣医師、殊にアンリ・ジャコトがいたことは、フランスあるいはヨーロッパの動物を輸入して品種の交配を試みたいというエルサンの希望にかなっていた。漁師岬の家の庭で一〇年ほどの間、鶏の飼育でおこなった実験はエルサンを勇気づけ、ほかの動物種も、先ずは牛を改良しようということになった。

安南の牛は比較的やせていて殆ど血清がとれず、インドシナの各地で牛の群れを守るための抗ペスト血清の需要増加に直面して、牛の数を増やすか、あるいは、肉と特に血液がたくさん取れるフランスの牛と交雑して品種改良をする必要が出てきた。エルサンは後者の解決法を選び、ジャコト博士がそれを助けることになった。というのは、ジャコトは牛ペストについての長い研究の末、新しいワクチンを完成したばかりで、この問題に直接に興味を持っていたからである。

エルサンはフランス帰国を利用して雌のブルターニュ牛二頭との雄牛一頭を輸入した。一九二四年一月二十五日、ポルトス号は、乗客二九〇人の荷物のほか、後部甲板の小さな囲いの中に牛三頭を積んでマルセイユを発ちサイゴンに向かった。エルサンは毎朝八時に自分で船の食糧貯蔵室に行きサラダ用野菜かキャベツの葉を取り、それを飼い葉桶の中で干草に混ぜた。年間の一番さわやかな時期の航海ではあったが、動物たちは紅海に入るや否や暑さに苦しみ、エルサンは念入りな世話をやくことになった。その世話はサイゴンに上陸したあとニャチャンまでの鉄道輸送の間も続いた。三頭の牛は二月の末に一見良好な状態でスオイヤオに到着した。しかし数週間後に、二頭の雌牛がピロプラズマ症で死に、雄牛だけは生き残った。雄牛はしばらくスオイヤオに置いたあと、すぐホンバの新しい高地農園に移された。雌牛はインドシナに着く前に、あるいは、後で感染したのだろうか？　家畜のピロプラズマ症はインドシナではよく知られていた。

一九〇七年以来、シェインは牛と水牛にピロプラズマ症があることを警告していた。この病気はアメリカと北アフリカの牛の群れにも被害を与えていたが、ヨーロッパにはその良性型しかなかった。二頭の雌牛の死はフランスで感染していた良性型が悪性化したものだったのか、あるいはスオイヤオでいた間に感染したものだろうか、さらに、雄牛はすぐホンバに移動させたから免れたのだろうか？　この点は重要だった、なぜなら将来、他の動物を輸入する際にこのことが多少とも影響を与えるからである。エルサンは、スオイヤオに留めたことでこの地方のダニが輸入雌牛にピロプラズマ症をうつしたこと、この感染を防ぐには動物を高地に連れてゆくことで十分であることを明らかにした。このことは、数ヵ月後に、エルサンが生産のために注文しておいたタランテーズ種の雄のサヴォア牛一頭、雌のブルターニュ牛一頭と羊たちがインドシナに着いたとき実行された。

エルサンは、アンリ・ジャコトの指揮で二頭の雄牛と安南の雌牛の交配を行なわせた。その結果、交雑牛で血液量は殆ど増えなかったが、乳汁分泌の点ですばらしいことが分かった。エルサンはさらに研究を進め、半混血種から四分の一混血種を得て、最終的には、安南の雌牛より乳汁分泌が良く、ピロプラズマ症を含む感染症に対してはフランスから陸揚げされたばかりの雌牛ほど弱くなく、スオイヤオの平地で飼育できる子孫を得た。

最良の食肉を得るための羊の馴化が、ケラタン、ビゼー、ベリションヌ、ブルトンヌ、シリエンヌ、シノワーズなどのさまざまな品種について行なわれた。マレー起源のケラタン種はあまりに体格が小さいのではずされ、ビゼー種がもっとも採算が取れ、スオイヤオに完全に馴化できることが分かった。

一九二二年に、スオイヤオの飼育施設は三〇〇頭のウシ科動物（牛、雌牛、子牛、雄牛、安南由来のあらゆる牛）と三〇〇頭の山羊と羊を収容していた。一九三〇年には、牛は一五五五頭、羊四四〇頭、山羊四〇〇頭を数えた。その三年後、牛は三三七八頭だったが、羊は七五八頭を数え、一〇四頭の羊がいた。

一九三七年、スオイヤオの飼育施設では、牛は抗ペスト血清の生産にあてられ、羊と山羊は地域の品種との交配対象とされた。この交配の目的は『インドシナ・パストゥール研究所紀要』にはっきりと記載されている。《観察記録はのちにインドシナの畜産にとって確実に実用的な意義のある結論を導くだろう[9]》と。

エルサンが大動物の交配実験を始めたとき、それまでにすでに一〇年ほど前から小動物の鶏について実験していた。エルサンが鶏に興味を示すことになった発端にはエクソグラフがあり、この器械は姉のエミリーがその性能をほめそやし、彼が試してみたいと思うようになったものである。

一九〇五年にエルサン夫人が亡くなりモルジュの家を売った後、エミリーは自分の遺産相続分でモルジュの北側の、ジュネーブ湖を見下ろす丘の斜面にあるロネイの土地を買い、そこで鶏の飼育をして生計をたてていた。アレクサンドルは、姉にこの道に入りこむことを強くやめさせようとしたが、雑誌『田園生活[10]』の中で一九二一年の記事四編の対象になったモダンな装置を設置するエミリーの厳格な飼育方法を知り、この装置に興味を持つことになった。エミリーは、ピアノの教師と母親の付き添いを四十五歳でやめ、鶏の飼育をするという自分の夢を実現したのだが、弟はそれを思いとどまらせようとしたのである。

《ニャチャン、一九〇五年三月三十一日。親愛なるエミリー、あなたは鶏、蜜蜂の飼育と野菜の栽培にのめり込まないほうがいいと勧める人たちに僕はまったく同感です。農業従事者には二種類あると僕は思っています。純粋な百姓とお金を農業事業につぎ込む資本家です。あなたには、遺伝的に言って、百姓の特別な資質もなく、資本家の金も持たないということで、あなたはこの二つのカテゴリーのどちらにも入りません。この条件では、あなたはどう考えても成功はしないように思います。あなたは雛鶏たちのために、疫病、泥棒、卵相場の下落、それ以外にも思いがけないたくさんの困難を心配しなければならないでしょう……あなたは分別があるので僕の言うことが正しいと分かると思いますが、たとえあなたがずっと夢見てきた素敵な計画を諦めることで大きな落胆を味わうにしても、幻を追って現実のものを失うよりは良いでしょう。あなたが教育を受けて身に付け、十分に経験をつんできた職業を続けるものと僕は信じています》。

この機会に、エミリーは自分が弟のアレクサンドルにふさわしいことを示し、モルジュのお嬢さんたちにピアノのレッスンをするというささやかな安全策を捨て、自分が始めようと決心した養鶏の仕事を実行にうつした。しかし彼女は弟の予言から逃れることはできず、非常に貧しく一生を終えることになった。

一つの考えを追い続けるこの頑固さと、孤独を追い求めるのと同様にそれを実現することで引き起こされた厳しい状況に、どうしてアレクサンドル・エルサンが姉の中に彼の独立志向を読み取らないはずがあろうか？　彼と同じように今度はエミリーが、安易な道を避けて苦難の多い道を選んだのである。

一九〇七年パリに帰国した折、エルサンはロネイで一日過ごし、姉にとって鶏の飼育が素人の時間つぶしではなく、慎重に非常に厳格に行なわれている事業であることを理解した。そのとき以来、彼はエミリーへの月に一度の手紙の中でこの問題に興味をつのらせ、彼女が鶏ジフテリアの流行で鶏の一部を失ったときには、友人のカルメットに頼んで、まだ生きている鶏とひよこを守るために必要なだけのワクチンを姉に送ってもらった。そして、鶏小屋にすずめが病原菌を持ち込む可能性について彼女と議論した。そして年を経るにつれて、姉は、日照時間や寒さが産卵数に与える影響や、さまざまな人工孵化器の長所について彼に質問した。一九一二年に、エミリーはエクソグラフという器械を購入した。その考案者によれば、孵化前のひよこの性別を決めることができるというものだった。

《この器械はこっくりさんやその他のいたずらのカテゴリーに属すると思います。基礎になっている原理を知る必要がありますね……。エクソグラフで実験してみるのは悪くないですよ、陽性でも陰性でも、あなたの得る結果は真剣で科学的だと思いますから》。

しかし彼自身の好奇心が刺激され、まもなく彼はエミリーにエクソグラフを二台送らせて、助手の動物学者クレンプ氏と一緒にこの器械の比較研究にふけることになった。エルサンの鶏小屋の卵が最初の実験に用いられ、ついで二人は男性または女性の手と肩をエクソグラフの振動にかけ、考案者の説明書どおりの結果を得た。つまり、エクソグラフのアームは女性の時には振り子運動で反応し、男性では円を描いた。それでエルサンは暗示因子を実験に挿入した。卵を検査しながら彼は、《これは雄》と決めると、エクソグラフは卵の上で円を描き、次に《これは雌》と言い足すと、エクソグラフは振り子運動をした。器械に能力のないことを確認するために、エルサンとクレンプは次の実験を進めた。すなわち、実験動物のラットを一〇匹でたらめに取って一〇個のケージに入れ、クレンプとエルサンは、それぞれ無関係に一匹ずつエクソグラフにかけ、彼らの結果を比較して、それぞれ動物の実際の性別を確認した。彼らはそれぞれ半分間違った。エクソグラフはまったくの《いたずら》だった。しかし、そのお蔭でエルサンは産卵に興味を持つことになり、一九一二年の末には彼の庭に三〇メートル×六メートル、高さ九メートルの大きな鶏小屋を作らせ、次の帰国の際に連れてくる予定の雌鶏と雄鶏をそこに入れることにした。この鶏小屋はパストゥール研究所とは関係なく、彼の日々の食糧になる新鮮な卵を供給するためだけのものだった。それまで卵は、彼の調理人が放し飼いにしていた小さな安南鶏によって不定期に供給されていたのだった。

エルサンはインドシナに帰る船に、パリのリュスピニ‐トラヴェラの店で一羽二五フランで購入した六ヵ月齢のレグホン種の雌鶏と、エミリーにもらった二羽の雄鶏、一羽はレグホン種の雛でもう一羽はインド闘鶏、を積み込んだ。彼はまた、スプラッツ・パテントのふらん器と五羽の鶏に必要な航海中の食料も積み込んだ。ニャチャン行きの鳥かごは船の鶏小屋の近くに預け、耐え難いほど暑い時には冷たい水を鶏たちに振りかけた。インド闘鶏は到着してすぐに死んだが、これは多分、寄港時に購入して闘鶏の籠の近くに置いた鶏に発生した鶏コレラが伝染したためだった。レグホン種は無事ニャチャンに到着し、エルサンは、この輸入鶏と安南鶏を使って、産卵、卵の数と重量、ひよこの奇形について入念な日々の研究を始めた。毎年毎年、姉と弟は自分たちの結果を比較し、エルサンは二つの小さな産卵室付きの鉄筋コンクリート造りの新しい鶏小屋の建築のためにエミリーの忠告に従う一方で、彼女には新しい品種間の交配をする前にはメンデルの法則を勉強するようにと勧めた。

レグホン種と安南種の雄鶏と雌鶏の交配から生まれた交雑種のひよこは養鶏場を膨れ上がらせたが、エルサンが丁寧に作り上げた記録は第一次世界大戦のため中断した。すなわち、若鶏が定期的にこの交雑種の中に導入されなければならなかったのだが、その輸入ができるような状況ではなかったからである。漁師岬の鶏小屋は、一九二四年頃、エルサンがフランス帰国の折にエミリーにもらって持ち帰ったワンドット種の雄鶏と雌鶏が到着したことでよみがえった。この新しい品種と安南種の交配から、非常に強健なすばらしいひよこが生まれ、エルサンはその最良の若鶏をホンバの新しい高地施設で飼育することにした。彼はどちらの鶏小屋でも、米、インゲン豆、トウモロコシの粉の混合物に乾燥血とオジギソウの葉粉を加えて餌を調整し、この餌は大成功をおさめた。交雑種の若い雌鶏は四ヵ月で安南種成鶏より大きくなりワンドット種の倍以上の卵を産んだ。この鶏を欲しがる者は多く、ニャチャンの鶏小屋は泥棒に狙われる一方、ボンバの鶏小屋の周りはジャコウネコがうろついた。他の品種もフランスから輸入され、ファヴロール種は暑さに耐えず二年で飼育は中止されたが、アンダルース種はこれに反して非常によくニャチャンに馴化した。

エルサンが新たな興味を持ってこの鶏の交配を再開した背景には、スオイヤオついでボンバで牛の交配を平行して監督していたアンリ・ジャコトの支援があった。ジャコトはフランスで滞在した折に、こんどは彼が、ウサギのノルマンディー種とオランダ種とともに、レグホン種の雄鶏と雌鶏を持ち帰り、インドシナでこの品種を馴化するというエルサンの昔の研究を再開することになったのである。

それ以外の動物もニャチャンのパストゥール研究所に持ち込まれ、研究用あるいはワクチン・血清作製用に用いられた。豚ペストのための豚、狂犬病のための犬である。動物を厳格な衛生環境で飼育することはアンリ・ジャコトが指揮し、エルサンはこれらの飼育がスオイヤオで集中的に、ニャチャンでは規模を縮小して行なわれるのをいつも幸せそうに観察しつつ見守っていた。しかし、その結果で彼が勇気づけられ、さらにこの領域に突き進むようには思えなかった。熱帯農業が絶え間ない研究によって満足な成果をもたらしていたからである。

熱帯農業

一九〇四年七月、ハノイからニャチャンに戻ったエルサンの喜びの一つは、一九〇五年春に行なわれるパラゴムの木の最初の収穫日が近づいていたことだった。最初の樹液採取は、一八九八年に蒔いた種から育った樹木で行なわれた。樹皮に傷をつけることで乳液導管に傷がつけられ、毎日数時間、貴重なラテックスのはけ口となり、ラテックスは小さな受け皿に採取された。この最初の収穫で一三一六キログラムのゴムが得られ、ミシュランが二八・五〇フランで買い取った。

一九〇九年には、生産量は一トン半となり、その販売で一万五〇〇〇フランになった。次の季節の初めに収穫は日に十二キログラムあり、年間生産量は二トンが見込まれ、相当な利益になるはずだった。しかし、一九〇九年十月三十日の夜から三十一日に非常に激しい台風がニャチャンとスオイヤオに大損害を与え、五〇〇本のパラゴムの成木が倒れ、折れ、殆ど全滅して、若い農園には大損害となった。エルサンは回復可能な農園の一部に再び植林することを命じ、当時の農園が所有していた一〇〇ヘクタールに植え付けをするために若木を取り寄せた。

一九一二年、新たに三〇ヘクタールが開墾されパラゴムの木が植えられた。一九一六年には、新しい木が十分に生育して十分量のゴムを供給するようになり、エルサンはこの農園を能率的に管理して工業的な組織に編成する必要を感じた。

《僕らのゴムの生産量が大きくなり、管理を少しでも怠ると何千フランもの損失につながる段階になりました》。

この再編成は、ニャチャン研究所の会計係アナトール・ガロアの息子たち、ロベールとオーギュスタン・ガロア、の仕事となった。ロベール・ガロアは彼の父の後を継ぐとともに、先ずは、スオイヤオの農園、ついで数年後ジリン農園とドラン農園の組織化に重要な役割を果たした。弟のオーギュスタンは農学者として、一九一六年から一九四八年までスオイヤオの農園を指揮した。アナトール、ロベールとオーギュスタン・ガロアのエルサンに対する称賛とエルサンの彼らへの信頼が、農園事業を大発展させることになったのである。

一九一六年には、パラゴムの木は月二トンを生産し、数年の間エルサンはこの木の栽培は《黄金の事業》と考えることができた。しかし、一九二二年からは価格が暴落して、ゴムの販売が開墾地の費用を最早まかなうことができない程になった。相場の上昇が、世界中の多数の入植者をゴムの木の植林に駆り立て、生産過剰で相場が崩れたのである。そのうえ、連合軍による封鎖の間にドイツ人によって合成ゴムが発明され、天然ゴムの生産にブレーキをかけた。三年後には、この状況は大きく改善された。すなわち、合成ゴムの大量消費のために、相場が再び上昇し、エルサンは再び開拓事業に莫大な利益を見込むことができるようになった。しかし、農園は再度想定外の激しい台風によって全滅した。すなわち、一九二六年十一月、何千本ものパラゴムの木が倒され、農園はまる一年間完全な休止状態となってしまったのである。エルサンは回復可能な木を念入りに手入れして、数年後、科学アカデミーへの報告[11]の中でこの災害からえた教訓を報告している。

一九三五年、スオイヤオは一三万四五〇七キログラムのゴムを生産し、一九四四年まで生産量は一〇万キログラム以上が続いた。しかし、日本人が来たことでまた農園が被害を受け一九四五年には二万三九〇六キログラムしか生産されず、翌年にはさらに少なく八三三九キログラムとなった。栽培は一九四八年には一〇万三八八キログラムと盛り返し、一九六一年には一八万キログラムにまで達した。一九七〇年にG・ド・シガルディーがゴム生産量表を作成したとき、その前年には六万キログラムしか収穫されてなかった。高等教育学校農学実験室長であり、植民地作物・農園研究の常任調査団長のオーギュスト・シュヴァリエは、自ら編集者をつとめる『応用植物学・植民地農業雑誌』の中で、インドシナのゴム生産量は一九一三年に五〇〇〇トン、一九三〇年に一万三〇〇〇トン、一九三八年に六万トンに達したことを一九三九年に記している。彼は次の三年間について一〇万トン以上の生産量を予測した。[12] この生産量は、特にインドシナのゴムの九八パーセントを供給する非常に大きないくつかのコーチシナの農園[13]（あるものは五〇〇〇ヘクタール以上）と一〇ないし四〇ヘクタールの多数の小さな農園に由来するものだった。三〇〇ヘクタールのパラゴムの木を栽培していたスオイヤオの農園は中程度の規模ということになる。インドシナのゴムの全生産量がフランスに積み出され、本国の工場で処理され、最終産物の形でインドシナに戻ってきていたことを想起する必要がある。一九三九年にA・シュヴァリエは、植民地の農園で生産された良質のゴムを処理する加工業を現地に創設することを要請し、さらに、《長年来のパラゴムの木の輸入と、よりぬきのクローンを現場で選択したことが、ゴム生産の改良に大いに貢献した》と付け加えている。

ゴムの木栽培のすべての専門家たちにとって、[14] この改善におけるアレクサンドル・エルサンの役割は大きかった。実際、エルサンはインドシナに最初のヘヴェア・ブラジリエンシスを輸入して植えつけるだけでは満足せず、その栽培を研究して改良（土壌の性質と肥料、樹木の病気、寄生虫、樹液採取法と機材改良、ラテックスの含有量、凝固方法、種子の選別）に努め、彼の研究は植民地全体に利益をもたらし続けたのである。

彼のアマチュア主義が計画を損なう危険があったので、エルサンは一九〇二年、若い農学技術者、ジョルジュ・ヴェルネを雇った。パラゴムの木の改良における彼の役割を忘れてはならない。ヴェルネは一八七七年にニースで生まれ、グリニョンの国立農学校を卒業した後、一八九九年にビルモラン社によって蘭採集のためインドシナに派遣された。蘭はスオイヤオの高地の谷間で野生の状態でよく生育していた。彼はエルサンに出会い、彼の農園に入ることになった。ヴェルネはゴムの木だけでなく、同時にこの施設で行なわれていたすべての試験栽培の面倒も見た。

ヘヴェア・ブラジリエンシスについてヴェルネは、ラテックスを大量に産する木は種子の発芽力が最も高いことを示し、繁殖用に選別する種子は最小重量五グラムと決めた。彼は木炭の灰の中に種子を保存する習慣に反対して、その代わり、まず種子を空気に二四時間曝してから密閉保存することを提案した。また、樹皮の乳液導管が走る部分を研究して多くの吻合があることに気づき、その観察に基づいて樹液採取部位についての興味ある結論を引き出した。一回の樹液採取でとれるラテックス量は注意深い研究対象となった。

《樹液採取が木の生長に与える影響を研究して、毎年の幹の増大する平均値は、樹液採取された木よりも採取されない木でより大きいことを証明し、そのことから、ラテックスはパラゴムの木の生命に必須の因子であると結論することができた。ラテックスに含まれるゴムの比率は大部分クロロフィリンの機能に依存しているので、ゴム産生の主要な役割は葉に帰することができる〔……〕。事故で葉の大部分をなくしてそのままにされた木では、ラテックスの含有量は低下し、一方、同一条件におかれた無傷の木では増加している。ゴム、あるいはゴムの産生に関わり、その補給が両者間で非常に異なる物質は、木によって消費されているのである。したがってこれは栄養物であり、この概念は当時異論が多かったが樹液採取を行なうために極めて重要であった。この研究は、慎重に樹液採取をするには木の活力が低下しない程度のゴムの量しかパラゴムの木から抽出してはならないことを示している》。

ヴェルネは、永続性のある生産高を維持しつつ収穫を容易にするために、ラテックスのゴム含有度を四〇パーセントと定め、ラテックスの濃度を測定するピクノ－ディラモメートルとこの濃度をゴム含有度に変換する表を考案した。ヴェルネとエルサンはまた、いろいろな凝固方法（自然凝固、酸、微生物、あるいは砂糖による凝固）の研究にも取り組んだ。最良の方法（砂糖溶液の中で嫌気的に凝固させる方法）では他の方法で採取されたものよりずっと良好なゴムが取れた。この方法はニャチャン・パストゥール研究所によって他の入植者に気前よく漏洩（ろうえい）された。エルサンの役割は、ヴェルネに補佐されながら、ゴムの木の栽培条件を完璧なものにしてゴムの生産高を改善することだった。一九一八年にヴェルネが去った後の技術指導はオーギュスタン・ガロアに任され、彼は一九四八年に退職するまでその役割を果たした。

一九一五年、農園は急いで見回るだけでも難しいほどに拡大し、助手の家に居候するのに疲れたエルサンは自分の大好きなこの地に自分の家を持ちたいと思った。彼は農園に張り出した丘の中腹に、谷と川とマンダリン道路に面して張り出し窓のついた小さな四角な平屋を建築させた。彼はそれ以来、海岸の暑さが耐え難いときには何週間も続けてそこに滞在した。

この平屋を建築したとき、スオイヤオの施設は一二〇〇ヘクタールを占め、さらに一〇年後にはこの面積は二倍以上になった。それにも拘らず、スイヤオとは違った栽培条件を必要とするエルサンの新しい計画を実行するには、この施設は不十分だった。

スオイヤオの栽培を続けながら、エルサンは漁師岬の家の庭に菜園を作り、一九〇八年以来ヨーロッパから取り寄せた野菜と果物の種を植えた。あるものはニャチャンで生育に好都合な土壌を見つけたが、そこに馴染まなかったものもあった。種まきは乾季の終わりの十月に行なわれ、雨季は植物の成長に好都合だった。しかし、一九〇九年十月三十日夜から三十一日のひどい台風のように、台風が地域全体を席巻したときは、エルサンは風で傷んだ家の修理を命ずるだけでなく、竜巻で運ばれてきたがらくたを庭から取り除いて新たに種を蒔きなおした。この菜園は持ち主が食べるには十分で、彼が亡くなるまで、ヨーロッパの野菜や果物を彼の助手たちに分け与えて楽しんだ。エルサンは庭で採れた野菜を丁寧に書きとめた。例えば、さやいんげん：たくさん取れ美味しい、バタヴィア・レタス：葉が非常に柔らかい、にんじん：美味しくて砂糖大根同然だが、砂糖大根の栽培は株が容易に腐るので難しい。キャベツは素晴らしい生長を見せ、ミラノ・キャベツ、ブリュッセル・キャベツ、カリフラワーなどはどんな気候にも耐えた。これに対して、うまく行かなかった試みもある。グリーンピースとメロンは腐り、キクジシャは硬すぎ、ローマ・レタスはあまりに高く伸びて少し硬い葉しか取れなかった。

エルサンは、モルジュといちじく屋敷の思い出に、いちじくのとり木したものをエミリーに送らせたが、この木は海岸の家の庭でも、ボンバの高地でも完全に馴化した。

　彼が家の庭の一部をフランスの花の馴化に割いたのは、エミリーに書いたように、彼が本当に《花マニア》だったからだろうか、あるいは、同じ時期、ニャチャン・パストゥール研究所の三軒家の一つが、ガブリエル・ヴァサル[15]という英国生まれの若い婦人のまめな世話で、その土地では並はずれた庭園で飾られていたからだろうか？　二年前に夫とともに到着した彼女は、英国人として、花のないことに耐えられなかった。彼女は塀で囲まれた小さな屋敷の砂地を、ニャチャン川を航行するサンパンで谷間の奥から運ばせた沖積土ですっかり覆わせた。彼女は、波打つような花壇とカーブを描く散歩道をデザインし、まず内陸部にある花を植えた。赤いカエンボク、白花のコーヒーの木、砂漠のツルニチニチソウ、日本リラ、しだと蘭、エジプト椰子、リュウゼツラン、ハイビスカス、ざくろ、それに当然のことながら小さな芝生があり、これを安南人がロンドンから届いた機械で刈り込んだ。庭園の成長があまりに早いので、ヴァサル夫人はパリから、ホウセンカ、ダリア、ノウゼンハレン、カンナ、カーネーション、ヒャクニチソウ、菊、ペチュニアの種子や球根を取り寄せることになった。

　エルサンはといえば、すぐにパリのヴィルモランに注文したヨーロッパの花々、すなわちホウセンカ、葉鶏頭、カーネーション、蝦夷菊、シクラメン、アオイで庭を一杯にし、フランス旅行の時はいつもメジスリー河岸を訪れることになった。ホンバに馴化施設を開設して以来、エルサンはしだいにこの施設に滞在することが多くなり、草花の大部分をそこに移させ、またこの高地に未知の植物を持ち込んでアルプス庭園とした。

他のすべての花にもまして、蘭はエルサンを魅了した。ラン科植物はインドシナでは簡単に生育し、彼は探検の折にその華麗な品種に目をつけていた。一九一二年、アマチュア園芸家として彼は、自分の家の庭園に蘭のコレクションを作る決心をして、マラリアの媒介蚊を研究するA・クレンプを伴ってニャチャンの谷の奥深く出かけ、この小旅行を利用してさまざまな蘭の変種を持ち帰った。まもなく、エルサンはこのコレクションに新しい蘭を導入する決心をして、極東や中央アメリカなどの国々に自生する変種をニャチャンに輸入した。さらに、この希少な虚弱な花を収容するために、彼は庭園の中に、風をさえぎり柔らかな光しか通さない巨大な温室を建てさせ、蘭の生育に適したこの温室に、四〇種ほどの蘭が持ち込まれた。[16] あるものはパリあるいはその原産国に注文されたものであり、ルーのもとで滞在したときに持ち帰り、その帰国の航海中は注意深く世話をしたものもあった。エルサンは姉に花いっぱいの温室を見せようと、立体写真数枚とそれを見るための小さな折りたたみ式の器械を彼女に送った。この最初の写真は、カラー写真の習作が満足のいくものでなかったため白黒にした。外気温が非常に高く、試薬が変質し露出時間もまだ不正確だったからである。アマチュア写真家にとって不成功は我慢ができず、一九一四年末からはついに良質のカラー写真を姉に送るようになり、のちに写真に対する情熱を次のように言って正当化した。《これは魅力的な趣味であると同時に有用なものです。というのは、ある種の写真資料は価値がないわけではありませんから》。

庭の温室の中では蘭もまた一九一四年には魅力的な趣味だった。まもなくエルサンは、それよりもはるかに重要な栽培と栽培用地に興味を持つようになった。

森林を焼き、それによってできた空き地に米やトウモロコシを植えるモイ族の習慣は、安南の森林の無秩序な破壊を引き起こしていた。一九一四年八月二十六日の条例により、インドネシア総督府は安南の森林を保護することを理由に新しく森林を焼くことを禁じ、新しく焼畑を作らずに古い焼畑を耕作することをモイ族に命じ、古い焼畑の半分はしかるべく植林して森林とすることを義務づけた。この最後の措置は苗床の存在を想定していることから、エルサンはスオイヤオにも苗床をつくる計画をたてフエ駐在の安南森林局長アンリ・ギビエに助言と種子を依頼した。

一九一七年、彼は幅三メートル、長さ一二〇〇ないし一五〇〇メートルの溝を四本掘らせそこに七四〇〇本の樹木の苗あるいは種子を植えた。五年後には、さらに三〇〇メートルの溝二本に三七本の木を植えた。年に二度、雨季の終わりの一月、あるいは乾季の後の七月に、エルサンの命令で安南人たちは溝の掃除をして新枝を切り落とし、小灌木の枝打ちをして樹木の根元をきれいに除草した。これだけの世話にも拘らず、植林にかけた大きな期待は失敗に終わった。最初の植林から七年後、エルサンは、ギビエ氏あてに彼の試みの総括をして、次のように要約をした。一九一七年に植えられた樹木の八パーセントだけが残存し、それ以外は枯れたか鹿の群れあるいは毛虫に食い尽くされた。順次植え替えられたが、それもさまざまな理由でよく育たなかった。土地が肥沃でなかったこと、特に土質が非常に多様だったことが原因である（石ころだらけの部分や砂地の部分が腐植土で覆われた部分に近接していた）。しかしながら、インドシナにありふれたある種の樹木は正常に生育した。しかしそれは普通の木材にすぎず、箱を作るのには役立ったが、それらを生育させることで開発に値するほど十分な成功を収めることはできなかった。チーク材については、コーチシナ（十年物の樹木は中空になっていた）あるいはカンボジア（まずまずの質の材木を産していた）よりは生育が良かったとしても、良質で値打ちのある東ビルマやジャワのチーク材に匹敵する材木はとれなかった。それでもチークは、柵の杭やある程度の材木を供給できたのでエルサンはその生産は続けた。

第一次世界大戦は彼をニャチャンに足止めすることになり、遠く離れていることで、第二の祖国と同様に生まれ故郷に対して抱く不安は重苦しいものだった。そのうえ、スイスのドイツ語圏ではドイツに対する同情を隠さず、エルサンはインドシナに遅れて届く新聞を読んでは、戦況次第で心配したり憤慨したり喜んだりすることになった。

この長い戦争のあいだ植民地は、本国が定期的にさまざまな形で送っていたすべての援助は受けることはできなかった。この援助の一つは当時極度に不足したキニーネである。この不足で仇敵マラリアが失地を回復することになったのである。そのためエルサンは、インドシナをすべての輸入から自立させるためにキナの木を馴化する決心をした。スオイヤオの土壌は不適当だったので、キナの植樹の最初の試みを、一九一五年に開設したホンバの新農業試験場で開始した。

一九一四年からエルサンは探検を再開し、スオイヤオの谷を閉ざしている山を登攀した。すなわち、スオイヤオからサンパンで二日間川を遡上し、さらに二日登攀して海抜一五〇〇メートルの高原に到達した。気温は快適で栽培を試みるのに好都合のように思えた。一緒に登攀したアルマン・クレンプも同感だった。クレンプは、二十歳のとき、著名な動物学者であり生物学者であるイーヴ・ドラージュの研究室に入り、仏領ソマリついでトンキンとコーチシナに出張を命じられ、一九

エルサン、キナの木の初めての播種を前にボンバで

〇六年から一九〇八年までサイゴン植物園長を務めたのち、ニャチャン・パストゥール研究所に入った。二人はすでに一九一二年に、クレンプはマラリアの媒介蚊を探し、エルサンは蘭を探して谷の奥に一緒に入ったことがあった。エルサンは高地栽培を考えて、当然のことながらスオイヤオを見下ろす山のほうに目を向けたのに対し、優れた登山家だったクレン

プは稜線に沿ってホンバ山塊の頂に通じる道を探した。彼は一九一四年にエルサンを伴ってここに戻り、二人は高原にテントを張り、そこをスオイヤオの付属施設とすることを夢想した。四年後、開墾が始まった。

この用地を選択したことはその地理的な位置から説明される。すなわち、スオイヤオが殆ど海面の高さで台風の被害を受けるのに対し、ホンバは気温摂氏六・五度から二七・五度のあいだの穏やかな気候に恵まれ、冬には深い霧に包まれるからである。さまざまな種類の木に覆われるホンバには、大型野獣、反芻動物、それに蚊も蛇も殆どいないのに対し、猪、リス、テナガザル、小さな齧歯類がたくさんいる。この山塊の高い所からの視界は素晴らしく、シナ海から安南山脈まで広がる。急流があり山小屋に住み着いた最初の入植者たちが水に困ることはなかった。山小屋の横の倉庫には、苗、農業用と科学用の機材、それに、ホンバでエルサンが目的とした気象と天体情報を収集するための器具が収納された。開墾された土地ではヨーロッパの野菜、ジャガイモ、イチゴ、フランボアーズ、それにバラの試験栽培が始められた。

ホンバ高原に到達するには徒歩で六時間が必要だったので、もっと通行しやすい道が必要であることが分かった。ちょうど、科学アカデミーがエルサンに賞を授与したので、彼はすぐにそれをスオイヤオとホンバを結ぶ道路建設の資金につぎ込んだ。スオイヤオの出口にあった五キロメートルの最初の区画は次第に延長され予定の三〇キロメートルに達した。この工事の全責任はエルサンが取った。

《この工事を請負業者に実行させる代わりに、僕自身が安南人のカイス（スオイヤオの監督者、現場主任）の助けを得て指揮しました。僕はこの道に一〇パーセントの一定勾配をつけました。僕らは、この道程の難所の一つで既に一キロメートルを仕上げました。目もくらむような斜面で、地面は岩の巨大な塊がいっぱいでした。幸いこの岩は層面に沿って火で割ることができ〔……〕。その破片は、乾いた石で造る盛土の土止め壁を作るのに役立ちました》。

ホンバに引っ越すとすぐに、エルサンは素晴らしいパノラマに面した山小屋を建築させ、月に一、二週間をそこで過ごした。幅一一メートル、奥行き二・五メートルのガラスばりのベランダからは、北風が吹き荒れるときも、低く垂れ込めた雲から雨の降るときも、そのパノラマを見ることができた。山小屋には電燈をひくことができたが、これは一九二一年春、さまざまな器械を動かすのに必要な発電装置が高原まで持ち上げられ、農園を灌漑するために下方を流れる急流の水を揚水する水撃ポンプが設置されたとき以来である。この発電装置は一六の蓄電池を充電し、一時間に八〇アンペアを蓄電した。エルサンは一晩にその七アンペアを消費するだけだった。

エルサンが新しい植物種の馴化に取り組んだのはスオイヤオではなくホンバに於いてであり、今回は純粋に治療用のキナの木の馴化である。沼沢病、水田病、マラリア、あるいは三日熱、四日熱などさまざまな名前で呼ばれるマラリアは、東南アジアの最も古い地方病の一つで、この暑い国の湿った土地がプラズモディウム原虫を媒介するアノフェレス蚊の生息地になっていた。薄着をした人々は容易にその餌食になった。エルサンがフランス郵船の医師として、サイゴン病院に小さな実験室をつくった友人のカルメットを訪問したとき、病院にはたくさんのマラリア患者が収容されていて、その中には最も重篤な型のマラリアにかかっている人もいた。

インドシナにフランス人が来て以来マラリアの存在が指摘され、本国はその植民地に定期的に予防キニーネを供給した。この供給は簡単だったようで、インドシナのフランス人たちは第一次世界大戦まではそれに事欠くことはなかった。この戦争の間、二種類の障害でインドシナへのキニーネの発送は中断された。一つには、ドイツ潜水艦による商船の魚雷攻撃が多かったことで、ユー・ボートが地中海に出没し、乗客と貨物を積んだ商船を沈めた（エルサンは書簡の中で、一九一五年十二月二十四日のラシオタ市号、一九一六年十二月十六日のマジェラン号、一九一八年八月のオーストラリア号、クレタ島沖で一九一七年二月七日に九分で沈んだアトス号の魚雷攻撃に言及している。英国船によって救助されたアトス号船客の中にはロベール・ガロア夫人とその娘がいた）。もう一つの障害は、マケドニアで一九一六年に、軍医も驚くほどの異例の重症マラリアが発生し、フランスがマケドニア戦線のフランス派遣隊が使うキニーネを確保したことである。検出されたのは三種のマラリア病原体で、三日熱マラリア、四日熱マラリア、それに特に最も病原性の強い熱帯マラリアだったが、この熱帯マラリアが症例の八五パーセントの原因となっていた。それまでこの病気に罹ったことがなく、特に感受性の高かった人では侵襲性マラリアの発作に、戦闘中の軍隊にはつきものの感染症である腸チフスと赤痢のおまけがついた[17]。

フランスが持っていたキニーネの全量が近東諸国の軍隊に割り当てられ、インドシナを含む他の受益国は犠牲にされた。このキニーネの欠乏で、インドシナ半島全体がマラリアに再包囲されることなったのである。

第一次世界大戦後、インドシナ・パストゥール研究所の主要研究課題が、基礎研究、臨床研究、アノフェレス蚊の生息場所の調査、森林伐採の役割といった幅広い領域で、マラリアに割り当てられたことは驚くに当たらない。インドシナのフランス人たちのこの疫病に対する闘いの中でエルサンは現実的に重要な独自の役割を演じた。というのは、インドシナが自国民に必要なキニーネを生産し、あらゆる種類の外国の制約から解放され、また彼の研究所のために利益をもたらすことを可能にしたからである。

エルサンがキナの木の栽培を試みることを決めたのは、一九一七年の九月のことだった。《僕らは海抜一三〇〇—一四〇〇メートルの山に施設を作っています。僕はもうそこに行くための道をつくらせましたが、この道は長さ二五キロメートルあります》。

一八九九年に彼がバウテンゾルグに旅行した折に、キナの木の農園を視察して旅行手帳に次のようなメモを残している。

《種子は表面に蒔き、非常に少しの土をかける。発芽は熱と湿度を維持するためにガラスで覆った箱の中で行なわねばならない。発芽には少なくとも二ヵ月かかる。最初の二、三ヵ月成長は非常に遅く、葉が四枚になった若木は箱あるいは鉢に移植する。しかし定植は、若い苗木が木質になった一年後にしか行なわない。葉は赤くなるが、これは正常で、農園主を心配させてはならない。キナの木のアルカロイド含有率は樹皮の六パーセントであるが、四から八パーセントの間で変動する》。

三種類のキナの木が一九一七年にホンバの地に植えられた。*Cinchona ledgeriana, Cinchona succirubra* と雑種一品種で、種子はいずれもジャワ由来だった。発芽は最初正常に進行するように思えたが、成長が遅くなり、止まり、次の数年で衰弱した。気温は一定で気候は良好だったのだが、エルサンは明白な事実を認めなければならなかった。すなわち、ホンバの土壌質はキナの木に適していなかったのである。腐植土の層が殆どなく、根がその層を越えてしまうと、花崗岩質の土壌に達し、この植物種の要求に答えられなかった。キナの木の栽培にホンバを諦めることを決め、エルサンは種まきを続けながら、より肥沃な土地を探した。その結果、乾季と雨季が交互する地域にある海抜わずか一〇〇〇メートルの丘が新しい試験場に選ばれた。土壌のサンプルが分析され、成分（窒素、燐酸、カリ、石灰、マグネシウム）はジャワの良質土壌の成分と少しだけ違っていた[18]。それでもエルサンは、土壌の性質を改良する肥料を持ち込んでささやかな試験栽培をこのドランの丘で行なうことに決めた。一九二三年七月、その二年前にホンバに植えられた三種の苗三〇〇株がドランに移植された。苗は当時不良な状態で衰退しかかっていた上、菌類の寄生による病気に犯されていた。

農地の小区画にそれぞれ違った肥料、堆肥、石灰、シアナミド、アルザス塩、トンキン燐酸塩、硝酸石灰、を加えて、たくさんの苗の移植実験が行なわれた。苗は回復し再び勢いを取り戻したが結果は一定しなかった。堆肥が最上の肥料と明らかになったとしても、燐酸とカリは効果がなく、シアナミドは率直に言えば有害だった。それでエルサンは別の実験をした。すなわち、自然土壌＋種々の量の石灰、自然土壌＋堆肥＋石灰、そして特に、キナの種子をホンバの中間段階を経ずに直接ドランに蒔くことを始めた。ホンバでは、腐植土層のお蔭で種子の発芽が良好だったのだが、移植のためにホンバとドランの間を輸送する必要があったからである。

ドランの土壌を改良するのに必要な肥料成分を研究しながらも、エルサンは一九二五年に他の*Cinchona*種、*Cinchona succirubra*と特に*Cinchona robusta*の栽培を導入することにした。というのは、アフリカとアジアで進行中の実験で、この種の皮の抽出物アルカロイドは確かに*Cinchona ledgeriana*よりも少ししかキニーネを含んでいないが、シンコニンをよりたくさん含んでいることが明らかになっていて、この成分のマラリアに対する活性が検討されていたからである。

ドランに植えられた木はすべて二年後にたくさんの花をつけ、例外的に早い開花であった。というのは、ジャワでは花がつくのに一〇年、時には一五年もかかったからである。しかしこの早熟な開花は、樹皮のアルカロイド含量に影響しなかったのだろうか？　エルサンは一九二六年に採取した最初の樹皮の分析を、当初から彼の仕事に興味を持っていたキナ皮会社に依頼し、その分析結果を待った。ホンバに植えて三年後に採取された樹皮は非常に満足のいくものと判定された。

この玄武岩の土壌での成功は拡大できなかった。というのは、ドランの丘以外では、付近のどこのよく似た土壌もキナの木の栽培には適しなかったから。エルサンはそのため土地探しをはじめ、ドランから八〇キロメートルのところある、同じ高度（一〇〇〇メートル）の高原を選んだ。この高原は何千ヘクタールにもわたり、ドランの土壌に近い組成のチョコレート色の土壌だった。二年前にドランで種を蒔いた苗の最初の移植は、ジリンのこの新しいキナ施設で一九二六年に行なわれた。最初の結果はそれほど満足の行くものではなかったので、エルサンは土壌の性質と木の生長の関係を一〇株一組で比較研究させた。また彼は樹皮生産の等級を定め、小低木の年齢とその硫酸キニーネの含量から、この等級によって収穫を予測し、疲労した木の入れ替えができるようにした。この研究のお蔭で、とりわけ、同種のキナの木の中でも樹木毎の違いを測定して、キニーネを大量産生する見込みのある木しか残さないように選別ができたのである。

この選別の役割は農園産業の未来のために最重要と思えたので、エルサンはこの段階だけのための新しい農業施設を開設することにした。彼は、ダラットの町が建設中のランビアン高原とドランの間に、海抜一六〇〇メートルで一〇〇ヘクタールの高原を見つけ、ここに一九二七年に二〇〇株が植林された。この施設は《小ランビアン》の名がつけられ、キナの木に対する高度の影響についての研究が行なわれた。

一九三一年のパリ国際植民地博覧会でエルサンは、次のような推論のできる有望な結果を、ドランとジリンの写真つきで二一ページの報告にして展示した。すなわち、フランスの工場は毎年六五トンの硫酸キニーネ、言い換えると全世界の生産量の一一パーセントを生産する。インドシナでは、ヘクタールあたり四〇キログラムを生産している。したがって、フランスの生産に必要な樹皮の全量を確保するためには一五〇〇ヘクタールに植林すれば十分ということになる、と。国際連盟のマラリア国際委員会の事務長は、キナの木の馴化についてのエルサンの仕事を《この問題の将来的解決のために最重要なもの》と判断した。しかし、キニーネの生産過剰が、オランダ領インドの農園で世界市場の九四パーセントを確保するオランダ人たちに、不満を抱かせる恐れのあることをエルサンは知らなかった。

《僕たちはオランダ領インドのキナの木部局長ケルボッシュ氏とはいつも非常に親密な間柄でした。彼は僕たちに助言を断ったことは決してありませんし、他人に提供する義理も無い選りすぐりのキナの木の種子を、僕らの試験栽培のために気前よく提供してくれました。したがって、僕らは隣人に留意してキニーネの世界生産のための争いを始めないようにする義務があります。そのような争いは、結果的にはキニーネの相場を低下させ、その結果キナの木の栽培拡大を妨げるだけでしょう。しかしながら、フランスが自分の植民地で、自国の産業に提供するのに必要量のキナの樹皮を入手することが可能ならば、そのような態勢を整えることは正当で合理的なように思えます〔……〕。フランスでキニーネを生産する工場を管理する会社はオランダの生産者と契約で結ばれていますので、非常に慎重に行動する義務があります。フランスの会社は、徐々にしか、また新しい供給者ができるとしても、その供給者との将来的関係においてあらゆる誤算を避けうるという確信をもてる場合にしか、その義務から解放されないでしょう[19]》。

一九三一年、エルサンはドランとジリンで二一〇〇トンの樹皮を収穫してそれをフランスに送った。その樹皮は処理されて、ジャワの農園のものより上質の一三万七〇六九キログラムの硫酸キニーネを供給した。彼は、他の施設に近くて同じ一〇〇〇メートルの高度にあるディオムに、キナの木栽培の第四番目の施設を開墾することを発表した。最初の苗は翌年に植えられた。一九三二年には、二三〇〇トンの収穫があったが、一九三三年、農園の一部で病気の発生があり、七ないし九年ものの多数の木が枯れた。フザリウム科のカビによるこの《根頭病》では、樹皮のひび割れと剝離の病変が見られ、そこにカビが住み着いて増殖し、樹液網が密かにおかされる。その結果、枝の先端が枯れて株が衰えることになるのである。エルサンはこの病気の突発する条件と治療、特に予防の可能性を研究して、キナの木がこの病気に抵抗できるだけの強さをもたらす肥料を処方した。多くの病木が治療され、それに続く二年間はよく持ちこたえた。

一九三六年、フランスに発送された樹皮の重量は二万九六〇〇トンに達し、二〇四五キログラムの硫酸キニーネが抽出された。一九三八年には、二万一一〇〇トンで一七九三キログラムが供給できた。次の一〇年間で樹皮の生産を倍増し、硫酸キニーネの年産を三トンとすることを予想しながらエルサンは慎重に結論した。

《インドシナにおけるキナの木の馴化期間はまだまだ終わりません。僕たちには毎日のように新しい発見があります。僕たちは予期せぬ困難に直面することもありますが、さらに発生する不慮の事態を、経験から示唆される適切な措置で解決する希望を持っています。不完全な結果はその後の失望の発端になりますし、取り掛かった仕事に役立つどころかそれを損なうことから、そのような結果に基づいて即座の成果を期待することに対しては用心するのが望ましいでしょう》。

エルサンが一九三九年にキナの木の馴化についての第六報を『応用植物学雑誌』に発表したとき、彼はこれを単独名で公表し、その中で、一五年のあいだ彼の傍らで仕事をしたアンドレ・ランベールに言及して、この馴化の成功は大部分彼に負うものであると述べた。一八九〇年生まれで、パリ市の物理・化学学校を卒業したランベールは、エルサンに採用されてサイゴン・パストゥール研究所の化学実験室長になったが、この時彼はまだキナ皮会社に入社したばかりで、当初の目的はパラゴムの木の生産を改良するために、インドシナが必要としているゴム研究センターをつくることだった。ランベールのこの選択は、彼がキナ皮会社にいたこととホンバでキナの木の栽培が始まったばかりであったことで正当化される。実際、エルサンは化学者の学術的支援がほしいと思っていたし、またヴェルネと別れたばかりだったのである。

ランベールがサイゴンに到着して以来、エルサンは彼の中に自分の評価する資質、すなわち、仕事と自主的行動の意欲、研究と実際的応用の勘、無私無欲、未開地に長い遠出をする趣味があることを認めたことから、二人の間には友情が確立された。彼がサイゴンに来たのはゴムのためであったが、そのほかにランベールはインドシナにおける公衆衛生のための多くの重要問題、たとえば水の浄化とか原住民の食品検査などにも興味を持った。しかしエルサンのもとで彼の最も重要な役割はキナの木の馴化に関するものだった。植物生物学のすべての研究、すべての実験はエルサンとランベールが行なった。それは、植林用の土地を選択することと、樹齢、化学因子、肥料、優良苗の選択による硫酸キニーネ含量変動の研究である。この領域すべてに二人が取り組んで解決し、《インドシナにおけるキナの木の馴化の試み》についての最初の五報は二人の共著として、一九二七年と一九三五年に『植物学雑誌』に掲載された。エルサンは第六報の中で彼の共同研究者に敬意を表して次のように述べている。《得られた成果は主として彼の明敏さ、彼の広範な化学の知識、彼の仕事への熱意、彼の首尾一貫した精神によるものである》と。一九三六年、ランベールはサイゴンで入院し、エルサンは彼を見舞うたびに心配が募った。パリで治療を受けるためにランベールの本国送還が決まったとき、エルサンは、インドシナに長期の滞在をしたのちパリ・パストゥール研究所に戻ったばかりのジャン・バブレに彼のことを頼んだ[20]。ランベールの消息は《はっきりと悪く》なり、一九三六年七月二日死亡した。『インドシナ・パストゥール研究所紀要[21]』のために書かれた死亡記事の中で、エルサンはランベールの業績をたたえ、彼としては異例の感動を込めて、彼の共同研究者を追悼した。

《まもなくわれわれは、この仕事仲間であり友人の美点に魅せられることになった〔……〕。彼は一見粗野に見える不器用な見かけのせいで、謙虚さと強い感受性によるぎこちなさをうまく隠せなかったのである。一五年間、生活を共にしてわれわれが感じとったことは、彼の陽気で温かみのある性格であり、安定した洞察力のある判断であり、確かな交友関係とゆるぎない友情であった。気骨があり義務感の強かった彼は、親しくなるには慎重だったが、ひとたび友情をむすぶと、実直に、あらゆる献身をいとわない物静かな毅然とした態度で、友情に忠実だった》。

エルサン自身にも同じように当てはまるこの人物描写を通して、この二人の男の友情が、極度の精神的類似性と、同じ美徳に互いに愛着を持っていたことによるものと、どうして推測しないでいられようか？

一九一七年にホンバの施設を開設して以来、エルサンはキナの木の栽培だけでなく、彼が高地に導入してみたいと思ったあらゆる種類のヨーロッパの果物、花、野菜を検討した。ここが格好の土地のように思えたのである。すなわち、海からかなり近く、ニャチャンから五〇キロメートル、スオイヤオからは二〇キロメートル、海抜は一五〇〇メートルで温暖な気候に恵まれ、ホンバ山塊はニャチャンの二倍の雨が降った。安南山脈のこの部分の花崗岩質土壌は、石灰も、燐も含まず、硝酸塩も殆ど含まなかった。エルサンは現場で手に入る乾燥血、イシサンゴ、魚のくずなどの肥料で試験栽培を行なった[22]。トンキンで果物栽培を専門的に研究していたスイス国籍の樹木栽培家ミエヴィル氏は、何度もホンバに足を運び、エルサンに助言、種子、挿し木を惜しげなく与えた。

ホンバで新たに開墾され準備された土地に播種する予定で注文されたさまざまな種類の種子は、残念ながら使用に耐えなくなってしまった。というのは、インドシナにそれを運んでいた船がシンガポールの近くで座礁して、船倉が水浸しになったのである。フランス郵船の元船医はこのことを姉に憤慨して書き送っている。

《この船が運んでいたすべての新聞、小荷物、手紙、殆どすべての商品が失われました。戦闘行為が関係しているのではなく、単純な海難事故で、多分船長の怠慢のせいでしょう》。

最初の播種は一九一八年の下半期にならなければ始まらなかった。フランスの自生の若木に接木されたサクランボ、桃、梨は弱って枯れたにしても、土地の自生の若木に接木されると、これらの木は比較的よく持ちこたえてよく育った。これに反して、フランスの自生の若木に接木されたマルメロ、りんご、プラムは完璧に成功した。野生プラムの接木は殆ど満足のいくものではなかった。スオイヤオのイチジクはモルジュのローザンヌ通りの苗から育ったものだが、この木に由来する木は、高地でも平地でも、よく生育して実をつけた。果樹の中には、七年間世話をして繰り返し試みたにも拘らず、ホンバに根を下ろすことができないものがあった。スグリ、クルミ、アンズ、アーモンド、フランボアーズとブドウの苗だった。これに反して、大部分の野菜は完全に成功した。カリフラワー、ジャガイモ、グリーンピース、サラダ菜、サヤインゲンである。木苺は伐採した地面の一部に群生した。ホンバの農業試験の敵は何よりも野生の齧歯類と毛虫で、若い根を蝕（むしば）んで収穫の半分まで絶滅させた。蟻は、スオイヤオでは邪魔だったが、高地には耐えなかった。たとえ植替えの際にホンバに持ってこられたとしても生き延びなかった。

　土地の小さな起伏で分断された花崗岩は、花壇と芝生が交互する庭園を造るのに役立った。その目的は安南山脈の中に、ヨーロッパで非常にはやっていたアルプス庭園の一つを再現することだった。エルサンはスイスで一流の専門家アンリ・コルボンと連絡を取って長い文通をしたうえで、パリに短期滞在した帰りに、エミリーの山小屋に立ち寄ったついでに何度か面会もした。コルボンはホンバに植えられた種子と花の挿し木の大部分を送った。一九二五年に公表された論文[23]の中で、エルサンは園芸試験の総括をした。完全に馴化したものは、オダマキ、アマリリス、アスター、ベゴニア、ノウゼンハレン、ダリア、アオイ、グラジオラス、ユリ、忘れな草、オキザリス、ケシ、ペンステモンス、ヒエンソウ、桜草、サルビア、シラー、ベルベーヌ、スミレ。世話の必要なしにホンバで生育した花は、ヤグルマギク、菊、ジェラニウム、シクラメン、バラ。生育はしたが決して花をつけなかったものは、ニオイアラセイトウ、ヒヤシンス、イワレンゲ、スイセン、チューリップ、ジギタリス。コルボンによって送られたアルプス植物のうち花の咲いたものは、*Anemone montana, Aquilegia alpina, Campanula pusilla, Digitalis lutea, Dianthus, Gentiana criciata, Papaver alpinum, Primura, Saxifraga, Gentiana nivalis.* 生育しなかったものは、*Eritrichium, Eryngium.* レナンキュラス、イワカガミダマシ、コケサクラソウ、アルニカだった。

花崗岩質のこの地にエルサンは利益になる肉桂の栽培も導入しようと試みた。ミエヴィルが彼のために安南トラミー地方由来の五〇株ほどの苗を手に入れてくれた。この樹皮は特に芳香があり、セイロンの肉桂よりも珍重されていた。この *Cinnamomum cassia* の苗は腐植土の中に根を下ろす限り満足な生育をしたが、根がホンバの土の深層に達すると枯れた。

そのほかボルドと茶の木の栽培も試みられた。鉢に蒔いたボルドの種子は発芽したが三〇センチ以上には決してならなかった。*Peumus boldus* の種子は一九二二年に高地でこの種の栽培を試みるために、薬品店と薬局用原料のための国立事務局所長ペロ教授によってエルサンに送られたものだった。原産の茶の木についてはいい結果が得られなかった。しかし、この結果がエルサンに辛い思いをさせることはなかったようである。その証拠に、一九一九年のルー宛ての手紙にはこのことは書かれていない。

《ホンバにはたくさんの羊歯があり、すべてとても優雅です。〔……〕僕らはここで観賞用の主要な羊歯のコレクションを計画できると思っていますが、それは僕らの美しい山間の施設を正真正銘の国立公園にするのに役立つでしょう》。

アルプスとの類似点の仕上げをするために、エルサンは伐採した空き地に牧草を植えさせ、その一部はフランスから輸入される牛の食糧に役立てることを考えた。ホンバの森林を開墾した数ヘクタールに、ビルモランの調合した混合種子が植えられた。すなわち、イタリーのレイグラス、フレオール、フルーブ、ビュルパンとさまざまな種類のクローバはこの花崗岩質の土地で、ことに湿潤な気候の中で旺盛に生育し、これらの植物の導入が決められた。

新しい施設がディオムに開設され、その開墾された一〇〇ヘクタールほどがすべてマメ科植物に用いられた。一九三二年には、実験結果からこの栽培を産業段階に移行することになり最終的に四六〇ヘクタールを占めることになった。

成功したにせよ、しなかったにせよ、フランスの果物と野菜をインドシナで馴化するエルサンの試みはこの植民地の総督府の関心にこたえ、一九二二年以降、総督はトンキンでそれに成功したしたばかりのミエヴィルにヨーロッパの果樹をランビアン高原に植えるよう命じた[24]。

試験農園もまた別の用途ができた。薬学である。これこれの種類の植物があり、また、その他にもこのような他の種も馴化の可能性があるとの情報を持つことは、本国の薬学産業にもろに興味を持たせていた。これは少なくとも官庁が、関連省庁や既存あるいは植民地開発につれて新設された機関を通して表明していたことである。

しかし植民地の試験農園がこの役割を果たすには、農園の長年にわたる努力が書き留められている必要があった。ところが、政治の混乱や、パリの官僚たちが遠隔地のあおりを推し量ることもなく行なった部局の廃止のせいで、フランス植民地の試験農園は発展し続けることが出来なかったように思える。一九三三年、この問題の研究者で彼自身フランス領ギネア試験農園の元所長はエルサンの植物生物学施設の例を引用している。《パストゥール研究所では研究と人員の持続性があるのに対し、行政では統一性が完全に欠如している[25]》と。

常軌逸脱？

エルサンが微生物学とかけ離れた農業と畜産の領域で冒険をしたことで、そこに精神散漫の徴候を見た多くの《純粋》科学者はショックを受けた。そのうえ、これらの領域では独学の彼が素晴らしい成功を収めたことに苛立たないはずがなかった。

本家のパストゥーリアンたちは、確かに、海外パストゥール研究所の同僚たちをいつも密かに素晴らしい研究者と評価していたが、そのとらえ難いモチベーション、現場で研究する魅力、冒険趣味、博物学者精神は、彼らには極度に理解し難かった。この情熱、つまり顕微鏡の視野の中に入らないすべてのものに対するエルサンの情熱に、ショックを受けたのは一人や二人ではなく、パリ・

パストゥール研究所でもインドシナのフランス人の間でも、彼はいっぷう変わった人と思われた。彼は、はるか東南アジアの地で、最初の私用送受信機を、最初の天体望遠鏡を、とくに常軌逸脱のきわみに、一九〇〇年には最初の自動車を持ったではないか？　一九一〇年にはもう少しのところで飛行機を購入するところだったではないか？

常軌逸脱？　違う。スノブ根性？　なおさら違う。エルサンの情熱は、倦むことのない科学的好奇心から、芽生え始めた技術と新しい機械を試して究めたい、特に直ちにその実際的応用を引き出したいという願望に由来する。

エルサンが無線通信網をニャチャン、スオイヤオ、ホンバの間に設置することにしたのは、この三地点間で迅速な連絡をする必要からだった。一九二一年、通信将校がホンバに滞在して送受信機の本体を設置し、次に二台の付属装置がスオイヤオの農園の建物とニャチャン・パストゥール研究所の小さな平屋に設置された。この三箇所で安南人が器械の操作と保守を滞りなく行なった。エルサンは器械の設置に立会い、モールス符号を習い、間もなく自分でメッセージを送受信できるようになった。一九二三年の始めから三施設は完全に連絡がとれるようになったのである。

ホンバの山小屋で遠隔地のラジオ放送を受信できなかった時には、エルサンは最新の受信機を入手したい気持ちに逆らわず、そのお蔭で一九二二年―一九二三年の冬以来、フランスのラジオ放送局の幾つかを受信することができるようになった。そして毎晩、時差のため朝三時に、誤差百分の一秒の正確な時刻と主要ニュースを伝えるボルドー放送局に聞き入った。《この器械は非常に高くついた》と姉に白状しながらも、彼はこの受信機を改良し続けて亡くなるまで、本国の情報をいち早く入手するインドシナ在住フランス人の一人だった。

ニャチャンからカンホアついでスオイヤオへと実験室が拡大すると、すぐに、自転車よりも疲れない移動手段が必要になった。エルサンは、それでも、一八九五年には何週間もの間、自転車で毎日スオイヤオに通った。間もなく、彼は小さな馬車を、ついで一九〇〇年にパリに戻った際にはセルポレ氏に六〇〇〇フランを支払って五馬力の自動車を発注した。

彼は運転講習を受けてニャチャンに帰って以来、自動車の届くのを今か今かと待ちわびた。車の発注は製造開始を意味するので、車が完成してマルセイユに届けられたのは一九〇一年四月だった。しかし残念ながら、荷積みは港湾労働者のストで一ヵ月後に遅延した。ついに一九〇一年七月、エルサンはハンドルを握り時速二五キロでスオイヤオまで行った。道路の状態が悪いのと、たくさんの安南人があらゆる方向に往来するので、それより早くは走れなかった。間もなく遠出するようになり、三日間も出かけて三〇〇キロ以上を走行した。彼の母親はおそらく悲観主義者のモルジュの人々の前で息子の新しい自動車のことを話したのだろう、エルサンは彼女に一九〇一年八月二十五日に返事を書いている。


《歯医者のコノーはいたずら好きで、彼がこの問題のイロハを知らないうちは、自動車の話はしないほうが良さそうです。特に何の根拠もなしに母親を怯えさせるのですから。セルポレのボイラーは絶対に爆発し*ない*という*の*が特徴なのです。それはこのボイラーが蒸気を蓄えないからです。その容量は二〇〇cc（コップ一杯の水）もなく、蒸気は消費されるにつれて作られます。チューブが裂けることはあります（それは今朝ちょうど起こったことです）が、それでどうなるでしょう？ただ蒸気の噴出が一〇秒続いて燃焼器を消すことになっただけです。運転者がこの蒸気をあびることは絶対に不可能です。さきに言ったように、今朝ボイラーのチューブが一本、ちょうどスオイヤオに着いたときに裂けました。車をニャチャンに持ち帰るために八人の現地人に車を引いてもらうはめになりました。裂けたチューブはニャチャンで交換します》。

やがて、モーターの複雑さはエルサンにとってはもはや謎ではなくなり、車は五馬力セルポレ一台だけではなくなった。一九〇一年九月に、セルポレよりも小さく、石油でもアルコールでも動くクレマン軽自動車を購入した。ついで自転車をアルコール三輪車に乗り換え、セルポレ社のもう一つの製品、蒸気ボートが停泊地に係留されることになった。この蒸気ボートのお蔭で長い海上散歩が可能になった。

自動車はエルサンの情熱の一つになり、間もなく修理工助手のケーを雇い、一九〇三年パリを訪れた折には彼を同伴し、パストゥール研究所滞在を利用して新車を注文した。二人はパリ―マドリード・レースの出発のその日に新車の初乗りをした。

レースは狂気じみた熱狂の中で始まっていた。一九〇三年五月二十四日、朝三時、二〇万人近いパリジャンが出発を見守った。エルサンとケーはたくさんの人たちとともに前夜出発し、シャルトルの近くで自動車の通過を見物してパリに戻った。しかし、ちらりと見えたレーシングカーは一台もマドリードに到着しないことになろうとは誰も想像しなかったし、パリ‐ウイーンの勝者マルセル・ルノーが、時速一三〇キロでライバルの後ろを突進中そのほこりで目が見えなくなり、ポワチエ出口で危険なカーブに気づくのが遅れ、多重骨折のためクー ヘ ‐ ヴェラックの農家で翌日亡くなろうとは、さらに、レーサーと観客の中にも死傷者が出ようとは……。ボルドー区間は悲惨な雰囲気に包まれ、最も殺人的な自動車レースはガロンヌ河畔で中止されることになったのである。

一九〇三年六月、新しい六馬力セルポレは当時エルサンが滞在していたハノイ宛てに荷造りされ、二台のモーターバイクを入れた少し小さな箱も同じ船で発送された。

この一九〇三年の秋、エルサン博士の自動車はハノイで人目をひかずにはおかなかった。というのは、毎晩のようにエルサンは新設医学校で講義をした気晴らしに、車の通れる唯一の区間であるハノイとカオズ間の十二キロの折り返し区間を時速五〇キロで疾走したからである。この見世物があまりにも住民の感嘆の的となったので、翌年一月、インドシナ駐留フランス軍を指揮する将軍はエルサンに、ハノイから三〇キロほどのところで行なわれる大演習のあいだ、自分を案内するよう依頼した。

《どうやって僕の車に河を渡らせるかやってみます。というのは、河にかかる大きな橋は自動車の通行用ではなく、列車だけが往来できるからです》。

この光景を想像してみよう。ハノイ駅長が列車を止め、新設医学校初代校長の自動車を唯一の堅牢な橋の線路と砂利の上を通過させ、軍医佐官が軍隊の栄光に、フランス人の発明になる技術革新の栄光を添える光景を。

一九〇四年、パリの短期滞在でこの自動車愛好家は新しいモデルの最新情報を仕入れた。パリからボーベへの道路で、セルポレ氏自身が運転する車で、彼は時速一〇〇キロを達成したというのである。エルサンが最終的にハノイを去ってニャチャンに戻ったとき、彼は六馬力セルポレを持ち帰り、彼の車庫は手入れが必要になった。

《僕は六馬力セルポレの新たな整備を終えたばかりです。今日はボートの修理を始めますが十日ほどかかるでしょう。それから、スオイヤオの実験室の揚水ポンプを作動させる定置モーターをまだ設置しなければいけません。それから古い五馬力セルポレの修理、最後にモーターバイクと水車の修理。ですから僕はすっかり技術者になっています》。

一九〇五年一月、エルサンは最初の五馬力セルポレをニャチャン駐在のフランス駐在官に二〇〇〇フランで売り、間もなく別の買い手がクレマン軽自動車と六馬力セルポレを持って行った。さらに強力な一一馬力をセルポレ社に発注したからだった。一九〇七年にはアルシオン軽自動車がこれに加わった。一九一二年には一一馬力セルポレは四人乗りの一五馬力クレマン－ベイヤールに代わり、それで初めて風、雨、太陽をしのげる屋根付き自動車に乗ることになった。しかし、この改良も自動車に対するエルサンの期待を長く引き止めるには十分でなかった。彼のモーターに対する好奇心は次第に鈍り、クレマン－ベイヤールが駄目になったとき後継の車はなかった。一〇年ほどの間、エルサンは伝統的な交通手段、つまりちょっとの道のりならば人力車、それ以外は列車に戻った。一九二五年まで、漁師岬の家の車庫にはどんな車も入らなかった。

この年に自動車がまたどうしても必要になった。キナの木の栽培をさまざまな場所で何度も試みたのち、ついに素晴らしい土壌をホンバに見つけたのである。そのため、早くて静かで心地よく運転ができ、容易に時速一〇〇キロの出るゼブラを購入した。

この頃のことだが、ニャチャンを通りかかったパリジャンの旅行者が、自動車修理工のところで古いスーツと擦り切れたシャツのぼろを纏った男を見かけ、植民地にフランスの名誉を傷つけるこんな乞食がいることを大声で嘆いた。《お黙りなさい、こちらはエルサン博士ですよ》と自動車修理工はあわてて叫んだ。ゼブラの時代は殆ど続かなかった。なぜなら、一九三〇年頃ある晩、ニャチャンへの帰り道ファンラン近くの村の付近で、エルサンは安南人の子供が母親と一緒に小道から突然現れるのに気づいて急停車した。しかし自動車に驚いた子供はつまずいて倒れ泣き始めた。エルサンは車を降りてしかるべき世話をして、子供にぶつからずにすんだことに安堵しながら車で再び出発した。ニャチャンに帰った彼は自動車修理工のところへ行きゼブラを売り払うように頼んだ。その出来事と子供の涙に動転したエルサンはその後二度とハンドルを握らず、公共交通機関を用いるか、あるいはニャチャンで移動するときはプジョーの自転車を用いるようになった。

一九四三年一月、彼の命を奪うことになる最初の肺障害のため、自転車のペダルを踏むことが困難になり、サイゴン・パストゥール研究所所長が彼に送ったシクロ－プースに頼ることになった。その後の外出には、一九二五年に専門職人としてニャチャン・パストゥール研究所に入った彼の忠実な使用人、チャン＝カン＝セーが付き添った。エルサンの死後シクロ＝プースはサイゴンに戻った。プジョーの自転車はセーの手に残り、彼は最近亡くなるまでそれをうやうやしく保存していた。その後、彼の息子がそれを相続したが錆付いて役に立たず、息子はそれを捨てた。

そのほかのエンジンも非常に早くからエルサンの心を惹き付けていた。一九一〇年以来、彼は飛行機を入手することを検討し、フランスに滞在した折にシャルトルの飛行場に飛行機を見に出かけたこともあった。

フランスは当時最先端を行っていた。一八九〇年のクレマン・アデールによる最初の飛行のあと、世界の称賛を浴びたのは一九〇六年に二二〇メートルまで上昇したサントス＝デュモン（確かにブラジル人だがまだ若い頃フランスに来た）、一九〇八年に一周一キロメートルを飛んだアルマン、一九〇九年に英仏海峡横断が世界的事件になったブレリオの快挙である。進歩は早く、飛行距離は伸び、到達高度はすぐ追い越された、しかし飛行機は熱狂的なとくに裕福な愛好家のものだった。エルサンは、間違いなく、業務使用の飛行機の最初の購入者となったかもしれない一人だった。ニャチャンからサイゴン、ハノイ、そして特に農園から農園への頻回の移動は、もし彼が小さな飛行機を操縦できたなら大いに楽になったことだろう。最終的には一九一四年五月にこの購入を断念したとしても、それはただインドシナには滑走路がなく、エルサン一人ではその整備を検討できなかったからである。

しかし彼が個人の飛行機を持たなかったにせよ、一九三〇年、サイゴンとマルセイユを結ぶのに殆ど一ヵ月を要した船をあっさりとやめ、開設された空の定期便をそれ以来ずっと利用した。ハノイーパリ間の最初の飛行は一九三二年のことで、一九三四年から、エルサンは極東路線の常連となった。この路線は当時サイゴン - マルセイユの経路を八日かけ、アンコール、バンコック、ラングーン、カルカッタ、アラハバード、ジョドプール、カラチ、ジャスク、ブーシール、バグダッド、ダマス、ベイルート、カステルロッソ、アテネ、コルフー、ベール潟を経由して飛んだ。この最後の五つの行程はリオレ水上飛行機で飛んだ。

一九三五年、一九三六年、一九三七年、一九三八年と一九四〇年、エルサンは同じ経路を往復した。アルベール・カルメットの孫の一人がわれわれに知らせてくれたことだが、彼の叔父でエア - オリエント線のパイロット・共同創立者のウインクレール氏が、エルサンの倦むことのない忍耐を非常によく覚えていたそうである。民間航空のこの英雄的草創期には、快適とは言いがたい着陸で飛行が中断されることもあったのである。エルサンは時には格納庫の隅で眠ることを強いられても、また晴れ間を見計らって急いで離陸するために早朝に起こされても決して不平は言わなかったそうである。

いつものことだが、好奇心旺盛で、緻密な観察者で、秩序だった思考をするエルサンは、飛行中もじっとしてはいなかった。《サイゴン - パリ - サイゴン飛行機の旅》と題のついた手帳に鉛筆でメモされていたのは、休憩地、時刻表、パイロット名、整備員名、通信士名、休憩地での乗員の交代、高度、空の状態、地上の温度と湿度、機種とガソリン消費量〔水上飛行機は時間二一〇リットル消費する〕、飛行距離と時速などである。毎日毎日、地図上でルートを追い、上空飛行の風景を書き留めた。例えば、一九三四年四月二十六日。

《ジャスク―〇時五五出発。高度一〇〇〇メートルで飛行。
一時五〇―海賊岬（？）、ペルシャ湾に入る。
二時―海岸の岩山に小さな村々。岸辺のすぐ近くはエメラルドグリーンの海水。椰子園。小舟多数。灰色の岩山。
三時―村と椰子園のある砂漠の半島。海上に船。
三時四〇―東に砂漠化しかかった草原。村落多数（シーラ）、ジャスクとブーシールのほぼ中間。
五時―草原あるいは連なった山々の上空一〇〇〇メートルを飛行。村落多数。北西から南東に殆ど乾固した川。交通路。
五時三〇―大きな川のある南東に開けた幅広い谷。碁盤目状の耕地
六時一〇―ブーシール着。気温摂氏二七度》。

彼はまた各行程の平凡なあるいは悲劇的なすべての出来事を書きとめた。例えば一九三四年四月二十六日、ブーシールで。《カルカッタで査証を受けていないパスポート＝一人一四ルピーの罰金》。一九三五年六月十一日、《オランダの飛行機〔ダグラス〕われわれより少し先にカルカッタ出発。われわれより先にアキアブを通過するがわれわれがこの空港を出たすぐあと悪天候のためアキアブに戻る。われわれは途中でそれとすれ違う》。あるいは、一九三六年五月十四日、《英国軍用機二機バスラ北西でベドウィンによって撃墜。パイロット二人死亡》。

パリのパストゥール博物館は、一九四〇年五月三十日、サイゴンに向けてパリを発った最後のエールフランス機に搭乗したエルサン名の《航空券》を保存している。[26] 八十歳近いエルサンは海外パストゥール研究所所長の年次会合に出席のため戦時下のパリに来ていたのである。彼はドイツ人の進攻前にパリを立つ最後の飛行機にそれとは知らずに搭乗し、パストゥール研究所の図書館の上にある彼の小部屋にも、ルテシアホテルの六一五号室にももう戻ることはなかった。

エルサンが手引きとなる地図もなくサイゴン川を遡上したり、マニラのパトックにバンカで行き来した時は、夜空の読み方も知らずにただ空を眺めているだけだった。そのため、フランス郵船の船医の立場を利用して、船の現在位置を測定することを学んだ。一八九二年にパリを訪れたとき、彼はモンスーリ公園の天文台で行なわれる星蝕についての講義を逃さないようにと、母親のもとで滞在する日数を短縮さえした。彼はそのあと器具類の購入も忘れず、スクレタンの店で買った望遠鏡と六分儀を持ってインドシナに帰った。彼の天文学の知識は、一八九二年—一八九四年の未開地探検の折には貴重で、そのお蔭で、村落、水の流れ、山の頂などの位置を示す地図を作製することができた。この地図とエルサンが地理学会に送った報告書は、この地域の最初の地図作製に貢献し、地図帳に残されていた空白を埋めるのに役立った。エルサンによる地図は、一九〇五年以後にずっと近代的な機械を使い専門の地図作成者によって観測が行なわれるまで、使用されていた唯一のものであることを知らねばならない。

一八九八年、彼が農業でニャチャン・パストゥール研究所の財産つくりを期待した時、植え付けや収穫を命じるための天候を予測する必要から、天文学にのめり込んだ。一九〇五年には、彼は強力なウィンチで操作する鋼鉄のロープをつけた凧を使って大気圏（五〇〇〇メートル）を調べた。三年後には、彼の家の屋根をセメントで固めさせ、そこに丸屋根付きで、その一部が動いて空を見えるようにできる小さな天文台を設置させた。イエナのツァイス社に発注した天体望遠鏡がそこに据えられ、エルサンは《天空の逸楽》と自分で名づけた楽しみに倦むことはなかった。その後、彼は対数の世界に忍耐強く入りこみ、フランスへの渡航の折に将来の観測のための一覧表を計算した。家に戻ってから、彼はニャチャンの緯度に誤りが入りこんでいることを確認し、時角の一六〇〇回の計算、言いかえれば毎日四、五時間の計算を一ヵ月したことになる。こうして彼は正確な一覧表を持ったのである。

一九一〇年、彼はパリからプリズム天体観測儀を持ちかえった。この名前は、地平線上の星の高度、すなわち緯度を測定できる昔の器械を思い出させる。この器械の発明は紀元前二世紀のヒッパルクとされ、十六世紀からはアルバレストリル、ついで八分儀、そして最後に六分儀の出現で廃れてしまった。プリズム天体観測儀は一八九九年にクロードとドリエンクールによって考案され星の位置と地理的位置の決定に用いられた[27]。エルサンは彼のテラス天文台の鋳鉄の台座に天体観測儀を固定して、方位針の近くに小さな電燈を付け加えたり、加減抵抗器を使って照準十字線の強度を変えたりして、照明系統に変更を加えずにはいられなかった。一九一〇年、彼はドイツから大きな天体望遠鏡と小さな子午線望遠鏡を購入し、これらはテラスの丸屋根の下に天体観測儀と一緒に置かれた。彼はこれらの器械を思い通りに使えるようになると、自分の観測結果を比較したいと思った。それで、彼は海軍の水路測量技師フィショ氏に何度もテラスに来てもらい、二人は一〇個の星を、エルサンは天体観測儀で、フィショはクロノグラフ記録計で観測した。彼らの修正平均値は、クロノグラフで四八度一二分、天体観測儀で四八度一五分と一致した。エルサンはさらに比較を続けて、ルロア社の別のクロノグラフ、ついでディティシャイム記録計、そして最後に、護衛艦マンシュの水路測量技師ド・ヴァンセイ氏のもう一つ別のプリズム天体観測儀を用いた。彼はまた天体観測儀あるいは小さな子午線望遠鏡で得られる現地時間の決定を比較した。結果はクロードとドリエンクールの天体観測儀について非常に信頼度の高い正確さが得られたので、二人の発明者の筆頭者に当てた短報を書き、それに控えめな手紙をつけた。《私はあなた方がこの短報を無意味とお思いにならないかと心配ですが、もしあなた方がこれを面白いと思われるようでしたら、その公表はあなた方にお任せします》。

クロードとドリエンクールはその短報を、天文学会会報の編集委員会主幹のポワンカレーに委ねた。一年たってようやく、ドリエンクールはエルサンに返事を書くことができた。

《パリ、一九一二年四月二十九日、ジャックマール通り三番地。親愛なる博士〔……〕その後連絡がありませんから〔……〕、私は、時折うかつになるわれわれの大学者が、あのメモを引き出し留めにしているのではないかと心配し始めていました〔……〕。私は天文学会会報四月号の巻頭にその全文を見つけて喜んだところです。親愛なる博士、どれほど私たち、クロードと私がこのメモを書いてくださったあなたに感謝しているかをお知らせいたします。この非常に明快でシンプルな短報は確信をもたらし、天体観測儀の最後の中傷者たちをきっとやり込めることでしょう》。

一九二九年、エルサンは昔ローザンヌで学生だった頃にうわべだけ手をつけたテーマである大気中の電気を再検討した。大気はたとえ雲がなくとも陽性あるいは陰性に帯電している一方、大地は陰性の電気を帯びている。電圧は雲の中では変わりやすく、この雲が雷雨の折には危険になる。学生だった彼はこのようなデータを熟知していて、たくさんの物理学者が、絶縁不十分あるいは絶縁をしなかったために、この観測の確認と引き換えに命を落としたことを知らないわけではなかった。彼はドイツにヴルフの電位計を注文して購入し、これを、地面に突き立て十分絶縁された竿に、導線で結びつけた。長さが一メートルのこの竿には、さらに長さ一メートルの延長竿が二本取り付け可能で、この装置を用いれば、地上一、二、三メートルの高さで電位の測定ができた。一九二九年七月から一九三〇年七月まで、彼は注意深く電場の電位を、朝七時、十三時、十七時の三回、地上一、二、三メートルの高さで記録した。彼の観測はこうして、雨季と乾季、雨の日あるいは夏の雷雨にも及んだ。ニャチャンの位置は特に恵まれていた、というのは、この土地は海の影響（エルサンは電場に対する波浪の影響力を観測した）を受けると同時に、山岳地帯にも比較的近く（直線距離で五〇キロメートル）、山が障害物となって雲が発生しやすいからである。一九二九年九月二十九日の台風のシナ海通過は、ニャチャンの停泊地ではまだまったく平穏だったが、電位計では正確に観測された[28]。

この観測は星の観測を格下げすることになり、彼の死に先立つ一〇年間、エルサンは天文学に無関心になった。それで、家の壁に亀裂を見つけたときには、屋根の丸屋根を急いで取り払わせ、その中にあったすべての器具とともに、近くの地面のテラスに設置した。なぜなら、屋根の重荷が、時おり食い止めきれない波の襲撃と合わさって、壁の強度に打ち勝つことを恐れたのである。丸屋根は樹木と灌木にはさまれて、もう殆ど利用できなかったが、どうでもよかったのだろうか？　エルサンは《天空の逸楽》を味わい尽くしたのである。

新しい、最後の活動は生涯の最後の年に行なわれた。潮の干満の観測だった。サイゴンの海軍事務局から、日本人が作成した潮年報を取り寄せて、ニャチャン湾でその正確さを点検することに取り掛かった。彼は、月の位置をよりよく知るために、日本人の天文年報を、サイゴンで作成されたフランス語の略述とともに送らせた。ニャチャン川の河口と海で、目盛り付きのはしごを流れの中に設置させ、二〇メートルほどしか離れていない家のベランダから、彼は双眼鏡か望遠鏡を使って、真夜中、朝六時と夜六時に水位を書き留めた。一九四三年二月七日、海軍司令官ドクーは総督府発行の日めくりを一部エルサンに送ったところ、四日後エルサンから返事が届いた。《十分な数が集まりましたらグラフの形でこの観測結果を報告させていただきます》。

四回の観測が細心綿密なエルサンに十分に思えただろうか？　アンリ・ジャコトは《エルサン博士によってニャチャンの自宅前で観測された記録に基づいて作成された潮位のダイヤグラム》[29]の四図を公表した。

第十章　インドシナ・パストゥール研究所―四つの研究所の連携―

カルメットとエルサン、二人の創設者の友情
研究所所報の創刊と研究所の新たな任務

一八九五年の創設以来、ニャチャン・パストゥール研究所は、エルサン同様に、学問的にも感情的にもパリの本家とエミール・ルーに深いかかわりがあった。しかし、研究所は財政的にはインドシナ総督府に依存し、予算は毎年総督と折衝しなければならず、またエルサン自身も植民地軍衛生部隊の医師であり、この部隊の直轄下にあった。一九〇二年―一九〇四年、彼は、インドシナ衛生部隊と総督府とパリ省庁間の策謀の中でハノイ医学校校長を務めたが、自分の行動の自由に限度のあることを感じた。そのため、総督府よりもパリ・パストゥール研究所を、政治家よりも科学者を頼ることが望ましいと考えて交渉した結果、翌年、ニャチャン・パストゥール研究所をパリの研究所に合併することになった。第一次世界大戦後ハノイ次いでダラットにパストゥール研究所が創設されたとき、この三つの研究所とサイゴンの研究所のあいだで暗黙の合意がなされ、それぞれの研究所の活動は互いに補完しあうことになった。

この連帯は、多分、サイゴンのカルメットとニャチャンのエルサンの二人の創設者を結びつける

友情に負うところが大きかった。ノエル・ベルナールは彼らに捧げた伝記の中で、二人は相反する性格を持っていたが、この友情は互いの尊敬に基づくものだったと述べている。二人の友情は、カルメットがリールに帰ってからも、さらにルーのもとで晩年をすごしたパリでも、長く続いた（カルメットとルーは数日の間をおいて亡くなった）。ルー、カルメット、エルサンの間の絆は、パリとインドシナの間の絆と同様に緊密だった。カルメットはエルサンより二ヵ月半年上で、エルサンとルーがどちらも自分に厳格な性格だったため孤独に生きることになったとするならば、カルメットは、社交界好きではなかったにせよ少なくとも社交的で、結婚して以来、生活のすべての幸も不幸も、旅行も、ＢＣＧの発見も、第一次世界大戦中のドイツによるリール占領下でも、いつも妻と一緒だった。一八九三年にカルメットがフランスに帰国した後も、サイゴン・パストゥール研究所は《彼の》研究所のままだった。しかしながら、当時は陸軍病院の建物の一室に過ぎず、その実験室が一八九九年に建物全体を使うようになり、そしてその後新しい建物ができてからも、それはカルメットの研究所だったのである。

　二人の創設者の友情は二つの研究所の発展に深い影響を与え、ハノイの支所がサイゴンから、ダラットの支所がニャチャンから独立したとき、四つの研究所はインドシナの二人の最初のパストゥーリアンによって作られた伝統が基礎になって緊密な関係を保った。

　この友情に一時的な悪化があったことが一八九八年―一八九九年にカルメットとシモンの間で交わされた手紙[1]によって明らかになっている。エルサンは当時、サイゴンの研究所がニャチャンの研究所に合併されることを希望し、その趣旨に沿ってルーに手紙を書いていたのだが、カルメットはこの計画に激しく反対した。

《リール、一八九八年二月二日。親愛なるシモン〔……〕。エルサンはルーに手紙を送り、サイゴンの研究所がニャチャンの研究所と合併し、ニャチャンで狂犬病と天然痘のワクチンを製造したほうがいいと説明している。それは僕の考えではなく、ルー氏も僕の意見に同じです。ニャチャンと連絡を取ることは非常に稀だし、それに取りにくい。僕の意見ではまったく馬鹿げたことだ。ニャチャンは人ペストと牛ペストの研究室にとどまるべきです。あそこは出費がかさみすぎで、それが残念だ。廃止するものはないが、追加するものもない。君の意見もそうだろう》。

カルメットは次の五月十九日、この計画にまた触れている。

《ルー氏を動かしてドゥーメール氏に手紙を書かせるには、今がチャンスです。そうしなければ、エルサンは自分の破産を決定づけることになるでしょう。彼には大変腹立たしく思っていますよ。非常に役に立つ研究所をこうして廃止させるのは本当にひどいし、この研究所を創るのに僕はひどく苦労したのですから》。

一八九八年十月五日、カルメットは絶対的権力を持つポール・ドゥーメールとエルサンの親密な関係を心配した。エルサンは、サイゴンの研究室をニャチャンに移すのにこの関係を利用したのだろうか？　この不安に関して、カルメットはエルサンに対する不満をすべてシモンにぶちまけた。

《それに彼は、僕に何か頼むときしか手紙を書かないのです。僕は、彼のことで味わった辛い思いをもう我慢が出来ないと返事に書きました。内緒で君にお話ししましょう。第一に、サイゴンの研究所を廃止してすべての部門をニャチャンに移すことを、ドゥーメールに決めさせようとしたことが、僕は非常に不満なのです。僕の介入と、この件に関して僕と同じ考えのルー氏の介入がなければ、この件はとっくに終わっていましたよ！　次に、彼が僕の悪口を言っていると、多方面から僕の耳に入るのです。僕がお節介焼きであるとか、この研究所に入ったのは特にフィガロの兄のお蔭だとか、何人もの同僚に言っています。それに、誰か僕に感謝しなければいけないとするなら、それはエルサンですよ。というのは、僕は身を粉にして何度も彼のために役に立ったのですよ。もし僕が彼のために陳述書をかかなかったら、省庁でうまい方法を教えなかったら、彼を知らない上官に彼の真価を認めさせなかったら、彼はまだ不安定な地位にいると思いますよ。まあ、いいでしょう。僕がもう一つ腹を立てているのは、僕の仕事のためには何であれ、彼が決してそれを手に入れようとしてくれなかったことです、彼の旅行中にいとも簡単なことでもですよ。僕は自分がいつまでも憶えていたことを、きっぱりと書いてやりました。彼が何と言ってよこすか様子を見ましょう》。

エルサンの返事は分からないが、それでカルメットは宥(なだ)められたのだろう。一八九九年一月十四日、彼はまたシモンに書いている。

《エルサンに関しては、彼は僕に対する友情を主張し、人が僕に告げ口した悪口を否定して手紙を寄こしたところです。結局、悪口が本当か嘘か、そんなことはどちらでもいいことです。僕はエルサンを有能な男だと思いますが、彼がかなり強い利己主義の才能を持っていることを認めることにしました。僕はそれ以外では彼に腹を立てません。自分の研究所の利益になるようにサイゴンの研究所を廃止するという彼の計画を知ったことで、特に彼に腹を立て、君を彼の下に置くという考えがおかしいと思ったのです。ルー氏が先週僕のところに来て三日過ごしてゆきましたので、僕はその機会を利用して、そのような従属は許しがたい、君はエルサンよりも年上であり、階級も上であることなど彼に説明しておきました。彼は理解してくれましたよ[2]》。

エルサンからの新しい手紙できっとカルメットは気が晴れたのだろう。

《エルサンが手紙をくれました。僕がまだ怒っていると信じているようです。そんなことはなく、僕はまったく腹を立てていません。僕は率直に説明をしてもらえば、恨みを抱くタイプではありません。彼にまた手紙を書きます》。

これはもちろん一度きりの友情のひび割れで、それ以後はカルメットの死までもう揺らぐことはなかった。カルメットの死後、エルサンは、パストゥール研究所の科学委員会に出席のため毎年パリに来るたびに、カルメット夫人を繰り返し訪問した。《飛行機による旅行、サイゴン－パリ－サイゴン》の彼の手帳には、飛行の詳細のほかに、パリの日程の書き込みがあり、しばしば《カルメット夫人（チョコレート）》の記載がある。

一九〇一年にフランスに戻ったシモンの後任に、エルサンはサイゴン・パストゥール研究所の所長となり、次いで、ノエル・ベルナールの着任まで副所長のポストにつく者に彼の権限を委任した。毎月、エルサンは彼の本拠地ニャチャンあるいは農園を発ち、詳細な巡視のためにサイゴンを訪れた。あらゆることに、また全員に気を使い、エルサンは誰よりも仕事の進行を評価することが出来た。彼は、ニャチャンでもサイゴンでも、信頼する根拠が乏しいと思われた時には厳しい態度を示すことになるのを覚悟の上で、各人に絶対的信頼を寄せた。

インドシナの二つの研究所間の連携とその効率は、副所長そして所長のポストに、エルサンを称賛し理解する人物がいることで強化されることが明らかになった。ニャチャンではアンリ・シェインとアンリ・ジャコト、サイゴンではノエル・ベルナールが、彼を助けて効果的に補佐し、エルサンが評価する方針つまり情熱と知的誠実さをもって行動しながら、彼を雑用から放免する術を心得ていた。彼の傍らではガロアが管理と経営を担当し、研究所の発展のために研究者たちと協力した。エルサンに信頼されるにふさわしい彼らのおかげで、ハノイにおける教育の負担で束縛され管理職の重責で脅かされた自由を、エルサンは取り戻すこと出来たのである。

ノエル・ベルナールが一九一〇年にサイゴンに着任したとき、二つの研究所はもはや間借りではなく、つまり、サイゴンの研究室は病院の一室、ニャチャンの研究室は海岸の藁葺き小屋ではなかった。どちらも、通りに面した立派な研究所を持ち、新しい建物の中には近代的な設備を備えていた。そして一九〇五年の協定で、それぞれの役割とパリの本家との絆が明確に定義された。[3] もしエルサンが十分補佐されず、独りで二つの研究所の所長を兼任したとすれば、彼はどのように対処することが出来たろう？　すでに彼を新たな進路のほうに誘っていた企画趣味を諦めただろうか、あるいは束縛を耐え難いとして、一八九〇年にパリを去ったように、ニャチャンを去っただろうか？　彼は、全エネルギーと極度の集中力が必要となる別の研究に興味を持ち、医学教育では学んだことのなかった領域、畜産と農業、に引き込まれていったのである。

彼の選択は容易に推測される、すなわち惰性からの脱却と冒険である。彼なしにも二つの研究所は、年がたてば、多分ほんの少し教育をしながら簡単な検査室になることはできただろう、しかし誰もエルサンのように大きな研究課題を思いつくことはなかっただろう。さらに想像をたくましくしてみるならば、彼が去った後に、ルーは微生物技術講習会の生徒の中から選んで新しい所長を任命し、新しい所長は自分の科学的関心事を研究課題としたことだろう、このテーマは多分エルサンのものとは異なった、そして間違いなく、インドシナの知識がまったく欠如したものになったことだろう。最後にもう一つ、野心的で自分自身の成功を大切に考える副所長によってインドシナ・パストゥール研究所からエルサンが排除され、まったく新しい研究をする姿を想像することが出来る。アレクサンドル・エルサンはパストゥール研究所から離れて何になっただろうか？　彼が次々と、細菌学者、船乗り、探検家になった後もさらに別の問題に引かれて行ったように、パストゥール研究所を離れても多分平然として彼自身のままだっただろう。家畜飼育者と農学者になるために、一人で決心し最後まで一人で突き進んだことだろう。多分、ニャチャンを去らなければないことを残念がったことだろうが、内陸部に住み、保養地となったニャチャンの海岸に別荘をもって、他のたくさんの入植者たちと同じ生活を送ることは出来ただろう。

このような選択をする必要がなかったことは、エルサンの人生における幸運の一つだった。彼を称賛し、彼を尊敬し、彼の独立の必要性を理解した人々によって取り巻かれ支持されて、彼は義務と冒険を、最終的には、どちらにも一番いいように妥協させることが出来た。つまり、インドシナ・パストゥール研究所は、植民地の人および動物の病理学を最もよく知り最も指導能力のある男をトップに保つことになり、そしてエルサンは、既存の管理機構の中で一人いるよりもはるかに幅広く新しい研究を展開する手段を見出した。彼は、インドシナ・パストゥール研究所所長とパリ・パストゥール研究所代理人として牧畜と農園の新事業に取り組むことができ、その精神的、物質的利益は最終的にパストゥール研究所の利益になったのである。

第一次世界大戦末には、植民地では計画が目白押しだった。サイゴン研究所の拡張、ハノイ研究所の開所、フエ、ビエンチャン、プノンペンの市衛生局に所属する研究室の後援。このたくさんの計画は、敷設された道路・鉄道網のお蔭で経済発展中の国の需要にこたえ、植民地のさまざまな資源を開発することを可能にした。インドシナ総督府はパストゥーリアンたちの発展を支援する準備が出来ていた。

ルーとカルメットに相談するためにパリを訪れ、彼らの合意を得たエルサンは、それまで自分の就いていた地位を放棄することを告げた。彼は常に新しい取組みを奨励し、既得の情況に満足するよりも創造するために新分野の開拓をすることを好んだし、またキナの木の馴化試験に非常に夢中になっていたので、インドシナ・パストゥール研究所の将来のためにはトップに彼よりも若い人物（彼は六十歳に近かった）が必要と考えた。彼はノエル・ベルナールをインドシナ・パストゥール研究所所長兼パリの代理人に指名して、自分はインドシナ・パストゥール研究所の付属施設長になった。この《付属施設》の用語は家畜飼育施設と農園を総合したものである。

ノエル・ベルナールはエルサンの伝記の中で次のように書いている。

《このような無私無欲の例はきっと多くはないだろう。彼は身を引いて、自分自身のために非常に執着した主導権の自由を人に譲ったのである》。

仕事の煩雑さから、一九二五年ついで一九三五年十二月にインドシナの支所と総督府の間で新しい契約が結ばれた。

毎年きちょうめんに、エルサンはインドシナ・パストゥール研究所の総会を主宰した。彼はまた出席を要請されれば、自分を通して研究所の栄誉がかかっていると判断したときには、他の会合にも出席した。一九二九年に創設されたインドシナ経済財政大会議はその例である。その委員の大部分は植民地の異なる地方（トンキン、コーチシナ、安南、カンボジア、ラオス）の地域委員会によって選出されていたが、総督がインドシナのもっとも著名な人物の中から七人を選ぶ権利を留保していた。エルサンはその著名人の一人として、一九二九年十月二十日にハノイに召集されたこの大会議の最初の諮問委員会に出席し、最年長ということで議長を引き受けることになった。

ことに、ルーの死後一九三四年に創設されたパリ・パストゥール研究所の科学委員会の場合がそうだった。この委員会はエルサンをパリ・パストゥール研究所の名誉所長に任命した。一九四〇年まで彼は飛行機でサイゴンを発ち、委員会の毎年の審議に出席し、そこで有用な役割を演じた。なぜなら、ルーとの長い文通と、パリ・パストゥール研究所の研究と発見に絶えず注意を払ってきたことで、彼は完全に消息通になっていて、事情をよく心得た上で助言することが出来たから。

監督することと助言することだけが、こと研究に関しては、アレクサンドル・エルサンが一九一〇年から彼の死まで個人的に保ち続けた細菌学とのつながりである。彼のすべての活動は、彼にとってまったく新しい二つの領域つまり牧畜と熱帯農業に費やされていたのである。しかしながら、インドシナの支所で続けられた科学研究は、エルサンから恵まれた助言を受け続けていた。

インドシナ・パストゥール研究所の支所間の連携をさらに強化して、その研究を周知させるために、エルサンは『インドシナ・パストゥール研究所所報』を創刊することにした。一九二七年までは、インドシナの研究者の論文はさまざまな雑誌に公表されていた。まず『パリ・パストゥール研究所紀要』だが、そのほか『熱帯病理学会年報』、『海軍植民地医学誌』、『植民地医学衛生学紀要』、それに、『プレス・メディカル』、『医学アカデミー報告』あるいは『科学アカデミー報告』、その他さまざまな本国の雑誌である。インドシナで研究される主題の増加、したがってその結果生まれる論文の増加から、研究の進展と発見を公表するため、インドシナのパストゥール研究所に独自の雑

ニャチャン・パストゥール研究所の微生物学実験室

誌を創刊することが必要になった。一九二六年に、『インドシナ・パストゥール研究所所報』の創刊号が出版された。年二回の発行で、サイゴンで印刷され、医学研究、細菌学、寄生虫学、昆虫学、衛生学の原著論文、それとともに、インドシナの研究者によるもので他の雑誌に公表された論文の要約とパストゥール研究所の活動報告も掲載した。本家以外のパストゥール研究所はすでに独自の雑誌を持っていたか、あるいは持つ予定になっていた。『チュニジア・パストゥール研究所所報』は一九〇六年にシャルル・ニコルによって創刊され、アルジェの雑誌は一九二三年に始まり、ギリシャのパストゥール研究所は一九二八年から自分たちの所報を発刊する予定となり、モロッコは一九三二年の予定だった。フランスでは、リールとリヨンのパストゥール研究所もまた第二次世界大戦後に雑誌を持つことになる。

『インドシナ・パストゥール研究所所報』はエルサンの直接の共同研究者たち、特にアンリ・ジャコトによる非常に重要な研究を発表した。この研究は、エルサンが選んだ研究課題を倦むことなく深く掘り下げたもので、牛ペスト、パスツレラ症、敗血症性胸膜肺炎、スーラ病についての総説あるいは研究開発、牛ペスト、牛の壊疽性鼻炎、豚ペスト、あるいは羊天然痘の治療法を一九二六年から掲載した。一九四一年四月―十月付けの『インドシナ・パストゥール研究所所報』の最終冊子が印刷されたのは一九四四年八月のことだった。インドシナ情勢はこの出版物が定期的に再び発行されることを許さず、第九巻の三三／三四号で廃刊となった。

インドシナ・パストゥール研究所のうち最後に設立されたダラット研究所は、一八九三年六月二十一日、エルサンがモイ地方の三度目の探検で発見し感嘆したあのランビアン高原の上に立っている。そこには当初、木造の山小屋が何軒かあり、今世紀の初めエルサンが着手した農業試験を監督する人たちが使用していた。そこにたどり着くには山の麓まで続く悪路をたどり、そこから海抜一五〇〇メートルの高原まで文字どおりの登攀となった。空気は非常に清澄で、気候も温暖だったので、不十分ながらも近代設備の小ホテルができランビアンに滞在することが可能になった時、ヨーロッパ人たちはすぐ、この地で疲れをいやすために訪れるようになった。ポール・ドゥーメールによって計画された高地保養所の構想が軌道に乗り始めたのである。進入路の改修で高原の市街化が容易になると少しずつ小さな集落ができ、その最も大きい集落がダラットの町になった。一九二四年、総督府はサイゴン・パストゥール研究所所長のノエル・ベルナールを議長とする委員会を任命して、この新生都市の開発計画を衛生面から検討させた。

エルサンがランビアンをまず農業研究に当てたのは、血清やワクチンの製造のためにこの温暖な気候が持つ利点をいち早く理解したからだった。従業員は暑気や台風に苦しめられないし、気温は年中安定していて、なかんずく空気は清澄で、すべての条件が好都合だった。

ダラットにワクチンの工業生産のための近代的工場を建設することは、エルサンの合意を得て、インドシナ・パストゥール研究所所長によって決定され、新しい研究所は一九三六年一月一日落成した。この研究所の任務は、細菌ワクチンの生産のほか、飲み水の監視とその他の細菌学的、病理解剖学的検査を行ない、高原の人々の衛生状態を確認することだった。一九三五年には一八三八の検査、一九四〇年には五五七二の検査を行なった。一九三六年にはこれらの検査のうち二〇〇がマラリアの症例に関するもので、温和な気候で転地療養するためにダラットに送られてきた他の地方の病人のものだった。パストゥール研究所はこの現実に抗議した。

《ダラット市とその周辺地区は現在マラリアを免れている。しかし、マラリアが地方病として蔓延するドランとジリンの病人がダラットの病院に送られてきている。高地療養所に多数のマラリア患者がこのように集中することは、マラリア伝播能力をもち現在ダラットに生息しているアノフェレス蚊が、繁殖に好都合な条件を見つけた日には非常に重大な危険となるだろう》[4]。

ダラット・パストゥール研究所がインドシナの公衆衛生の監視に貢献する番である。

第十一章　ナムさん―漁師岬の老科学者を回想して―

エルサンと腹心の共同研究者たち
ダラットのエルサン高等中学校竣工式典
ナムさんと原住民の交友　ナムさんと子供たち
インドシナに捧げた一生

年月は流れエルサンは穏やかに老いていった、いつも何か新しい計画に夢中になりながら、牧畜と農園の監督に忙殺されながら、研究所の順調な発展を気遣いながら……。通常男たちの人生に彩りを添える結婚、子供、出世、栄誉などの節目は彼にはまったく関わりなく、時の経過はわずかな衰えによってしか読み取れなかった。つまり、老眼で鼻眼鏡の携帯が必要になったこと、頭髪のなくなったこと、靴の紐を結ぶのが次第に困難になったことなど、自ら選んで心底愛したこの国で、好きなように気分のままに過ごした幸せな日々には、意識に上ることの無かった身体の不自由である。一八九一年以来彼を魅了してやまなかったあの停泊地を、ベランダの下に置いたロッキングチエアから、うっとりと見ることのできる漁師岬の家であろうと、しだいに滞在することの多くなったスオイヤオやホンバの山小屋であろうと、エルサンは幸せな孤独の中で生きていた。彼の孤独は、他人に締め出されたことによるのではなく、もしそうだとすれば辛いところだが、それどころか、それは彼にとっては必須のもの、つまり自由を保つための確固たる選択だった。

アンリ・ジャコトが彼に捧げた追悼文の中で、あるいは、ノエル・ベルナールによる伝記の中で何度も繰り返されるのは、日常生活における簡素さ、社会生活の規範に対する関心の欠如で強まったぎこちなさ、彼が熟慮し慎重に信頼を寄せた人にしか感じ取れない隠された感受性の強さについて、そして特に、仕事や多様な領域に向けられた知的・科学的好奇心についての概念である。

彼が他所でまた別のやり方で活動することが出来なかったかどうかを確認する術はない。しかし、二つの好都合な状況のお蔭で、彼の活動が花開くことができたことを認めねばならない。一つは、彼がインドシナに来たのが、軍事征服が終了し行政構造が定着し始めた頃だったことである。彼は自分自身の資質だけで、植民地の中に、ある種の支配地を作り出すことに成功した。パリ省庁内の交替に従って任命され召還され配置換えされた総督、駐在官、官吏の交替に、何十年ものあいだ服従させられたインドシナで、エルサンはニャチャンの彼の研究所から、またどんな高等官僚より以上に、フランスの持続性、忍耐力、存在感を一身に体現していた。たとえパリに依存していたにせよ、そのパリはルーのパリでありブルボン宮のパリではなく、科学そのもののパリであり政治的拘束をするパリではなかった。もう一つは、インドシナで彼と接触し、彼を取り巻いた人たちが、幾つかの例外はあるにせよ、彼の相次ぐ行動を認めて手を貸したことである。確かに、幾人かはニャチャンを去って他所で活動を続けた。なぜなら、C・カレが自分の娘に言ったように、《エルサン博士の考えに異議を唱えることはできなかった》から。確かにヴェルネは、ルー宛ての長い辛らつな手紙[1]の中で、厳密にはパストゥール研究所の領域とは思えない領域（天文学、探検、写真）でエルサンが行なう研究を、気まぐれあるいは《気難しい男の気晴らし》と述べている。独創的で殊に独自性の強い考えは喜んでは受け入れられず、すべての人に認められるものではないのである。

実際エルサンは、彼と近づきになった人たち、なかんずく、彼の活動と独立にあらゆる形で手を貸し激励した二人の男によって、非常に鷹揚（おうよう）に理解され、称賛され、正当に評価された。その一人はノエル・ベルナールである。彼は一九〇〇年から一九〇六年の間に、ラオス、コーチシナ、安南、トンキン、シャムを踏破して、トンキン高地の鉄道工事現場の医療業務を組織したのち、インドシナ－シャム間の国境画定の任務に参加した。一九〇八年パリ・パストゥール研究所、次いでリールの研究所での研修が彼の一生を方向づけた。すなわち、リールでアルベール・カルメットと出合ったのである。二人はすぐに意気投合し、それは一九三三年にカルメットが亡くなるまで続いた[2]。一九一〇年、ノエル・ベルナールはフエに細菌学研究所を開設し、その後一九一四年にフランスに帰国して、最初はフランスの前線で、一九一六年からはサロニックとダーダネルスで戦闘に加わった。一九一七年にインドシナに戻り、サイゴン・パストゥール研究所の副所長〔一九一八年〕次いで所長〔一九一九年〕、のちにハノイ研究所所長になった。ノエル・ベルナールは精力的に活動を展開し、サイゴン・パストゥール研究所の研究室を再編成して拡張した。一九三六年には、ダラットの研究所の開設を指揮し、ビエンチャンとフエの衛生研究所を監督した。その後、彼はフランスに帰国して、パリ・パストゥール研究所の構内に建てられた海外パストゥール研究所研究棟の責任者となった。エルサンは、ノエル自身の資質と友人のアルベール・カルメットとの精神的つながりから、ノエル・ベルナールを好意的に受け入れ、一九一九年以来《彼は信頼の置ける男》と評価した。この信頼は決して揺らぐことはなく、ノエル・ベルナールは、エルサンの事務的拘束を出来る限り軽減しながら、カルメットとエルサンの研究を推進し続けた。ノエル・ベルナールは、エルサンの三ヵ月に一回のサイゴン訪問の折には、研究所が精神的にも経済的にも健全であることを見せた。エルサンは、ノエル・ベルナールからインドシナの支所を再編して拡張する必要性があることを知らされると、自分の代わりにノエル・ベルナールをパリ・パストゥール研究所代理人とインドシナ・パストゥール研究所所長に任命し、自分自身の役割をインドシナ・パストゥール研究所付属施設長と限定することをルーの承諾をえて決定した。この時、ノエル・ベルナールは先輩の職に就くことを自慢するどころか彼に敬意を表し、自分の崇拝の気持ちに深い愛情のニュアンスを込め、次のようにエルサンの伝記の中で表現している。《愛情を込めて彼を見守り〔……〕、家族的な思いやりの中で彼の愛情のこもった信頼に身を委ねることになった》と。サイゴンから、ダラットから、フエから、尊敬と《家族的思いやり》の中で、ノエル・ベルナールは遠くからエルサンを《愛情を込めて見守った》。

エルサンにさらに近しかったアンリ・ジャコトもこの同じ役割を果たした。エルサンがカルメットに若い獣医師を送ってほしいと依頼したとき、彼はパリ・パストゥール研究所の実験室で細菌学の研修を受けていた。[3] ジャコトは一九二二年一月にニャチャンに着任し、フランス人研究員用の三軒家の一軒に落ち着いた。この時期エルサンはゴムとキナの木の農園に夢中で、ジャコトは動物微生物学と牛ペスト部門の部長アンリ・シェインの助手になり、[4] 一九二七年にシェインが亡くなった後はその後任となった。その後、彼はエルサンに請われてニャチャン・パストゥール研究所の所長となった。この任地においても一九四七年にフランスに帰国してからも、彼の研究テーマは、動物ペスト、狂犬病、粘液腫、パスツレラ症、ブルセラ症に関する微生物学と応用免疫学、トリパノゾーマ症の化学療法、さまざまな免疫刺激物質の免疫刺激効果の詳細な研究、生物学におけるラテックスの吸着能力の証明などに及んだ。彼はまた多くの動物種のインドシナにおける馴化と交配も手がけた。一九二二年―一九四三年の期間中、アンリ・ジャコトはエルサンの最も近しい共同研究者で、エルサンは彼に全面的信頼を寄せた。カルメットとルーが数日間隔で殆ど同時に亡くなった後、パストゥール研究所の再編を迫られた一九三四年に、パリに長期滞在していたエルサンが手紙を送ったのはジャコト宛てだった。《ニャチャンのニュースを頻繁に知らせてください。僕にはそれが必要です〔……〕心からの友情をこめて》[5] エルサンが一九三八年九月に彼の遺志を入れた封筒を託したのもジャコトだった。エルサンがランベールの死亡公告の中に真心からの情愛を見せたように、ジャコトも自分の気持ちを隠さない。

エルサンとジャコト、1933年、ニャチャンにて

《今日〔……〕、自分の番が来て殆ど八十歳となり、私が、晩年

の彼にとって理解ある共同研究者、良き仲間でいられたことをいつも心地よく思い出します》。

インドシナの居住者も、短期滞在をしただけの人たちも、多くのフランス人が著名なエルサン博士に近づきたがった。植民地の生活ではよくあるレセプションや華やかな社交界の夜会では、よく彼のことが噂になったが、この地方の英雄は決してそこには姿を現さなかった。彼を訪問したいと言う人々にはがっかりするようなあらゆる噂がささやかれた。人付き合いの悪い人だとか、変わり者だとか、粗野な男だとか、風変わりな人だとか。それを無視して、彼に面会することが出来た人たちは、感動して戻ってきた。一九三三年にカルメットとルーが亡くなったあと、パストゥールの弟子のただ一人の生き残りは、小柄で虚弱な、[6]カーキ色の上着を貧弱に着込んだ男だった。彼は静かに相手に耳を傾け、対話者は彼の青い目と彼の短い返事に表される礼儀正しい無関心さによって次第に気後れさせられた。しかし、自分に懐かしい話になると、彼は俄然生き生きとなった。

《いつも非常に生き生きとした、この上なく純粋な水のような眼差しは、さらに力がこもり、一層鋭くなった。頭を軽く前に傾け〔……〕、他の話題では彼を黙り込ませていたあの羞恥心から解放されて、エルサンは言わなければならなかったことすべてを、簡潔に、明快に、自信を持って、力強く説明した[7]》。

彼が栄誉を軽視することは、一九二〇年に起こったある出来事で有名になり、サイゴンのサロンでは皮肉を込めて、パリの研究室では鷹揚にその噂をした。一九二〇年一月二十二日、エルサンは、パリで二ヵ月滞在した後、マルセイユでポール＝ルカ号に乗船した。フランス郵船の乗組員次いで乗客として、彼はサイゴン＝マルセイユ＝サイゴン航路ではよく知られていたが、その日、新規採用の若いスチュワードは別だった。このスチュワードは、いつものように古いカーキ色のスーツと開襟シャツを着て現れたエルサンが、食堂に入るのを断固として阻止し、サロンに入るにはネクタイの着用が義務づけられていると注意した。エルサンは船室に戻り、スチュワードの前に再び現れて言った、《このネクタイならいいかね？》開襟シャツの中には、レジヨン・ドヌール三等勲章のネクタイが滑り込ませてあった。一九六五年頃、この逸話はまだパリ・パストゥール研究所で、年寄りのパストゥーリアン達の間で流布していたが、日付を確定することは出来なかった。それは正確に一九二〇年一月に位置づけられるようである。なぜなら、この勲章は一九一三年八月九日の政令で彼に授与されたが、手渡されたのは戦後彼がフランスに旅行した折だからである。その後一九三九年八月五日に二等勲章を受章したが、そのとき彼は飛行機で旅行していた。

エルサンが栄誉を軽視したことと一緒に、与えられた栄誉を受け入れたことを思い起こしてみるのも矛盾しないだろう。彼が一度も栄誉を要請したことはなく、贈られて決して自慢したことがないことも周知のことである。一八九〇年にパストゥールが二十七歳の彼に教育功労賞を授与させたとき、彼は驚いて母親に書き送った。

《パストゥール先生が僕を教育功労勲章受章者にしてくれたのですよ。それは紫色の勲章で、フランスの大学人がすごく欲しがるものですが、僕はそれに殆ど値しないと思います》。

彼は、フランスやヨーロッパの学士院や学者の世界から、正会員あるいは名誉会員になってほしいと頼まれたときには、いつも同じように驚いた。彼は受諾するときにはいつも、栄誉は彼の師、パストゥールとルー、それにパリとインドシナのパストゥール研究所に帰属するものであることを強調した。

彼が賞もメダルも欲しがらなかったとしても、授与されるものの中には、彼を無関心にさせておかないものが一つあった。それはたとえ少額でも賞金付きの褒美で、彼はそれをすぐに手がけている研究につぎ込んだ。一八九四年十月のペスト菌発見に対するレジヨン・ドヌール勲章で、彼は《年二五〇フランのちょっとした年金、侮れないもの》を手に入れた。一九〇〇年六月二十二日に科学アカデミーによって授与されたフランソワ・オーディフレッド賞は一万五〇〇〇フランの副賞付きで、スオイヤオの財政を救済するのに彼は待ち焦がれた[8]。一九一六年に公教育省によって授与されたラセール賞は、八六五〇フランの《思わぬ授かりもの》で、彼はそれを、スオイヤオとホンバを結ぶ道路を建設するためにつぎ込み、《ホンバの施設を最終的に建設することを可能にした[9]》。一九二七年十二月に、彼は科学アカデミーのルコント賞を受賞した。《この賞はパストゥール研究所の名誉となり、賞金はインドシナにおけるキナの木の馴化試験に役立つでしょう》。

発見によって得ることも出来たであろう彼自身の名誉も個人的利益も、彼は気にすることはなかったが、反面、彼の助手たちが経歴を気にかけていることを非常によく理解して、彼らに有利になるようにとりなしの依頼だけは行なった。一八九八年七月七日にルーに宛てた手紙のくだりがそれである。《フランボーの勲章のために何か出来たでしょうか? 何も得られないとすれば残念です》。

インドシナでの生涯を通じて彼は、フランス人の社交界の催しも安南人の催しも巧みにかわした。しかしながら、高官たちのあいだで彼の持つ威光は、彼にすべての門戸を開いた。安南人たちは特に学識を高く評価し、ハノイ医学校の創立者エルサンは彼らの目には範とすべき人だった。彼が唯一承諾したのは会議に出席することで、最小限の集会に出席することは自分の義務と判断した。この同じ意味での義務から、一九三五年六月二十八日、ダラットのエルサン高等中学校命名式の式典で、バオダイ皇帝陛下の手から安南ドラゴン勲章の大十字章を受けることになった。

ダラットは当時ヨーロッパ人たちの保養と休暇で栄える小さな町で、一九二七年以来、小さな高等中学校でインドシナ在住フランス人子弟に寄宿教育を提供していた。一九三〇年にこの高等中学校の生徒数は一五〇人を数えた。評判がしだいに高まり、町は素晴らしい立地条件の土地に、六〇〇人近い生徒を受け入れられる大きな高等中学校を建設することを決めた。一九三五年三月、この新高等中学校の校長はエルサンに彼の名前を学校に冠することを承諾してくれるかどうか問い合せ、ランビアン高原のかつての探検家はこれを承諾した。一九三五年三月十日、『インドシナ官報』はダラットの高等中学校を《エルサン高等中学校》と名づける政令を掲載した。この命名は盛大な式典によって祝賀され、その模様はインドシナの多数の新聞に報じられた。一九三五年六月二十八日朝、ダラット駐在官・町長と町会議員は、まず、エルサン博士がアンリ・ジャコトとインドシナ公教育局長と一緒に待つダラット・パストゥール研究所の未完成の建物に集まった。六ヵ月後にこの研究所の所長になる予定のシューシャール博士が施設の訪問を案内した。続いて町役場がこの小グループを迎え入れ、駐在官が町のまだ新しい歴史を語り、高原発見の状況を時間をかけて説明した。次いでフランス人たちは安南政府政庁[10]で、安南人教育大臣、地方高官、地域住民の代表によって迎えられた。そこでは思いがけない喜びがエルサンを待っていた。かつて安南山脈探検の折に出会った二人のモイ族老人が見つけ出され、高等中学校の除幕式のためにダラットにつれて来られていたのである。三人の老人は再会を心から喜び合った。昼食会は、安南皇帝バオダイ陛下、インドシナ総督、安南とコーチシナの高等駐在官、フランス軍総司令官、そのほかフランスとインドシナの名士が臨席して、ランビアン宮殿で催された。皇帝はエルサンに安南ドラゴン大勲章を手渡した。午後は生徒たちへの賞の授与が行なわれ、エルサンはもう一度、理科の教師によって述べられる賛辞と演説を聴かなければならなかった。インドシナ総督は演説の中で、《精神的価値観が低下していると思える時代に》エルサンが見せた《高尚な模範》を賛美した。高等中学校の建物の訪問は食堂でフランスの習慣に従って《祝い酒》が振舞われて終わった。第二学年の生徒のデュヴェルノアが生徒を代表して挨拶し、エルサンが高等中学校に彼の名前を与えてくれたことに感謝した。

そしてエルサンが挨拶をした。彼はそれまでは礼儀正しく殆ど気のない様子で彼の生涯と冒険の話に静かに耳を傾けていた。新聞記者の撮った写真には、安南人の刺繍をたくさん施したチュニックとフランス人の地味なスーツの真ん中で、小さな白いシルエットの彼はそんなふうに写っている。エルサンの顔には、何の心配事も何の苛立ちもないが、ぼんやりとした様子が見える。そして特に高慢さはまったく感じられない。彼がようやく話し始めたとき、称賛の演説と自分の名前を冠してもらったことに対して率直な気持ちを述べ、すべては、知り合えたことを誇りに思う恩師のルイ・パストゥールと、二年前に数日の間をおいて亡くなった二人の友人、ルーとカルメットのお蔭であるとした。エルサンは自分に贈られたすべてを彼らに譲り渡し、自分ではなく彼らの手本こそ、この高等中学校の現在と将来の生徒たちにとって勤勉と誠実のモデルとしてほしいと述べた。

エルサン、73歳

　教師と生徒たちは、先輩たちに名誉を譲ろうとするエルサンが理解できなかった。エルサンは彼らの大偉人だったのである。彼らはエルサンの存命中にも彼を祝うことを希望して、一九三六年から一九四二年まで、毎年儀礼的に校長とエルサンの間で手紙が交わされ、校長はエルサンを七月の終業式に招待し、エルサンは謝して他の用事で出向くことが出来ないことを詫びた。それでも、エルサンは優等生に本を送り、校長は卒業生名簿とエルサンの本を受け取った幸運な学生の名前を送った。

一九三八年、エルサン高等中学校は偉人の胸像が欲しいと思い、ニャチャンの駐在官を介してインドシナ・パストゥール研究所所長に働きかけた。エルサンはきっぱりと断り、彼の側近の人たちを当惑させた。

《一九三八年三月二十六日、インドシナ・パストゥール研究所所長モラン博士より。ニャチャン在住フランス駐在官殿。貴殿からのご書面拝読いたしました。エルサン博士は、胸像のモデルになることはどうしても同意できないご様子であることをお知らせいたします。しかしながら、博士は彼の名前の冠せられた高等中学校に写真がおかれることは拒否されません。しかしその場合には、大寸の銅メダルの肖像が、パリの著名な彫刻家、プルードン氏によって刻印されているので、この芸術家に問い合わせて必要な大きさの複製か、この作品を複製する許可をとっていただきたいそうです……。駐在官殿に申し訳ありませんが、この提案をお伝えすることしか出来ないことを残念に思います。この提案により、われわれにかなえられる希望と、エルサン博士の個人的自己顕示に対する非常に強い反対を、妥協させていただけることを祈ります。ル・チエン・プック氏には、彼の人格や才能はまったく原因ではないこと、エルサン氏がモデルになることを拒否されるのはいつも彼の行動を規定している一般原則に従っているだけであることをご考慮いただけることをとくに望みます。研究所ひいきのプルードン氏のメダルは、大多数のパストゥーリアン、彼の同時代人のメダルと一緒に造られ、これは特別な、当時から二度と繰り返されたことがない例外的な事例です。ル・チエン・プック氏には、われわれの親愛な学長に対して称賛の証をいただいたにも拘らず不愉快な思いをさせて申し訳ありませんが、この説明をしていただいたうえ、この件の決定はエルサン氏一人によるものであることをお伝えいただければ非常に有難く存じます》。

エルサンはフランス人や安南人の社交界の催しを避けたとしても、ニャチャンの現地住民の中には喜んで加わった。エルサンは彼らの仲間であり、彼らはエルサンの仲間だった。親切で、愛想良く、慎みがあり、尊敬のセンスがある安南人の美点が、最も目立たない階層の人々でさえ、エルサンにくつろぎを感じさせたのである。エルサンは、いい近所づきあいの関係を彼らに重苦しく感じさせるような、あるいは悪くするような、何の気兼ねも心配する必要がなかった。彼らは、自分たちの生活にも似た、殆ど貧しいともいえるようなエルサンの日々の生活が好きだった。彼らは、学者エルサンを、彼らと家畜を怖い病気から守ってくれる人として尊敬した。エルサンは、彼らの慎み深い存在を評価し、一八九五年から一九四三年までの間、いつもニャチャンの子供たちを世話し、助言を与え、保護した。子供たちは彼の名前を正しく発音できず、《ナムさん》とあだ名をつけた。安南人の言葉でナムは第五の意味で、人々はエルサンがフランス陸軍の軍医大佐であることを知っていて、肩書を非常に尊敬する安南人たちは彼の階級章の五本の金筋にふさわしい名前、ナムをつけた。しかし彼は決して制服を着用せず、姉に次のように書いている、《僕は二月一日で退職しました。しかし僕は殆ど軍人だったことはないので、それによって殆ど変わることはありません》。

安南人たちはまた、エルサンの大の暴力嫌いが好きだった。彼の馬をおびえさせて二輪馬車を転倒させた無謀な男に、鞭打ちの刑を課すことを同意したのはずっと昔のことだった。逆に、もう年をとってから、自転車に乗っている彼をはねたトラックの運転手を告訴することを拒否した。彼は動転している男を慰め、自分のすりむいた膝に包帯をするために立ち去った。港の長老として、ニャチャンの漁師たちのけんかを諭すときは好んで説教師の口調になり、モルジュ自由福音者教会の正真正銘の信者として和合を説いた。

たとえ彼が厄介者、役人、旅行者に家を閉ざしたとしても、ニャチャンの子供たちには自由な出入りを許し、子供たちの一人で後に作家となったクン・ジュウ・グエンは、童話集や絵本がたくさんあるナムさんの図書室をたびたび訪れたことを回想している[11]。良きスイス人として、エルサンは万年暦付きの立派な時計[12]を持っていて、これを紐でボタンホールに留めて、麻の古いジャケットの胸のポケットに入れていた。エルサンは、この時計のムーブメント・ケースを開いて精密な機械装置を子供たちに見せるのが好きだった。子供たちはまた天体望遠鏡をのぞく権利ももらっていた。また、エルサンはしばしば家のベランダの下で映画会を催し、シャルロの映画やパリのドキュメンタリー映画を上映した。村の子供たちに対する極端な寛大さはマーブルグの外科病棟やパリ小児病院の病気の子供たちに対する態度の延長だった。

彼は意思表示できる程度にしかベトナム語がうまく話せず、遠まわしな言い方やいい加減な言い方を用いた、なぜなら、念を入れて長い間勉強したのだがいつまでたっても安南語は恐ろしく難しく思えたからである。それに反して、晩年はギリシャ語とラテン語の翻訳をすることに無上の喜びを感じていた。大判ノート七頁にわたる書き込みが古典文学の時間に出会った作家たちに対するこの趣味を示し、ページの表裏両面には、フェードルの二つの寓話、ウェルギリウスの牧歌、ホラチウスの頌歌、それにサルスティウス、キケロ、プラトンとデモステネスの断章が書き込まれている。エルサンは、各行の間に広いスペースを残して丁寧に原文を（インクかタイプライターで）書き、そのスペースに若い頃から変わらぬ小さなきれいな字体で、自分の翻訳を鉛筆で殆ど字句を抹消することなく書きこんでいる。

第二次世界大戦の初めから、エルサンは紛争が東南アジアまで拡大する可能性を感じ取っていた。一九三九年十二月二十六日甥のアドルフ[13]に次のように書いている。

《ここインドシナは遠く隔たっていて比較的静かです。もし日本が現在の態度を維持するなら、すべてうまくいくでしょう。さもないと、何が起こるかまったく予想できません》。

日本はローマ―ベルリン枢軸に入り、フランス植民地の北部を侵略することになった。一九四〇年八月三十日、東京のフランス大使は極東における日本の優位を認め、トンキンの三つの空港を日本軍に譲渡して、六〇〇〇人の軍人を受け入れざるを得なくなった。間もなくこの数字は二万五〇〇〇人の日本兵となり、インドシナ北部に駐屯した。この時期、ヴィシー政府は極東フランス艦隊司令官のドクー海軍大将をインドシナ総督に任命した。翌年ハノイに駐屯していた日本軍大将は、

エルサンの墓

植民地の南部にある多くの軍事基地を自由に使用させることを強要し、この要求はヴィシー政府によって一九四一年七月二十三日受け入れられた。七月三十日、五万人の日本軍がサン-ジャック岬に上陸した。日本の圧力は狡猾かつ公然となり、日本人たちは宗教宗派と政治活動を通して非合法的宣伝によって抗仏運動を奨励した。次第に侵略を進める日本人とインドシナ問題を直接東京と交渉するヴィシー政府の間に置かれて不快に思うドクー海軍大将は、日本人を阻止しフランスの植民地開発の恩恵を想起させる試みに出た。[14]

一九四二年、ドクーはエルサンに雑誌『インドシナ』に彼の探検談を執筆するように依頼した。エルサンは旅行手帳を探し出し、最初の記事は罰の宿題のように日付を間違えて執筆し、一九四二年七月に雑誌に掲載された。

《私の記憶に間違いがなければ、それは一八九〇年七月のことだった。当時私はフランス郵船の船医としてサイゴン－ハイフォン間を航行する客船に乗船していた》。

しかるに、一八九〇年には、ルーの微生物学講習会が七月五日に終わり、エルサンはフランス郵船の返事を待ちながらパリの病院でまだ研修中のことで、まだ行く先を知らなかった。過去を振り返ることにはまったく興味がなかったのである。

一九四三年二月二十七日、前日まで真夜中と朝六時に起床して漁師岬の家の部屋から潮位を記録していたエルサンは、この日の日中疲労を感じてベッドから起き上がることが出来なかった。忠実な召使のチャン・クァン・セーはアンリ・ジャコトに知らせ、ジャコトが老人の枕元に付き添った。一九四三年三月一日の夜、午前一時、エルサンは安らかに息を引き取った[15]。あと六ヵ月で八十歳だった。

朝、ニャチャンとスオイヤオのパストゥーリアンたち、ガロア家の人々、R・ギシェ、J・ヴィト、G・ルルー、助手のトン・ザット・チが遺体を安置した部屋に集まり、そこでアンリ・ジャコトが、一九三八年九月九日エルサンが彼に手渡した遺言書を読みあげた[16]。

《私は、私の甥であり、オーボンヌ（スイス、ヴォー州）中学教師のアドルフ・エルサンに、パリ、ルクルブ通り二番地、リヨン銀行A.O.支店、当座預金（口座四一五六）に年金と現金の名目で所有するすべてを遺贈する。彼はこの金額を彼の兄弟と姉妹に公平に分配するものとする。私は、私が建築させた不動産、すべての私の家具、冷蔵庫、ラジオ受信機、写真機、それに私の全蔵書と科学機器を含めて、インドシナ・パストゥール研究所に遺贈し、インドシナ・パストゥール研究所はこれらを意のままにすることができる。地球物理、天文学、気象学などに関する科学機器は、パストゥール研究所において誰もこれらを用いることが出来ない場合には、フーリエンの中央天文台に託することが出来る。私は、私の年老いた忠実な安南人使用人たちに、期限付き債権の利子に由来する終身年金を分け与えることを希望する。この債権は、サイゴンの香港上海銀行にこの目的で購入し、スオイヤオのA・ガロア氏が保持する。ジャコト氏は使用人たちにこの年金を分配する面倒を引き受けることを希望する。すなわち、ヌオイ、ドン、セーを第一に、次に私の庭師のチンチ、鳥の世話をしてくれたドー、チュット（R・ガロアの昔のボーイの息子の一人）、それに、ジャコト氏がふさわしいと判断する私の取巻きのその他すべての人たちに。私は、華美にならず弔辞もなく、簡単に埋葬されることを希望する。ニャチャン、一九三八年九月九日。エルサン。追記。香港上海銀行の私の当座預金口座と私個人の金庫にある現金は、私のすべての借金を支払ったのち、私の安南人使用人たちへの年金支払いに当てられる元金に加えられるものとする》。

《華美にならず弔辞もなく簡単に埋葬される》というこの希望は、インドシナの新聞による死亡通知に対する大きな反響にも拘らず尊重された。サイゴンの主要新聞、『クーリエ・オピニオン』

紙は第一面に《科学とインドシナに捧げた一生》の見出しをつけた。

一九四三年三月三日、エルサンの棺は、ニャチャンのパストゥーリアン全員とサイゴンから来た数人を先頭に多くのちぐはぐな群集に付き従われ、漁師岬の家を発ちニャチャン川を渡った。正装をしたフランス人の民間人と軍人の名士、ニャチャンのたくさんのフランス人に、この地方の安南人すべてが加わった。というのは、この日は漁師達が海に出なかったからである。彼らは家族を連れ、葬列の道に立てられた祭壇から香煙が立ちのぼる中、最後の旅路に発つナムさんに別れを告げにやってきた。質素な棺はアンリ・ジャコトによって選ばれた埋葬地のあるスオイヤオに運ばれ、丘の中腹にある、エルサンがこよなく愛したこの土地に遺体は埋葬された。

パストゥール最後の弟子の逝去は新聞に報道され、科学界に彼の業績を想起させる一方、ニャチャンの多くのベトナム人家庭では、彼の想い出は死後四九日間死者に捧げられる法事の対象となった。すなわち、エルサンの写真が家庭の祭壇におかれ、週一回の命日に家族はその前に集まった。伝統料理を載せたお盆が祭壇に置かれ、線香に火をつけて祈りを捧げた。それから、お盆が祭壇から下ろされ、あたかも死者がまだ居るかのようにみんなで食事をした。

七週の終わりの死後五〇日目になると、最後の食事をして安南人の葬儀の祭礼が終わった。ナムさんに敬意を表してニャチャンの多くの家庭で行なわれたことである。

エルサン死亡の知らせはフランスの科学界では比較的に知られることなく終わった。ドイツ占領軍は外部世界のニュースを検閲し、フランス人は自分達のすぐ先の将来に気をとられ、一八九四年のはるか昔の発見以来、栄誉を人々に表明することを極力避けてきた男に、深い悲しみを感じることはなかった。新聞雑誌のこの沈黙は、ニャチャンの孤独な男を喜ばせたことだろう。

第十二章　エルサン以降―動乱の時代を経て今―

大戦後の動乱とペスト　生き続ける住民の崇拝と伝説

一九四五年三月九日、エルサンが亡くなって二年後、インドシナに駐留するフランス軍と日本軍のあいだの不安定な均衡は、日本軍の武力行使で荒々しく破られた。ヨーロッパにおけるナチ勢力の崩壊とアメリカによる太平洋の島々の奪還で（マニラは一九四五年二月五日に奪回された）、日本人たちはもろに脅威を感じ、一九四五年三月九日、日本政府は、万一のアメリカ軍の上陸に対して植民地の防衛体制をとるために、ドコー提督に対しフランスの陸海空軍とすべての行政機関職員が日本の統制下に入るよう強要した。その夜、国中でフランス兵士は投獄され、抵抗するものは虐殺され、家は略奪された。ニャチャンもこの暴力を免れず、エルサンの家も《訪問を受けた》[1]。

こうして、一九七五年四月三十日にサイゴンが陥落するまで、インドシナを粉砕する長い戦争、破壊と殺戮の三〇年が始まった。フランス軍と英国軍は、北部に駐留していた日本人と中国人を追放したが、その後はベトミン・ゲリラの執拗な攻撃を受けることになった。一九五四年、ディエン－ビエン－フー陥落でフランス人が引き揚げたあとは、激しい政治的変貌の歳月と国の分割、すなわち、北部のベトナム民主共和国は、当時同盟していた二つの体制が信奉する毛沢東型とソヴィエト型の社会主義をトンキンと安南の一部に強制し、他方、南ベトナム共和国は、政治党派や宗教宗派の反乱と、変貌しつつある南に潜入した北の地下運動員の、姿は見えないが現実の存在によって揺さぶられ、相次いで政府が入れ替わった。南ベトナム共和国に共産主義者が浸透することに不安を感じたアメリカは、一九六五年から公然と軍事介入したが侵略を阻止できず、一九七五年、南ベトナムを放棄した。かつてのフランス植民地は完全に社会主義国になったのである。

インドシナ戦争にもかかわらず、一九五三年には、エルサンの没後十周年記念式典がスオイヤオの墓で、民間人高官と宗教界の高位者の代表を始め、サイゴンとニャチャンのフランス人名士、大勢の安南人が参加して催され、儀式は線香の煙の中で祈りと瞑想によって執り行なわれた。その儀式の盛大さは多くの地方新聞によって報道された。[2] この行事は十周年ということで際立ったとはいえ、ささやかな行事はほかにも毎年十一月二日の死者の日にキリスト教の慣例にのっとって行なわれた。

一九五八年、ニャチャン・パストゥール研究所所長はエルサンの家を憲兵隊が使用することを認めた。エルサンの個人的持ち物の大部分は、エルサン博物館に改修されたパストゥール研究所の一室に移され、現在もそこには彼のベッド、書籍、天体望遠鏡とさまざまな機器が保存されている。一方ユアール博士はフランスに旅行するたびに、そのほかの個人的な品をパリに運び、これらの品々はパストゥール博物館に保存されている。

一九五四年のジュネーブ協定ののち、インドシナ・パストゥール研究所は一九五九年一月八日の大統領令により《ベトナム・パストゥール研究所》となり、フランス人職員は安南人と交代してインドシナを去った。次いで二月二十日、インドシナ・パストゥール研究所をベトナム共和国政府に正式に譲渡するための委員会は、建造物と非建造物の目録を作成した。研究所のほかに、サイゴンに四軒、ダラットに一〇軒、ニャチャンに四軒の家、それにスオイヤオ（一五九一ヘクタール）のほか、小ランビアン、ドラン、ディオムの農園があった（農園面積は、一九五五年に、共産主義の北部を逃れてきた避難民を受け入れるために、ジリンの土地を共和国政府に寄贈したことと、一九六六年、活用していない森林一二一九ヘクタールを放棄したことで縮小されていた）。ダラットの四軒の空き別荘は、一九六八年のテト攻勢の折に破壊された。

パストゥール研究所はかろうじてワクチンを製造し、医学生物学検査室の役割を果たし続けていたにせよ、農園は世界市場の経済状況のせいで、瞬く間にその価値を失った。第二次世界大戦後、市場に現れた合成抗マラリア剤はキナの木の栽培を無用にし、スオイヤオで収穫されたゴムにはもう買い手がつかなかった。すなわち、そのラテックスの生産高は他の農園の生産高に対抗できず、また際限ない戦争状態のため集約農業は出来なかったのである。熟練した職員は動員され、能力のないクーリーに代わった。農園技術部長のG・ド・シガルディは、バルサ、カポックなど多くの新しい栽培を試みたが、採算の取れる量の販売には成功しなかった。薬用植物（*Paravallaris, Gelsemium elegans, Vinca rosea*）と織物原料植物（*Sansevieira*）は、潜在的戦争ムードで買い手が離れていったため販路が見つからず次々に放棄された。

一九六三年、ニャチャンはナムさん没後二十周年記念式典を執り行ない、仏教とカトリックのお祈り、歌、香煙の中を、《アレクサンドル・エルサン没後二十周年記念》の吹流しを掲げて、長い行列はスオイヤオに向かった。この式典に参列していたグラール病院院長のF・メルル軍医大佐は、一八六三年七月十二日生まれのカルメットと九月二十二日生まれのエルサンの生誕百周年に、この二人のパストゥーリアンにあわせて献辞を捧げることを決め、ベトナム人彫刻家グエン氏にブロンズの浅浮彫りを注文した。この浮彫りには、左にエルサンの顔、右にカルメットの顔、その間を《一九六三年》の日付で隔て、《サイゴンの医師、陸海軍衛生学校卒業生から偉大なる先輩達へ》の言葉が入れてあった。このプレートは、各国の大使、南ベトナム政府保健大臣、そのほか多数のフランス人の出席のもと、グラール病院管理棟前の庭園に、丁寧に磨かれたセメントの土台に固定された。

この思い出の石碑は、政治的軍事的混乱で動揺する町で除幕された。というのは、その数日前の一九六三年十一月一日には、ゴ＝ジン＝ジエム大統領が反乱部隊によってサイゴン教会出口で暗殺されたばかりだったからである。この結末は、軍人と民族主義者と宗教宗派が、すでにベトコンのテロの標的になっていた体制を、ゆすぶり続けていた長年の暴力の果てに突然に訪れたのである。

フランス政府からベトナム政府への交代は、現場に住むフランス人達の地位を著しく変えた。

《パストゥーリアンたちの間にかつては常にみなぎっていた心のこもった関係は、確かに相変わらず非常に慇懃ではあったが、相手側の〝公明正大さ無しの〟ビジネス関係へと急速に変化していった》[4]。

物質的状況は不安定になった。パリ・パストゥール研究所が所有する家に住むベトナム人達は異常に安い家賃を支払っていたが、国家がその四〇パーセントの税金を差し引き、そのため残額では建物の維持が出来ず、建物はまたたく間に傷んでいった。一九七五年四月にサイゴンが陥落し、北ベトナムの体制が国全体に定着すると、インドシナに住む数少ないフランス人に対してばかりでなく、ベトナム・パストゥール研究所のベトナム人医師や従業員に対してさえ、人間関係に礼節を欠くようになった。

それでは、ペストは？　ペストは非常にしばしばそうだったように、戦争と住民の移動と監視体制の弛みによって必ず助長される。インドシナ・パストゥール研究所のフランス人たちが立ち去った後がそうだった。一九四〇年から一九六三年まで、年間発生件数は一〇〇例に達しなかったが（一九四八年から一九五四年を除いて）、状況は一九六三年から悪化した。一九六二年には、五つの地方だけが冒されていたが、一九六四年には一〇地方が冒され五一四件の発生があった。一九六五年には二四地方で四五〇〇件となった。流行は一九六六年から劇的となり二八四四件が発生した。翌年五六一九件、一九六八年には四一九四人のベトナム人がペストに罹った。一九六九年には三八五〇人で翌年は四〇五六人。一九七一年に三九九七件、一九七二年に一三四〇件。翌年は四二五件だけだったが一九七四年には一五五二件。インドシナ北部の五地方はそれまで免れていたが、三五パーセントの症例がそこに集中した。枯葉剤の使用によって森林が破壊され草本植物に取って代わられたことが、野生齧歯類間のペストの蔓延をどの程度助長したかは評価が難しい。

一九七二年に、一四年来ペストを免れていたカンボジアで、サイゴンの西でベトナムに隣接する、スヴェイリーン地方が冒された。一九五五年以来静まっていた昔の汚染地区が甦ったというよりも、ベトナム難民がスヴェイリーン方面に脱出したためとしなければならない。この地方の人口は戦闘の開始から数ヵ月で二万から一〇万に増加しているからである。

一九七五年四月、サイゴンはホーチミン市となった。その年の初め以来、五三六件のペストがすでにベトナムで報告されていた。これは新しい政府当局が、疫病対策に最も有能なベトナム人、グエン＝ドック＝ハン博士、を再教育収容所に送り込むことを決めたその時期に当たる。サイゴン・パストゥール研究所のペスト部門を一三年間指揮してきた彼は、そこに四年間留まることになるのである。

一九八四年

西洋の影響力の名残がベトナムで風化してゆく一方で、エルサンの名前はこの地で評価が衰えることはなかった。旧インドシナで、この名前は彼の死後ニャチャン、サイゴン、ハノイ、ダラットの道路に付けられて、道路の呼び名として残った。フランス人の姓が容赦なく消される一方で、先ず一九五四年そして特に一九七五年以後も、エルサンの名前は躊躇の気配もなく残されている。一九六三年にサイゴンの病院の庭に設置された石碑も大切にされた。

漁師岬の孤独な男に対する住民の崇拝は非常に根強くまた非常に素朴だったので、伝説が生まれることになった。エルサンにはラデ族[6]の美しい女性とのあいだに息子がいたというのである。この息子は父親と一度も一緒に住んだことはなく、山の中で母親とともに住んでいたが、成人して父親から狭い畑をもらって生計を立てたという。この伝説はニャチャン・パストゥール研究所の安南人職員の間では《紛れもない真実》として通っていたが、これは感動的だが曖昧な伝説に過ぎない。ラデ族は、バナール族やチャム族同様に、すべての調査を逃れて、安南文明やフランス文明とは無縁の山岳地方で生活していた。伝説は、最も捕らえどころのない部族から幸運な娘を選び、好都合なぼかしをかけた。この伝説はエルサンの死後数年たってから生まれたものである、とジャコト博士は明言する。すなわち、一九二二年に彼が着任してから一九四七年に離任するまでの間、彼はこの子孫について一度も聞いたことがないと言う。しかしながら、地方の慣習がエルサンの息子の伝説を作り上げることに貢献したかもしれない。インドシナのフランス人家庭の中には、たとえ原住民の両親から生まれた子供でも家族の構成員となった場合には、養子にする習慣があったのである。ところが、ニャチャンの村人達の生活に気を使っていたエルサンは、自宅に気前良く子供を引き受け、惜しみなく援助金を与えて家族の面倒をみて、彼らのうちの何人かをその出生に関わりなく精神的に《養子にする》ことが出来た。彼はあまりにも名誉感と義務感を持っていたので、もしその伝説が現実であれば、父子関係を引き受けないはずはなかったし、自分の子供にただ小さな農地を譲与して満足するはずはなかった。ユアール博士が一九四九年にニャチャン・パストゥール研究所の所長になったとき、エルサンの《息子》の一人が研究所の電気技師で、その実の息子は町の冷蔵庫を修理していた。エルサンの《息子》と《孫》の二人とも純粋の安南人だった。したがって、息子の遺伝的観点からは伝説だが、相互の愛情でエルサンと結びついている住民たちの中で、独身老人の父らしい存在感を示す伝説である。

今日、ニャチャン・パストゥール研究所はなお存在する。エルサンの昔の書斎は《エルサン》博物館として保存され、建物の残りの部分には、壁にマルクスとレーニンの肖像[7]が飾られている。

漁師岬の家はもうない。ベランダで囲われたブロックハウスは消えうせ、その場所にはベトナム民主共和国の警察官専用のホテル‐レストランが立っている。

しかし、エルサンの墓は丁寧に手入れされ、今もなお人々の尊崇を集めている。スオイヤオの農園では、植林地の大部分で森林が再び生い茂っているが、丘と墓のある庭園は、手入れを担当する村人が常時番をしている。赤い大きな墓石には、浮き彫りの白い大きな文字で、《アレクサンドル・エルサン　一八六三―一九四三》と書かれ、小さな四角な植木鉢に植えられた多肉質の植物が墓所を取り囲む。左手にはG・ド・シガルディの指示で建てられた小さな《祠》があり、祠の奥にはエルサンの写真が飾られて、墓参りの人がいる時は、その前で二本のろうそくが点されて線香が焚かれる。

この老人が、晩年、ヨーロッパのご先祖のもとに戻りたい気持ちを抑えて安南の地に永久に留まる決心をしたことは、ベトナム人たちの大きな誇りである。

彼は今も生前と同じように、独りで、あくまでも独りで眠っている。

年譜

一八六三年　九月二十二日。アレクサンドル・ジョン・エミール・エルサン、ラヴォー（スイス、ヴォー州オーボンヌ近郊）で誕生。父アレクサンドル・ジャン・エルサン（九月二日死去）と母ファニィ・モシェルの次男。未亡人ファニィ・エルサンは三人の子供（エミリー、フランク、アレクサンドル）と共にラヴォーを去りモルジュに定住して女学校を開く。アレクサンドルはシャルパンチエ通りの男子中学に通う。

一八八三年　ローザンヌの古典語中学校生。七月二十一日文科バカロレアに合格し、ローザンヌ・アカデミーの医科学部門で医学の勉学を開始。

一八八四年　ドイツで勉学を継続。十月十五日マールブルグに着きウィガンド教授宅に下宿。

一八八五年　七月二十五日：ジョゼフ・メイスターが狂犬病予防接種を受ける。八月五日：マールブルグ大学学年末。エルサンはパリで医学の勉学を継続する決心をして十月二十七日パリに着き、オテル・デュー市立病院のコルニル教授の研究室に入る。

一八八六年　四月十日：高等師範学校でパストゥールの助手ルー博士に出会う。ウルム街の研究室に入室を許され狂犬病ワクチン接種治療時にパストゥールとルーを手伝う。

一八八七年　小児病院のエクスターンとして当時の二大疫病の結核とジフテリアを観察する。ルーは結核研究のための個人研究助手としてエルサンを雇い、エルサンはルーにジフテリア研究を提案する。

一八八八年　一月：医学の最終試験に合格し学位論文《実験結核の発症についての研究》を準備して五月二十六日に発表、一八八九年一月医学部の銅メダルを授与される。五月二十七日―六月二十八日：ベルリンでローベルト・コッホの細菌学講習会を受講。十一月十四日：パリ・パストゥール研究所落成式。

一八八九年　一月十一日：フランスに帰化。ルーと共著でジフテリアについての三篇の論文（一八八八年、一八八九年、一八九〇年）を発表。三月十五日―四月二十五日：パリ・パストゥール研究所で最初の微生物技術講習会。ルーが講義し、エルサンが助手を務める。五月七日：万国博開会、エッフェル塔落成。九月一―八日：海岸（ディエップ、ルアーブル、オンフルール）で休暇を過ごし海に魅せられて帰る。十一月十五日―一八九〇年一月五日：微生物技術講習会で講義。

一八九〇年　二月二十日―四月四日、六月二日―七月五日：微生物講習会。同時にフランス郵船の船医になるための運動を始める。九月二十一日：マルセイユで乗船。サイゴン‐マニラ航路に配属され長い寄航を利用してこの二都市の内陸部を探検。

一八九一年　サイゴンでアルベール・カルメットに出会う。サイゴン‐ハイフォン航路に配属されインドシナ海岸の沿岸航海をしてその地図を作製する。ニャチャン湾に魅せられて七月二十九日から八月十日まで内陸部を踏査。十二月二日：フランス郵船に願い出て休暇を取りインドシナを探検。

一八九二年　三月二十八日―六月二十五日：ニャチャンを発ちアンナン山脈の初めての横断を達成してプ

ノンペンに到達する。十月：パリ旅行、インドシナで任務をもらうため省庁に請願。

一八九三年　一月：サイゴンに戻る。サイゴンから（二月二十四日）、ファンランから（六月二十六日）探検。六月二十一日、のちにダラット市が建設されることになるランビアン高原を発見。

一八九四年　総督がニャチャン-トゥーランの道路の道筋を踏査することを依頼。二月十二日出発して五月七日トゥーラン到着。サイゴンに戻り、フランス政府とパストゥール研究所により、中国で発生し香港に大被害をもたらしたペストを研究するため派遣される。六月十五日：香港到着。六月二十日：ペスト菌を分離して帰国するまで（八月八日）ペスト菌の研究。人ペストと鼠ペストの同一性を証明しペスト疫学におけるネズミの役割を強調。七月三十日：E・デュクローがエルサンの論文《香港のペストについて》を科学アカデミーに提出。

一八九五年　一月十一日：ニャチャン出発、ディエゴ-スアレスに滞在してヘモグロビン尿性胆汁熱を研究。四月初めパリに到着してルーとカルメットに再会し、抗ペスト血清を共同で作製。インドシナ公教育省からインドシナ家畜疾患をニャチャンで研究する任務を獲得。七月末出発前に、衰弱の激しいルイ・パストゥール（九月二十八日逝去）に挨拶し、八月四日抗ペスト血清を持ってマルセイユで乗船。ニャチャンの海岸近くに小さな研究室の開設。古い防塁を自分用に購入して改造、漁師岬の家。

一八九六年　ペストがカントンで猛威をふるい、抗ペスト血清を用いて多数の治癒症例。ニャチャンで新実験棟を建築。動物を飼育し試験栽培をするため近くの山のスオイヤオに払い下げ地を購入。

一八九七年　ペストがボンベイで発生し、三月五日抗ペスト血清を持ってボンベイに到着。五月末別のパストゥーリアン、P-L・シモンと交代、シモンは六月二日ペスト伝播における蚤の役割を発見。七月：ニャチャンに戻る。スオイヤオに於いてさまざまな試験栽培の開始。

一八九八年　六月から一八九九年一月まで：中国密輸船によって持ち込まれたペストがニャチャンで流行。
一八九九年　パラゴムの木の最初の植付け。
一九〇二年―一九〇四年　インドシナ総督ポール・ドゥーメールの要請でハノイ医学校を創設し校長となる。
一九〇四年　ニャチャンに戻る。地域の人と動物の病気の研究。ラテックスの初めての収穫をミシュランが購入。
一九〇五年　母親ファニー・エルサンの逝去。ニャチャンの研究室を公式にパリ・パストゥール研究所に併合しニャチャン・パストゥール研究所を名乗る。
一九〇六年　姉エミリーがモルジュの家を売却し町の山手で養鶏を開始。養鶏に関心を持った弟は長年にわたりインドシナでヨーロッパの家畜と多くの植物種の馴化を試みる。
一九〇八年　天文学に熱中し、自宅の屋上に大天体望遠鏡とプリズム天体観測儀を収納したドームを作らせる。
一九一五年　ホンバに新しい農業試験場を開設し、インドシナに必要なキニーネを生産するためにキナの木の馴化の試みを開始。
一九二五年　兄フランク逝去。
一九二九年　大気中の電気の研究。
一九三〇年　この年以降、船（一月）によらず航空機（七日）で渡仏。
一九三二年　姉エミリー逝去。
一九三三年　アルベール・カルメットとエミール・ルーが数日の間を置いて逝去。
一九三四年　パストゥール研究所名誉所長に任命され、以後毎年総会を主宰する。

一九三五年　六月二十八日：ダラットにエルサン高等中学校落成。
一九三六年　一月一日：ダラット・パストゥール研究所開設。
一九四〇年　最後のフランス旅行：一九四〇年五月三十日のパリ－サイゴン便。ニャチャンに戻り、潮の研究に取り掛かる。
一九四三年　二月二十八日夜逝去。三月三日スオイヤオの丘に埋葬。

註

まえがき

1 J.-N. Biraben, *Les hommes et la peste en France et dans les pays européens et méditerranéens*, Paris, La Haye. éd. Mouton, 1976. Tome I : *La peste dans l'histoire*. Tome II: *Les hommes face à la peste*.

2 ベトナム・パストゥール研究所事務局長。

3 イヴォンヌ・バスタルド－エルサン夫人のコレクション。

4 Renchnick P., «Les orphelins mènent le monde». *Médecine et Higiène*, 1975, 33, pp. 1745-1766.

第一章

1 A. Forel: « Notice sur A. Yersin, membre de la Société vaudoise des Sciences naturelles », *Bulletin de la Société vaudoise des Sciences naturelles*, 1864-1865, VIII, pp. 228-234.

2 W. Martin: *Histoire de la Suisse. Essai sur la formation d'une confédération d'Etats*, Lausanne, Payot, 1974, 407p.

3 イヴォンヌ・バスタルド－エルサン夫人のコレクション。

4 一九一一年から一九三八年までエルサンのもとで過ごしたニャチャン・パストゥール研究所事務管理者ロベール・ガロア氏の夫人が口にした感嘆。ガロア夫妻は一九二九年スイスで休暇中にエミリー・エルサンに会った。

5 手紙には小さな図が添付されている。

6 R. Dupraz: « *Formation de l'Eglise Evangélique Libre du Canton de Vaud et coup d'oeil sur l'histoire de l'Eglise Libre de Lausanne* » Lausanne, imp. G. Bridel, 1897, 47 p., 26 illustrations.

7 一九一四年六月、フランクに少しも便りをしないと愚痴を言うフランクの息子に、アレクサンドル・エルサンは答える。《共通の考えを殆どあるいは全くもたず互いに遠く離れていると、文通を続けることは難しく、互いにすぐに嫌になるでしょう》。これに対して、エルサンは長年にわたって姉エミリーとは文通し、エミリーが亡くなるまで続いた。

8 Y. Bastardot: *Hao Ti descendu sur terre*, Zurich, Oeuvre suisse des Lectures pour la Jeunesse, 1965, 893, 32 p., illustrations.

9 E. C. Bonard: « Deux lettres d'Alexandre Yersin », *Revue médicale de la Suisse romande*, 1972, 92, pp. 995–1000.

10 Céranville: « Dr Jean Morax », *Revue médicale de la Suisse romande*, 1913, 33, 3/4, pp. 1–15.

第二章

1 R. Dilg-Frank: « Alexandre Yersin, 1863–1943, als Medizinstudent in Marburg », *Alma Mater Philippina*, 1978–1979, pp. 19–23.

2 一八九五年一月一三日逝去、cf. « Zur Erinnerung an Eduard Kulz », par E. Siemerling, Marburg, 1896, 24 p.

3 キールの外科医、F・フォン・エスマルシュは彼の名前のついた包帯の術前使用法を紹介したばかりだった。

4 体温計の使用は一八五五年から一八七五年の間に広まった。(Wunderlich, *Das Verhalten der Eigenwärme in Krankheiten*, Leipzig, 1868)

5 « Enfans » の綴りはパリ、セーブル通り一四九番地の病院の破風にまだ残る綴りである。

6 R. Cruchet: *La médecine dans quelques universités allemandes du Sud*, Bordeaux, imp. Gounouilhou, 1901.

7 A. Kannengieser: *Juifs et catholiques en Autriche-Hongrie*, Paris, Lethielleux, 1896, 363 p.

8 S. Guerchberg: « La controverse sur les prétendus semeurs de la Peste noire, d'après les traités de peste de

l'époque », *Revue des Etudes juives*, 1948, VIII, pp. 3-40.

9 L. Poliakov: *Histoire de l'antisémitisme*, t. 4: *L'Europe suisidaire 1870-1933*, Paris, Calmann-Lévy, 1977, 368 p.

10 C. de Beauregard: « Notes et documents sur la condition des juifs en Savoie dans les siècles du Moyen Age », *Mémoires de l'Académie royale de Savoie*, 1854, II, pp. 81-126.

11 E. Olivier: « Peste dans le pays de Vaud », in *Yersin et la peste* par N. Bernard, P. Hauduroy et E. Olivier, Lausanne, F. Rouge imp., 1944, pp. 125-175.

12 F・H・ベスニエによって一八七九年につくられた用語による。

第三章

1 J・ピネ、ボンマルシェ古文書担当者、私信。

2 ノートルダムの近くに十一世紀に設立され、当時は川沿いにあった。何世紀もの間に何度も再建され、ナポレオン三世の治世に寺院前広場の反対側に今日見るように再建された。したがって一八八五年頃の建造物である。

3 このありそうにも無い移植実験の張本人は有名なオーギュスト・ネラトン、外科臨床教授であり有名な『外科病理学提要』の著者（一八〇七年―一八七三年）、の息子である。

4 一九三四年には巡査実践学校に当てられ、新ボージョン病院は同年クリシーに建築された。

5 A. Galinowski: *L'enseignement à la Faculté de médecine de Paris au début de la Troisième République et le décret du 20 juin 1878*, thèse de médecine, Créteil, 1979.

6 下院議員次いで上院議員、アリエ県県会議長、一九〇八年逝去。

7 A. Galinowski, 前掲書, pp. 36-37.

8 一九六二年十月、オックスフォード大学（ミシシッピー州）に合格し、ケネディー大統領の派遣した軍隊に護衛されて大学に入った最初の黒人学生、ジェームス・メレディスの入学は、この敵意と人種差別の雰囲気を、暴力沙汰をおまけにつけて再現した。

9　エルサンはついで何篇かのドイツ語論文を翻訳して、その概要を彼の署名入りで、一八八七年にE・デュクローが創刊したパストゥール研究所紀要に投稿した。

10　一八八五年、救世軍は二〇年ほど前からロンドンついでパリで無神論と罪悪に対して闘っていた。制服を着用して軍隊風の階級制に組織化された彼らは、プロテスタント的従順の精神的会話と物質的支援を出来る限り一緒にして、最も恵まれない人々に届けた。創立者のウイリアム・ブースは自ら元帥となり、妻のキャサリーンは夫を強力に助けた。

11　狂犬病患者の病気と死は、患者とその取巻きの人々にとってあまりにもむごたらしく、患者が咬みつくことで伝染の危険があり、パストゥールの治療法の出現までは、田舎では患者に足かせをして枕で窒息させることが認められていた。

12　人の狂犬病はひとたび発症すると治癒することはないにせよ、その発症はパストゥールの予防接種のお蔭で予防できる。職業的に噛み傷の危険のある人に行なう予防的ワクチン接種と、狂犬病の動物に噛まれた人で病気の発症させないための治療的ワクチン接種を区別しなければならない。この治療的ワクチン接種、つまりワクチンによる治療は狂犬病の潜伏期の長さ—平均三五日—を利用する。このワクチン接種によって与えられる防御効果は一四日で最高に達する。

13　H. Jacotot: « Le Dr Alexandre Yersin, esquisse de ce qu'il fut et de ce qu'il fit », *Bulletin de la Société des Etudes indochinoises*, 1944, 48 p.

14　実際は、ルーはワクチン接種を一度もしなかったようで、最初はグランシェ博士ついでシャラン博士によって行なわれた。

15　N. Bernard, « Alexandre Yersin », in *Yersin et la peste*, par N. Bernard, P. Hauduroy et E. Olivier, Lausanne, imp. F. Rouge, 1944, pp. 21–22.

16　N. Bernard, *Alexandre Yersin, pionnier, savant, explorateur*, 1863–1943, Paris, éd. La Colombe, 1955, pp. 20–21.

17　ヴュルピアンとグランシェの圧力でパストゥールがジョゼフ・メイスターにワクチン接種を決心したとき、ルーは抗狂犬病ワクチン接種が十分に動物実験されていないと判断し、最初の治療報告をパストゥールと共著にすることを拒否し、狂犬病についての仕事に加わることをやめた。ルーは、パストゥールが医学アカデミーで激しく攻撃されるまで、研究室に戻らなかった（ルネ・デュボス『ルイ・パストゥール、科学の義勇兵』パリ、ＰＵＦ、一九五五参照）。

18　一八九五年のパストゥールの逝去でデュクローが研究所長を引き継いだ。副所長のルーは一九〇四年にデュクローが亡くなったあと所長に昇進し、一九三三年に亡くなるまで所長にとどまった。一八九九年に彼はパストゥール研究所の細菌学講習会の基礎をつくり、細菌学者なら誰もが《ルー瓶》や《ルーの手技》を知っているように、この講習会は《ルーの講習会》の名で世界中に知られるようになった。第一次世界大戦中は、彼は軍隊で予防に必要な何百万回分ものワクチン製造を企画し、軍隊に検査室を整備するよう指導した、など。これがパリの研究所のあと、外国とフランスの旧植民地に設立されたパストゥール研究所の発端である。しかし、ルーは一人の所長というよりも、パストゥール研究所の精神だった。外見も生活態度も慎ましく、静かで、禁欲的であり、謙虚で、研究、仕事、教育にまったく献身的であった彼は尊敬と称賛の的となった。一九三三年十一月三日に亡くなったとき、国は十一月九日、彼のために国葬を執り行なった。彼は《彼の》研究所でもあった研究所の庭園に埋葬された。

19　教会には今日なお別館にこれを記念して《パストゥールの部屋》がある。

20　E.-C. Bonard. « Deux lettres d'Alexandre Yersin ». 前掲書、この二通の手紙はジャイン博士宛てである。

21　ウイーンの産科病院で十九世紀の中頃ゼンメルワイスは、産褥熱による死亡は、医師が衛生規則をまったく守らないばかりか特に剖検と診察の間に手を消毒せずに産婦を診察したことによるという事実、つまり医師自身が患者に病気を伝染させたという事実を確認していた。ただ手を消毒するだけで、深刻な死亡率を最小限の数値に低下させていたのである。同僚から馬鹿にされ締め出されたゼンメルワイスは剖検時にけがをして劇的な状況のなか敗血症で亡くなった。ボストンではホームスもまた感染が外科医と助産婦の手の不潔によることを説いていた。これらの事実と結果にも拘らず、外科医たちは敵意を抱かないまでも無関心だった。すなわち、フィラデルフィアのメイジュは外科医たちの手を《不潔》と考えることに憤慨した。パリ市立病院ではリシェが手術前にメスを火に通したとしても、パストゥールの訪問の翌日にはそれを前掛けでぬぐい続けた。パリの産院では一八六一年から一八六四年の間に九八八六人の産婦のうち一二二六人が産褥敗血症で亡くなった。一八七〇年の戦争の間に、一万三〇〇〇のフランス兵士が切断手術を受け一万人が感染で亡くなった。一八八三年にビシャ病院でテリエによって成文化された消毒法は、一八八六年から一八九二年の間に徐々にその価値を認められていった。

22 数週後、パリ大学医学部実験病理学教授に任命される。

23 パストゥールはひそかにペローの自由主義には反対していた。パストゥールはこの学校の理事だった折、《喫煙しているところ、あるいは、喫煙したことを見つけられた》生徒はすべて退学させられるべきとして大臣に報告することを要求したことがあった。ペローによって導入された措置、すなわち、あらゆる傾向の新聞を読むことを認め、劇場に行くための外出を許し、起床時間を遅らせることなど、パストゥールには殆ど容認し難かったと考えられている。

24 Roux et Chamberland: « Immunité contre la septicémie conférée par des substances solubles », *Annales de l'Institut Pasteur*, 1887, I, pp. 561–572

25 外科学の審査員の中に、一九〇〇年最も著名な小児外科医の一人となるアドルフ・ジャラギエ教授がいた。無菌法の信奉者であった彼はヨードフォルムを繰り返し使用したために掻痒性皮膚炎になり、一八八七年非常に薄いゴム手袋を製造させることを考えた。数年後、全ての外科医がこの手袋を使用するようになった。

26 *Annales de l'Institut Pasteur*, 1888, II, pp. 245–265.

27 コッホがこの研究報告をした一八八三年三月二十四日の学会に出席していたウィルヒョウはまったく納得せず、結核の単一性と細菌性病因論について相変わらず懐疑的だった。

28 《コッホ氏の研究室》と表題のついたノート（整理番号 10668）が、衛生研究所を訪問したおりの二〇枚ほどのメモ（整理番号 10669）と一緒に、パストゥール博物館に保存されている。

29 H. H. Mollaret, « Contribution à la connaissance des relations entre Koch et Pasteur », *NMT Schriftenr. Gesch. Natur. Technik Med. Leipzig*, 1983, 20, 1S. 57–65.

30　年譜に無頓着なアメリカ人の細菌学者は、エルサンが一八八七年にベルリンに行ってコッホに会い、コッホがエルサンに結核について研究するよう助言したと書いている。この著者によれば、エルサンはパリ大学医学部で元植民地医師の教授たちから熱帯旅行の話を聞いて将来の使命を自覚した、という。

31　A. Delaunay, *L'Institut Pasteur des origines à aujourd'hui*, Paris, France-Empire, 1962, 367 p.

32　《ジュネーブ州、国家公文書。一八八八年十二月二十四日付祖先証明書。下記署名者は以下のことを証明する。アレクサンドル・ジョン・エミール・エルサン氏は一八六三年九月二十二日、オーボンヌ（ヴォー州）近郊ラヴォーで出生。父、アレクサンドル・ジャン・エルサン、母、ファニー・イザリン・モシェル。上記ファニー・イザリン・モシェルは一八三五年一月二日、パリで出生。父、ジャコブ・モシェル、母、カテリーヌ・エミール・ドモル。上記カテリーヌ・エミール・ドモルは……以下省略（訳者）》。

33　フランクの長男でイヴォンヌ・バスタルドーエルサン夫人の父。

34　パストゥールに激しく反対したペーテルは、自分の喉に偽膜を四回繰り返して接種し、また、偶発的に患者の病床で目と唇に感染したが、ジフテリア性アンギーナは発症しなかった。

35　*Presse Médicale*, 15-3-1939.

36　パストゥール博物館に整理番号10635で保存。

37　牛の伝染病流行の折に、『牛の伝染性疾患の新概念』（一七一四）の中で、カルロ・フランチェスコ・コグロッシによって十八世紀に予見された。

38　Cf. *Annales de l'Institut Pasteur*, 1889, III, pp. 1-14.

39　エッフェル社の二人の技師（エミール・ヌーギュイエとモーリス・コックラン）と建築士のステファン・ソーベストルが一八八四年六月に塔の草案を描いた。ギュスターブ・エッフェルは、一八八五年三月二十日に最終案を提示した民間技師協会においても、二人の技師が特許の独占的所有権並びに全ての権利を彼に譲渡した契約においても、また、全ての公式行事に際しても、決して彼らの役割を軽く見るようなことはなかった。エッフェルは、塔の建設の全責任を負い、最終的に塔は彼一人の名を冠することになった。

40 C. Cordat, *La Tour Eiffel*, Paris, 1955, Editions de Minuit, 192 p. illustrations, préface de Le Corbusier.

41 この書類はピエール・ニコル教授が見つけだし、*Bulletin de l'Association des Anciens Elèves de l'Institut Pasteur*, 1980, 85, pp. 27-33 et 86, pp. 29-33. に掲載した《ルー博士と友人たち、エリーとオルガ・メチニコフおよびその他数人のパストゥール研究所員の日常の話題》の中で公表した。この記事は豊富な写真入りで、この時代のパストゥール研究所の生活とルーから見たエルサンとルーの関係がよく分かる。

42 ルーはエルサンの辞職に全面的に反対だったにせよ、エルサンが乗船前にマルセイユから送ったこの手紙が示すように、ルーは財政的援助を惜しまなかった。《親愛なるルーさん、〔……〕ご親切に贈り物をいただき感謝しています。結構お金のかかる備品調達の助けになり、非常に役に立ちます》。

第四章

1 一三七七年にラグーザで初めて設けられた検疫制度は、ペスト、コレラ、黄熱病のような伝染病に汚染されていると疑われる国からの人と商品を監視するものである。もし旅行者の出航地が出航時に健全であることを確認できる証明書があれば、旅行者は検疫を免れる。十九世紀の後半には、コレラの流行でこの措置は強烈な現実味を持ち、現在も行なわれている。

2 一八六四年に建造されたヴォルガ号は一六三五トンで乗客六七人を運ぶことが出来た。一八九五年に売却されアモイで解体された。

3 一八五九年に町がフランス人によって征服されたとき、住民達は町をほぼ完全に焼いたので、フランス行政府は町をヨーロッパ風に再建した。一八九〇年にサイゴンは人口約四万五〇〇〇人でチョロンは十二万人だった。

4 三回の地震（一六四五年、一七九六年と一八二四年）で町はすでに部分的あるいは完全に破壊されていた。

5 エルサンはヴォルガ号でこの航海を一〇回繰り返した。サイゴン十月二十二日―マニラ十月二十四日、マニラ十一月四日―サイゴン十一月七日、サイゴン十一月十九日―マニラ十一月二十三日、マニラ十二月一日―サイゴン十二月五日、サイゴン十二月十六日―マニラ十二月二十日、マニラ一八九一年一月二十五日―サイゴン一月二十九日、サイゴン二月十日—マニラ二月十五日、マニラ二月二十二日—サイゴン二月二十六日、サイゴン三月十日—マニラ三月十五日、マニラ三月二十二日—サイゴン三月二十五日。サイゴン－マニラ航路はこの日付を最後にフランス郵船によって廃止されたようである。

6　マレー人と中国人の混血住民。

7　*Dictionarium annamiticum lusitanum et latinum*, 1651, Rome, typis. S. Cong. De Prop. Fide., comportant 900 colonnes（パリ国立図書館に整理番号 X30441 で一部保存されている。アヴィニョン生まれのA・ド・ロードはラングドックの子音を用いたので、発音されるhを湿音のiとして残し、例えば Nha Trang は Nia Trang と発音された。植民地解放後フランス人の名前がベトナムの通りから消え去ったあとも、A・ド・ロードの名前は残された。

8　安南皇帝はコーチシナとトンキンを含む全インドシナ半島に影響力を拡大した。

9　G. Grandjean, *L'Epopée jaune. Missionnaires et marins en Indochine. De Mgr d'Adran et de l'empereur Gia-Long au commandant Rivière et à Luu-Vinh-Phuoc, général des Pavillons Noirs*, Paris, S. F. E. L. T. éd. Malfère, 1929, 252 p.

10　N. Bernard, *De l'empire colonial à l'Union française*, Paris, Flammarion, 1951, 219 p.

11　中国語で安南人は《南の中国人》を意味する。

12　« Les Moïs de la Cochinchine et du Sud-Annam », *Revue indochinoise illustrée*, Hanoi, novembre 1893, pp. 42-52.

13　一九四二年、当時のインドシナ総督ドクー海軍大将の要請で、エルサンはメモを手直ししてこの探検の要約を、《安南のモイ地方との初めての出会い》のタイトルで雑誌『インドシナ』に公表した。

14　H. M. Mollaret, « Alexandre Yersin, médecin de la Compagnie des Messageries Maritimes », *Courrier des Messageries Maritimes*, 1971, 121, pp. 8-42.

第五章

1　ノエル・ベルナールは彼の著書『パイオニア、学者、探検家エルサン』の中で、この最初の探検が公的なものだったと考えている。エルサンの行程手帳（パストゥール博物館に保存）と手紙を読む限りそれを確認することはできない。それに対して、一八九三年と一八九四年の探検は実際に公的な性格のものだろう。

2　この旅行の詳細はパストゥール博物館に整理番号13646と13647で保存されている手帳に書かれている。

3　この手紙のコピーはパストゥール博物館に整理番号24361で保存されている。

4　*Bulletin de la Société de Géographie commerciale de Paris*, 1892–1895, XV, pp. 80–86. に掲載。

5　*Comptes rendus des séances de la Société de Géographie*, 1892, 15–16. この五年前に、ランボーがオガンドの未知の地方を探検した話を公表したのはこの同一雑誌である。一八八七年十二月十五日の《家族への手紙》の中でランボーは次のように語る。《私はアビシニア旅行見聞記を地理学会に書きました。『タン』紙、『フィガロ』紙などにも記事を送りました。東アフリカ旅行の面白いは話をいくつかアルデンヌ通信にも送るつもりです》。

6　《ジョルジュ・メイヤー武器製造販売所、ローザンヌ、ルーブル通り二番地》。一八九二年十二月十六日の日付の請求書。（個人コレクション）

7　パストゥール博物館に整理番号10743で保存。

8　*Indochine*, 1942.

9　この探検の詳細は全てパストゥール博物館に整理番号13649で保存される行程手帳に書かれている。

10　《インドシナのモイ族の家で六ヵ月》、パストゥール博物館に整理番号13649で保存される行程原稿。この探検に対応する写真もパストゥール博物館に整理番号8637と11634-11691で整理されている。

11　人類博物館人類学部門（シャイヨ宮）のコレクションにモイ族の五個の頭蓋骨がある。

12　《コーチシナ東部バナール原住民村での宣教師ゲルラク氏の旅行記》のタイトルで *Les Missions catholiques, bulletin hebdomadaire illustré de l'Oeuvre de la Propagation de la Foi*, Paris, 1884, 16, 1887, 19 et 1894, 26. に公表された記事の中から、現代民俗学は非常に貴重な情報を得ている。

13 この滞在についてのキュペ大尉の思い出は一八九三年に雑誌『世界一周』に掲載された。

14 エルサンが作製した三枚の地図と彼の撮影した一七枚の写真付きのこの三五頁の報告書は、A・エルサン著《モイ地方を通ってニャチャンからトゥーランへ》のタイトルで一八九四年秋にサイゴン植民地印刷所で一五部印刷された。その一部がパストゥール博物館に整理番号10677で保存されている。

第六章

1 Wu Lien-Teh, J. W. H. Chun, R. Pollitzer, C. Y. Wu, *Plague, a manual for medical and public health workers*. Shangai. Weishengshu. 1936.

2 Simpson W. J. R., *A treatise on plague*. Cambridge. 1905.

3 A・エルサン《ペストに関する香港旅行》、パストゥール博物館に整理番号11630（p. 2）で保存されている原稿。ペスト史ではしばしば見られるこのペスト前兆の否定は、貿易の妨げになる措置つまり検疫を遅滞なく行なうことを禁じることになり、病気の拡散に大いに関係した。例えば、一七二〇年のマルセイユのペスト大流行は、ボーケール定期市のために織物の船荷を持ち帰った大サンタントワーヌ号によってペストがもたらされたことを、マルセイユの町役人が否定したことによるものであり、同様に、一九〇〇年のサンフランシスコの大流行では、役人がこの港にペストが発生したことを否定し、この町の衛生部の細菌学者キンユン博士に無能と無知の責任をなすりつけたことによる。もしこのド・ラヌサン氏がエルサンの要請を承認していれば、エルサンが一八九四年に香港でしようとした発見の日付を二年早め、間違いなくユンナンで達成できたことだろう。この二年の節約があれば、菌とラットの役割の発見で可能になる予防措置をそれだけ早めることが出来たと考えられる。

4 ペストがスエズに達した一八九七年二月二十四日の公衆医学会の会議参照。

5 《特に住居、食糧と衣類に関する住民の全般的惨状、衛生措置の完全な欠如、土地の耕作放棄、腐敗した有機物質の堆積、多くの村にみられる沼地、空気と土壌の湿気、それに高い気温》、このようなことが、ベルリン大学医学部教授グリージンガーの『伝染病概論』（Paris, éd Baillière, 1877）に書かれているペストの原因だった。

6　A・エルサン《ペストに関する私の香港旅行》、パストゥール博物館に整理番号11630で保存されている報告。エルサンの《香港の腺ペスト》（*Annales de l'Institut Pasteur*, 1894, VIII, pp. 662-667）とB・ラトゥールの『微生物、戦争と平和』（Paris, éd. A.-M. Métailié, 1984, pp. 104-111）の奇妙な分析も参照。

7　《ペストに関する私の香港旅行》、パストゥール博物館、番号11630。

8　T. Aoyama: « Mitteilungen über die Pest-Epidemie in Jahre 1894 in Hong Kong », in *Mitteilungen der Medizinischen Fakultät des Kaiserlich-Japanishen Universität zu Tokyo*, 1895, Bd 3, n°2, 123 p., 6 fig.

9　H. H. Mollaret: « Contribution à la connaissance des relations entre Koch et Pasteur », *NTM Schriftenr. Gesch. Naturu. Techn. Med.*, Leipzig, 1983, 20, I, 8, pp. 57-65.

10　ローソンばかりでなく総督のロビンソン卿もまったく同様に日本人に好意的で、日本人の滞在中は別荘を使用させ、北里のペスト菌発見に対する英国人の非常に強い賞賛を表明して天皇に電報を送った。エルサンはそれに殆ど心を動かすことなく、《その裏には少し政治的なことと朝鮮のことが大いに関わっている》と一八九四年七月二十一日カルメットに書いている。実際、数十年来外国によって狙われていた朝鮮は、独立のために戦っていたが、一八八三年には開港して外国船を受け入れなければならなくなり、日本人はそれを利用していた。間もなく中国は、朝鮮が日本人を徐々に排除できるように朝鮮と同盟したが、日本人は激しく反発して一八九四年に朝鮮は日本に服従することになった。香港の英国当局者の日本派遣団にへつらう態度には外交的背景があった。

11　北里は香港を発ち台湾に着いたとき、日本政府に電報を打ちペストの《病毒》を発見したことを告げた。この報告は、時機尚早なのだが、日本では喝采をあびた。ある医学雑誌は《長崎市民はペスト菌発見に敬意を表して北里教授に金杯を贈った》と伝えている。

12　Howard-Jones, N.: « Kitasato, Yersin and the Plague Bacillus », *Clio Medica*, 1975, 10, 1, pp. 23-27.

13　Ainsi I. Fischer, *Biographisches Lexicon*, 1932; Bulloch, *History of bacteriology*, 1938; R. Shryrock, *Development of modern medicine*, 1947（ここにはエルサンの名前は引用すらされていない）。

14　F. H. Garrison, *Introduction to the History of Medicine*, 1929; C. E. A. Winslow, *The conquest of epidemic diseases,*

1943; Topley & Wilson's *Principles of bacteriology and immunity*, 5e éd., 1964; *Manson's Tropical Diseases*, 1966. A. Castiglioni に関しては、彼の *Storia della medicina* の英国版元は北里 - エルサン菌としているが、フランス版（一九三一）はエルサンしか挙げていない。L. F. Hirst, « Conquest of Plague », 1953.

15　*Comptes rendus hebdomadaires des séances de l'Académie des Sciences*, 1894, 119, séance du 30 juillet, p. 356.

16　この記述は『海軍医学年報』の一八九四年十月号に全部転載された。

17　《香港のペスト》と題する匿名の最初の論文は一八九四年八月十一日の『ランセット』にすでに掲載されていた。《われわれはJ・A・ローソンの次のような短報をペスト菌のいくつかの標本とともに受理した。標本の一部は北里博士が作成し残りは彼自身が作成したもので、われわれにたくさんの写真を提供した。菌は、両端がしばしば丸みをおびて莢膜を持った双球菌のような弱い染色性を示す点を除いて、出血性敗血症で見る菌に類似している。〔……〕菌が最もしばしば、時には殆ど純培養状に見つかる部位は、そけい部、わきの下と頸に出来るリンパ腺腫である。〔……〕ローソン博士は病気の記載と培養細菌の形態についても近いうちに報告できることを望んでいる》と雑誌の編集者は書いている。このように、北里が作成した標本で見られる細菌は鶏コレラのようにも、肺炎を起こす双球菌のようにも思えるがグラム染色で陽性か陰性かは示されていない。細菌は、エルサン自身がローソンに見せたように、リンパ腺腫に最も多いが、ローソンはそれを日本人に伝えたようである。

18　G・ジラールの古典的警句によれば、《人体から取り出した時に二四時間で増殖してブイヨンを混濁させる細菌はペスト菌ではない》。

19　一九二〇年にニャチャン・パストゥール研究所で数ヵ月仕事したベルギー人細菌学者E・ラグランジュは、《ペスト菌発見についての若干の詳細》と題する記事を一九二六年に *Biologie médicale*（XVI, pp. 261-274）に発表した。この記事は英語に翻訳されて Journal of Tropical Medicine and Hygiene の一九二六年九月号に掲載された。この論文は、もともとエルサン一人のものをエルサンに取り戻し、北里の間違いを明らかにすることを目的としており、ラグランジュは確かにそれを行なった。しかし同時に彼はほかの間違いを犯した。すなわち、二六八頁に、《一九二五年に北里は極東医学会を主催し、二五〇〇人の外国人を含む四〇〇〇人の学会員の前で、ペスト菌を発見したのは自分ではなく、功績はエルサンのものである、と誠実に言明した》と。残念ながら、極東熱帯医学会によって一九二五年に東京で開催された学会の報告冊子には、北里の出席は示されているが、あるいは起こりえたかも知れない撤回に関しては一行も掲載されていない。そして一九三一年に亡くなるまで、コッホの弟子はペスト菌発見の優先権を要求し続けた。二七一頁には、ラグランジュは次のように書いている。《日本人たちとの接触は難しく、エルサンはドイツ語を片言しか知らなかった》と。もしそうなら、彼はマールブルグで一年間医学の勉強をすることはできなかったはずだ。ラグランジュの間違いは、ハワード・ジョーンズによる説明以前に、多数のエルサンの伝記作者によって繰り返された。（このことは、J. Brossollet, « Les prépasteuriens à la recherche du bacille de Yersin », Histoire des Sciences médicales, 1973, VII, pp. 469-472. に記載されている。）

20　T. Yabe: « Sur le microbe de la peste », *Archives de médecine navale*, 1900, 74, pp. 469-472.

21　G. Girard: « L'association pneumocoque - bacille de Yersin, *in vivo et in vitro* », *Annales de l'Institut Pasteur*, 1946, 72, pp. 708-718.

22　L. F. Hirst, *Conquest of Plague*, 前掲書。

23　A. Yersin, « La peste bubonique à Hong Kong », *Annales de l'Institut Pasteur*, 1894, VIII, pp. 662-667.

24　A. Yersin, « Sur la peste (sérothérapie) », *Annales de l'Institut Pasteur*, 1897, XI, pp. 81-93.

25　特に、H. H. Mollaret: « Conservation expérimentale de la peste dans le sol », *Bulletin de la Société de Pathologie exotique*, 1963, 56, pp. 1168-1182; Y. Karimi: « Conservation naturelle de la peste dans le sol », *ibidem*, pp. 1183-1186; H. H. Mollaret, Y. Karimi, M. Eftekhari, M. Baltazard: « La peste de fouissement », *ibidem*, pp. 1186-1193; M. Baltazard, Y. Karimi, M. Eftekhari, M. Chamsa, H. H. Mollaret: « La conservation interépizootique de la peste en foyer invétéré. Hypothèses de travail », *ibidem*, pp. 1230-1241; « Conservation du bacille de la peste durant 28 mois en terrier artificiel: démonstration expérimentale de la conservation interépizootique de la peste dans ses foyers invétérés », *Comptes rendus de l'Académie des Sciences*, Paris, 1968, 267, pp. 972-973.

26　A. Yersin, *De Nha Trang à Tourane par les pays moïs*, Saigon, imprimerie coloniale, 1894, 35 p., 17 ill., 3 cartes.

パストゥール博物館に整理番号10677で保存。

27 A. Yersin: « Note sur la fièvre bilieuse hématurique ». *C. R. Soc. Biol.*, 1895, 47, pp. 447–449.

28 A. Yersin: « Notes succintes sur une épizootie des buffles, sur la typho-malarienne et la bilieuse hématurique, recueillies pendant le cours d'une mission », *Archives de Médecine navale et coloniale*, 1895, 64, 49–52.

29 ペスト菌を発見するとすぐに、他の誰かによってペストワクチンが開発される危険を平然と冒して、次々と菌のサンプルをパストゥール研究所に発送したエルサンのこの無欲な性格面をついでに強調しておこう。

30 R. Pollitzer, *Plague*, Genève, World Health Organization, 1954.

31 子供だましの『魔術師たちの朝』(Gallimard, 1960) の中で、L・ポーウェルとJ・ベルギエは七二頁に次のように書いている。《パストゥールとルーの最も近い共同研究者の一人エルサンは一八九〇年にマドラスに旅行した際に生物学的神秘の伝授を受け、その指示に従ってペストとコレラに対する血清を開発した》。著者の信憑性について幻想なしに、われわれはJ・ベルギエにその情報源を訊ねたところ、一九六七年十一月二十一日に返事があった。《場所がないので『魔術師たちの朝』についての関連書類は保存していません》。

32 A・ドローネによれば、エルサンは《一八九四年末フランスに戻り、彼の菌を顕微鏡で誇らしげにパストゥールに見せた。これがパストゥールの味わった最後の科学の歓喜だった》。ルネ・ヴァレリー－ラドは著書『パストゥールの生涯』の中で、これとは違う説明をしている。すなわち、一八九五年九月二十八日に亡くなるパストゥールは、四月末、自分の研究所に最後の訪問をした。《昼ごろパストゥールは実験室に自分を運ばせた。ルー氏は顕微鏡を取り、彼にペスト菌を見せた》と。

33 この早い乗り物のせいで彼は事故にあう。《安南人の下司野郎野のせいで僕は一度水田に馬車を転覆させたことがあります、幸い殆ど水が無い水田でしたが……。彼は僕の馬車についてきていたのですが、追い越そうとして馬に鞭をあてたのです。僕の馬は驚いて、……僕は安南人役人に訴えて犯人は捕まりました。彼は僕が水田にでんぐり返るのを見て、縞馬のように逃げていました。彼は安南の法律で有罪になり、籐で一〇〇回打たれて太陽に二ヵ月曝される刑を受けました。そのうえ、彼の兄弟と父それに村長さんもそれぞれ籐で四〇回打たれ一ヵ月の禁固刑を受けました。中国の法律では犯人の両親と村長も悪行の責任を負わされるのです。僕らヨーロッパ人には変ですが、それでもこの法律はうまく適用されれば非常に犯罪を減らせます》（一八九五年十一月二十三日のルー氏への手紙、パストゥール博物館に整理番号24203で保存）

34 *Annales de l'Institut Pasteur*, 1897, XI, pp. 85–87 et *Bulletin de l'Académie de médecine*, 1897, 36, pp. 195–199.

35 アモイで治療された症例の結果は *Annales de l'Institut Pasteur*, 1897, XI, pp. 87–93 に記載されている。

36 一八九六年七月二十四日の日付でルー氏にあてたエルサンの手紙。パストゥール博物館に整理番号24209で保存。

37 E. H. Hankin: « La propagation de la peste », *Annales de l'Institut Pasteur*, 1898, XI, pp. 705–762.

38 ハンキンによれば、全ての著者がこの年代にボンベイを襲った伝染病の正確な性質について意見が一致しているわけではない。

39 *Reports and papers on Bubonic Plague*, Local Government Board, Londres, 1902, 448 p. (p. 244).

40 B. Bonneau, « Etude sur la peste de Bombay », *Archives de Médecine navale*, 1897, 68, pp. 201–229.

41 A. Yersin, « Rapport sur la peste aux Indes », *Archives de Médecine navale*, 1897, 68, pp. 366–372.

42 一八九九年八月、研究室はペスト研究所に昇格して彼が所長となり、毎年、ボンベイ・ペスト研究所報告書要旨を発行した。一九二五年にこの研究所はハフキン研究所となり、この名前は今日も続いている。

43 R. Pollitzer, *Plague*, 前掲書。

44 パストゥール博物館に整理番号24389で保存。

45 B. Bonneau, « Etude sur la peste de Bombay », *Archives de Médecine navale*, 1897, 68, pp. 201–229.

46 B. Bonneau, 前掲書. p. 219.

47 J. Woelckel: « La vie et l'oeuvre de P. L. Simond. 1858–1947 », *Médecine tropicale*, 1969, 29, pp. 429–441.

48 シモン博士はカッチマンドビ滞在中に、アルバムにペストの医師たちの住むテントをクロッキーで描いた。その中にはエルサンのテントも含まれている。このアルバムはシモン宛てのエルサンの手紙とともに、グルノーブルに住むシモンの甥、マルク・シモン博士、によってわれわれに提供された。

49 陸軍衛生部のマルセイユ熱帯医学研究所の歴史コレクション（整理中）。

50 N. Howard-Jones: *The scientific background of the International Sanitary Conferences 1851–1938*, Genève, Organization mondiale de la Santé, 1975, p. 111.

51 フランス代表団：バリエール（全権公使）、ブルアルデル（衛生諮問委員会議長）、アドリアン・プルースト（衛生局視学長官、作家の父）。

52 P. L. Simond, « Comment fut mis en évidence le rôle de la puce dans la transmission de la peste », *Revue d'Hygiène*, 1936, 58, 1, pp. 5–17.

53 疫病の目撃者となった画家には、このペスト性炭疽病を観察し、それをカンバス上に描いたものがいた。T・C・ファン・デル・シュアー（ライデンのペスト）、ヴィクトール・ジャンセンス（聖母マリアにミラノのペストの鎮静祈願をする聖カルル・ボッローメオ）、ルカ・ジョルダーノ（一六五六年のペストからナポリの解放する為に聖母マリア、キリストと父なる神に執りなす聖ジャンヴィエ）などである（Cf. H. H. Mollaret et J. Brossollet: « La peste, source méconnue d'inspiration artistique », Jaarboek 1965, Koninklijk Museum voor Schone Kunsten, Anvers）。

54 ニャチャンの疫病についての情報は主としてルー氏宛てのエルサンの手紙に基づいた。パストゥール博物館に整理番号24222–24238で保存。

55 一八九九年十一月二十八日の『マタン』紙を参照。インドシナから帰国したエヌ県下院議員デシェノー氏の記事で《ペストの先生》のタイトルで掲載。

56 *Annales de l'Institut Pasteur*, 1899, XIII, pp. 251–261. 同一テキストが次の雑誌に再掲：« L'épidémie de peste de Nha Trang de juin à octobre 1898 », *Annales d'Hygiène et de Médecine coloniale*, 1899, 2, pp. 378–390.

第七章

1 Carré, Fraimbault et Yersin: « Résultats d'expériences faites à l'Institut Pasteur de Nha Trang sur le traitement

de la peste bovine », *Annales d'Hygiène et de Médecine coloniale*, 1899, 2, pp. 175-182.

2 人ペストに対する抗ペスト血清と牛ペストに対する抗ペスト血清を混同しないこと。

3 N. Bernard, *Les Instituts Pasteur d'Indochine*, Saigon, Imprimerie nouvelle, 1922, 249 p., ill.

4 H. Jacotot: « Recherches sur la vaccination contre la peste bovine. Préparation de l'antigène par déshydratation de la pulpe splénique virulente », *C. R. Acad. Sciences Paris*, 1931, 8, p. 516.

5 H. Marneffe, « L'oeuvre scientifique de l'Institut Pasteur en Indochine », *Presse médicale*, 1957, 65, pp. 703-705.

6 今日Suoi Dauと書くが、われわれはエルサンの使った綴りを使用する。

7 英仏協商が英語を流行させたが、ストヴァインを発見したフルノーはストヴァインに英語訳を思い出させる名前を付けた。のちに彼はパリ・パストゥール研究所に入り、スルファミドを発見したD・ボベ、F・ニッチ、トレフエル夫妻らの共同研究者とともに重要な部門を主宰した。

第八章

1 E. Bonhoure: *L'Indochine*, Paris, éd. Challamel, 1900, 359 p.

2 « Situation et fonctionnement de l'Ecole de médecine et des établissements scientifiques en dépendant, en 1903 », *Revue Indo-Chinoise Illustrée*, 1903, pp. 912-913.

3 L. G. Naudin « Quelques notes sur l'historique, le développement et le fonctionnement de l'Ecole de médecine et de pharmacie de plein exercice de l'Indo-Chine à Hanoi », *Far Eastern Association of Tropical Medicine*, 6e Congrès, Tokyo 1925, *Transactions*, volume I, pp. 781-795.

4 A. Rivoalen: « L'oeuvre française d'enseignement au Viêt-nam », *France-Asie*, Saigon 1956, n°125-126-127, pp. 401-418.

第九章

1 A. Yersin et J.-J. Vassal, *Bulletin de la Société de Pathologie exotique*, 1908, I, pp. 156–164.

2 N. Bernard, *De l'Empire colonial à l'Union française*, Paris, Flammarion, 1951, 219 p.

3 *Archives des Instituts Pasteur d'Indochine*, 1930, 12. はこの地方のマラリア特集号である。

4 J. Vassal: « Trypanosomiase des chevaux de l'Annam », *Annales de l'Institut Pasteur*, 1906, 206 p.

5 L. Broudin: « Sur le traitement du surra », *Archives des Instituts Pasteur d'Indochine*, 1927, 5/6, pp. 127–141.

6 *Archives des Instituts Pasteur d'Indochine*, 1927, 5/6, pp. 5–92.

7 H. Jacotot: « Prophylaxie de la rage par la vaccination des chiens », Feuillets d'Hygiène indochinoise, 1935, pp. 522–533.

8 A. Rivoalen: « L'oeuvre française d'enseignement au Viêt-nam », *France-Asie*, 1956, n°125-126-127, pp. 401–422.

9 1934, 20, 524.

10 エミリー・エルサン：*La Vie à la Campagne*, 1921, N°s. 214, 215, 216 et 217 参照《どのように私は選別飼育をしたか》、《どのように私はひよこの飼育をしているか》、《どのように私は選別家禽の飼育をするか》、《どのように私はよく卵を産む雌鶏を評価するか》。

11 A. Yersin, « Longue survie d'hévéas brisés par un typhon », *Comptes rendus de l'Académie des Sciences*, 1932, CXIV, p. 1620.

12 A. Chevalier, « Production du cautchouc en Indochine et situation du marché mondial », *Revue de Botanique appliquée et d'Agriculture coloniale*, 1939, XIX, pp. 715–719.

13 J. Le Bras, *Le caoutchouc*, PUF, 1969.

14 Dont R. Bouvier: *Le caoutchouc, brillante et dramatique histoire de l'hévéa*, Paris, Flammarion, 1947.

15 G. Vassal, Mes trois ans d'Annam, Paris, Hachette, 1912, 303 p., illust., préface d'E. Roux.

16 たとえすべてが馴化されなくとも、漁師岬の庭園の温室にはたくさんの種の華麗な花があることを誇ることができた。以下、花の学名記載を省略（訳者）。

17 P. Armand-Delille, G. Paisseau, P. Abrami, H. Lemaire: *Le paludisme macédonian*, Paris, Masson, 1917, 111 p.

18 A. Yersin et A. Lambert, *Essais d'acclimatation de l'arbre à quinquina en Indochine*, Exposition coloniale internationale, Indochine française, Paris, 1931.

19 A. Yersin, « La question des quinquinas », Grand conseil des Intérêts économiques et financiers de l'Indochine, session de 1931, rapport analysé in *Archives des Instituts Pasteur d'Indochine*, 1932, 16, pp. 313-318.

20 Première note（1927, pp. 250–254）. Deuxième note（1927, pp. 809–816）. Troisième note（1928, pp. 119–122）. Quatrième note（1931, pp. 301–304）. Cinquième note（1935, pp. 225–234）.

21 1936, 6, 24.

22 A. Yersin, « La station d'altitude du Hon Ba », *Bulletin agronomique de l'Institut scientifique de Saigon*, 1919, p. 129.

23 A. Yersin, « Station d'altitude du Hon Ba（Annam）. Les essais agricoles qui y sont poursuivis », *Revue de Botanique appliquée et d'Agriculture coloniale*, 1925, 5, pp. 574–582.

24 R. Miéville: « La culture des arbres fruitiers à la station du Lang Bian », *Revue de Botanique appliquée et d'Agriculture coloniale*, 1927, VII, pp. 144–146.

25 J. Schunck de Goldfiem: « Le rôle des jardins d'essais coloniaux dans la pharmacologie française », *La Presse médicale*, 1933; n°71, pp. 1395–1397.

26 整理番号13702で保存。

27 Claude et Driencourt: « L'astrolabe à prisme », *Journal de Physique*, 1907. 一九五一年に、A・ダンジョンはこの器械にいくつかの改良を加えた。(cf. *La nouvelle astronomie. Science de l'Univers*, Paris, Hachette, J.-C. Pecker, 1971, p. 52).

28 A. Yersin, « Quelques observations d'électricité atmosphérique en Indochine », *Comptes rendus de l'Académie*

des Sciences, 1930, 191, pp. 366-368.

29 Dans sa monographie, « Yersin, esquisse de ce qu'il fut et de ce qu'il fit », *Bulletin de la Société des études indochinoises*, 1944

第十章

1 軍衛生局、マルセイユ熱帯医学研究所の歴史コレクション（整理中）。

2 この手紙から、このちょっとした事件の重要な点が明らかになる。すなわち、エルサンはカルメットやシモンのように職業軍人ではない。エルサンの植民地衛生隊との結びつきは、二人の同僚とは逆に、パストゥール研究所に入ってから生じたものである。カルメットは軍隊精神で反発し、そこから一八九八年十月五日の手紙の《われわれの上官》やこの手紙にあるような階級の当てこすりになっている。

3 N. Bernard: *Les Instituts Pasteur d'Indochine*, パストゥール生誕百周年記念号、Saigon, Imprimerie nouvelle Albert Portail, 1922, 249 p., ill.

4 *Archives des Instituts Pasteur d'Indochine*, 1937, 120 p.

第十一章

1 パストゥール博物館に整理番号 24710 で保存。

2 N. Bernard, *La vie et l'oeuvre d'Albert Calmette*, Paris, Albin Michel, 1961, 315 p.

3 ルーの微生物技術講習会は一九一四年に戦争で中断され一九二二年一月まで再開されなかった。

4 他の部門はオーギュスト・ガロアとP・ガルニエ（スオイヤオの化学実験室）、ロバート・ガロア（会計係）とブイ＝カン＝フォン（二五年来の助手）、ル＝バン＝ダとゴ＝ダイ助手が担当した。三人の実験室補佐、七人の専門職労働者、六人の馬丁、と一八人の人夫がニャチャン・パストゥール研究所職員を補った。（N・ベルナール、インドシナ・パストゥール研究所、前掲書）。

5　H. Jacotot, *Yersin en son temps*, 前掲書。

6　R. Hérisson, « *Souvenirs sur Yersin* », *Pallas*, 1951, 26, pp. 15-16 et 40, pp. 3-4.

7　H. Jacotot、前掲書。一八九六年エルサンに会ったリヨテイはエルサンの《信念、意志、情熱》に強い感銘を受けた。すなわち、《彼はもちろん資金なしに始め、それでもワクチン作製用の動物として年一五ピアストルで二〇頭の馬を手にいれ、彼が訓練し燃え立たせた獣医師のプザスと共同し、……そして始まった》(トンキンとマダガスカルからの手紙)。

8　ルー宛の手紙、パストゥール博物館に整理番号24239で保存。

9　ジャコト、前掲書、四一頁から引用。

10　安南政府政庁所在地。

11　N・ベルナール、前掲書、一七三―七五頁から引用。

12　パストゥール博物館に整理番号13750で保存

13　兄フランクの息子でY・バスタルド-エルサン夫人の父。

14　A. Decoux, *A la barre de l'Indochine*, Paris, Plon, 1949, 507 p.

15　H・ジャコト氏の私信。

16　パストゥール博物館に整理番号24083で保存されるコピー。

第十二章

1　一九六三年、当時パストゥール研究所の農園の技術監督だったG・ド・シガルディーが、ある老中国人の不動産所有者に呼ばれて告げられたところでは、エルサンの大の賛美者で面識もあった彼は、一九四五年三月九日、日本軍のフランス人に対する強権発動でフランス人の家がすべて略奪された折、泥棒からリシャール製の立体写真ビュアーと写真乾板を買ったのだが、彼の跡継ぎたちはこの思い出の品にまったく興味が無いのでパストゥーリアンに返したいということだった。

2　パストゥール博物館に整理番号24116–24124で保存される新聞：L'Union Française, Le Journal d'Extrême-Orient, L'Entente, Etudes d'Outre-Mer etc.　を参照のこと。

3　アルベール・カルメットが一八九〇年に最初の小さな実験室をつくった旧陸軍病院の名前。

4　一九七〇年十月二十一日、パリ・パストゥール研究所におけるG・ド・シガルディーの報告。

5　カルメット、パストゥール、キュリー夫妻も道路に名前を残した。

6　根強い伝説、その最近の変更はT・バトラー著『ペストとその他のエルシニア感染症』（New York, Plenum Medical Book Company, 1983, p. 25）に見られる。

7　この肖像写真は一九九〇年に消失。

訳者あとがき

もう半世紀近くも前のことになるが、伝染病はもう怖くない、抗生物質とワクチンで撲滅できるという楽観論が一世を風靡したことがある。世界中で毎年二〇〇万人もの人々を死亡させていた天然痘が、当時、二〇年ほどの間に撲滅されたのだからもっともなことだった。一九六二年、ノーベル賞学者バーネットは、二十世紀の終わりには重大な伝染病は事実上なくなるだろうと予想し、一九六九年には、米国公衆衛生局長官が「我々は伝染病との戦いに勝利を収めた」と宣言していた。そんな時代、一九六五年に医師免許を取得した訳者は、微生物学の時代はもう終わったぞと嘲笑されながらも、京都大学医学部微生物学教室に籍を置き、当時まだ微生物学の一分野と考えられていた免疫学を専攻する決心をした。免疫学の黎明期で日本にはまだ免疫学会もなかった頃である。東京大学伝染病研究所で二年、次いでパリ・パストゥール研究所で三年の研鑽を積み母校に戻った。

丁度その頃のことである。微生物学のテキストとして使用していたデイヴィスらの著書『微生物学』（第二版、ハーパー&ロウ出版、一九七三年）の中に意外な記述があることに気がついた。ペスト菌とその類縁菌を記載した章のエルシニア・ペスティス（旧名パストゥレラ・ペスティス）の導入部に、

「一八九四年、エルサンは香港でペストの原因菌を発見し、彼の師パストゥールの名前にちなんで命名した」と書いてあったのだ。私の記憶の中では、確か、北里柴三郎の業績として破傷風菌の純粋培養、破傷風の血清療法のほか、ペスト菌の発見もあったと思っていたのだが……。確認のため同じテキストの初版本(一九六七年)を調べてみたところ、上記の記述に続いて、「同年、彼とは無関係に、原因菌は日本の北里によって発見された」と記され、さらに、一九八〇年に出版された第三版では「一八九四年、エルサンは(北里は彼とは無関係に)香港でペストの病原体を発見し、彼の師にちなんでこの属名をつけた」と再度訂正されていたのである。すでに歴史となっているペスト菌の発見者の名前がどうして数年おきに書き換えられているのか不思議だった。この謎が解けたのはそれから二〇年も経ってからだ。

それはパストゥール没後百年にあたる一九九五年のことである。パリのパストゥール研究所ではその記念行事が盛大に執り行われ、あわせて世界中に点在するパストゥール研究所でも関連行事が計画されていた。ベトナム・パストゥール研究所で行われる記念シンポジウムには、留学時代の友人ギー・ボルドナーブ氏がパリ代表団の一員として参加し、その帰途京都にも立ち寄ってくれるというので、久しぶりの再会を楽しみにしていた。ところが、あの一月十七日の阪神淡路大震災である、彼の訪日はキャンセルとなり、代わりに、ベトナムでエルサンに心酔した彼はその感動をこめてパリから手紙をよこし、モラレ&ブロソレ共著の『アレクサンドル・エルサンあるいはペストの征服者』(初版、ファイヤール出版、一九八五年)を激賞したのである。しかし、残念ながらこの本は絶版のため入手できず、入手出来たのは同一著者による『エルサン、インドシナのパストゥーリアン』（第二版、ブラン出版、一九九三年）だった。このエルサンの伝記は、それまでフランスでもほとんど知られることのなかったエルサンを、豊富な資料、特に甥の娘の手元に残されていた千通に及ぶ彼自身の手紙をふんだんに引用しながら、研究者として、医師として、ベトナムの恩人として余すところなく描き切ったものだった。ボルドナーブ氏からの手紙がなければ、訳者自身も、ペスト菌に名を残す人物として以上にはエルサンという人物を知ることもなく、またこのエルサンの伝記を日本に紹介することもなかったことだろう。このきっかけを与えてくれた敬愛するボルドナーブ氏に深謝したい。

日本ではエルサンと言えば、北里との〝ペスト菌発見の優先権争い〟で微生物学専門家の記憶に残る人物だが、この伝記を一読する限り、エルサン本人は全く口にすることもなかったような出来事なのだ。そんなエルサンの生きざまをぜひ日本に紹介したいと思った。この気持ちは、大学を定年退職し、ＪＩＣＡのシニア・ボランティアとしてモロッコで二年間をすごす内にも一層強くなった。しかし、曲がりなりにも翻訳し終わったのが二〇〇七年のこと、ペスト菌発見百周年記念の原著出版からすでに十年以上がたち、タイミングを失った翻訳草稿はいつしかお蔵入りすることになってしまった。

ベトナムにはこの翻訳を手掛ける前後に計三度出かけた。一度は長崎大学の熱帯医学研究者たちとサイゴンとハノイのパストゥール研究所へ、もう一度は〝ベトナムの子ども達を支援する会〟のボランティアたちとハノイ北部の農村へ、そしてもう一度は家内とともに、エルサンが魅せられて後半生を過ごしたニャチャンを訪ね、スオイヤオの丘にある彼の墓に詣でるために。サイゴンでもハノイでも旧市街にはフランス植民地時代の面影が色濃く残っていたとはいえ、街角でフランス語が聞かれることはなく、フランス語で返事が返ってくることもなかった。フランスとの不幸な歴史をかんがみれば理解できるが、訪れたどの町（ハノイ、ホーチミン、ニャチャン、ダラット）にもエルサンの名を冠した通りが残されていたことは、エルサンがそれほどベトナムの人々に今なお崇拝されていることを示していた。それのみならず、《住民たちが、ベトナムの古い慣習に従って、一人のヨーロッパ人アレクサンドル・エルサンのために、寺院に祭壇を設け、彼の墓の傍らに祠を建て、毎年三月一日の命日には法要を営むのは全く前例のない事》なのだ。

しかし、香港でペスト菌を発見し、広東やアモイでペスト患者の治療をしたエルサンが何故ベトナムでそれほどまでに崇拝されるのか？

ペスト菌を発見したエルサンはその翌年パリに戻り、病床に在ったパストゥールからニャチャンに研究所を設立する許しを得て、フランス郵船の船上から見初めたこの小さな漁村を自分の終の住処と定めた。そしてまず、香港のペスト大流行以来脅かされ続けた疫病再流行に備えて、大量の抗血清を生産するための実験室と厩舎を建設し、同時に、ベトナムに甚大な損害を与えていた家畜伝染病の研究を開始した。万一のペスト再流行に備えて治療血清を準備するだけでも、どれ程の設備と費用と人員が必要かは想像に余りある。ましてや家畜伝染病の研究までも……、である。しかし農業国のベトナムでは、家畜の病気はヒトの病気に劣らず重大な問題だった。そのために、必要に迫られ、自身の情熱に駆り立てられ、農園主にあるいは畜産家になって、人と家畜の疫病に対する飽くなき挑戦を繰り返し、ベトナムのために多大な貢献をしたのである。ペスト菌の発見と血清療法の確立によりエルサンは全人類の恩人である一方、ベトナムにおける家畜伝染病の体系的な研究ではベトナムの畜産に貢献し、マラリアに苦しめられるベトナムの人々のためにキナの木を馴化して自給自足を可能にし、さらに、馴化したゴムの木のプランテーションで国を富ませたことで、ベトナムの恩人でもあるのだ。

ついでながら、本書を読了された方の中には本書を読みながら、林芙美子が小説『浮雲』の中で描写したダラットの街やランビアン高原の風景を思い浮かべた方もいるかもしれない。いや、『浮雲』の読者なら思い出すはずである。安南山脈南部のこのあたりは、ヨーロッパ人としてエルサンが初めて踏破し、道路計画を策定し、半生をかけて開墾・開発したパストゥール研究所のキナ園やゴム林、ジリンやドランその他の試験農園が広がる地域なのである。今読み返してみると、この小説にはエルサンの名前こそ出ないが、あちこちにフランス人を、あるいはエルサンを意識したと思われる言葉が繰り返されているのである。《長年かかって生育させた人の財宝を、突然ひっかきまわしに来た自分たちか》とか、《長い年月をかけて根気よく茶の植え付けに熱情を傾けているフランス人の大陸魂》とか、あるいは《この広大な茶園やキナ事業は一朝一夕には日本でやってゆけるものじゃない》など。一九四二年十月、つまりエルサンの生前に、従軍記者として仏印を訪れた林芙美子は、エルサンの噂を耳にしたと考えられるし、それに、小説のヒロインゆき子は一九四三年秋、パストゥール研究所のキナ園栽培試験所のタイピストとして、農林省の森林官たちと一緒にこの地に派遣された設定なのである。したがって、ここに描かれる植林地はエルサンの農園であり、登場人物たちが述べる仏印の植林地を称賛する言葉は、実際この試験農園を目の当たりにした著者の思いではなかっただろうか？

二〇〇三年初めてベトナムを訪れた訳者の目には、発展途上国ベトナムの変貌はあまりにも目まぐるしく思えた。林芙美子が見たであろう〝空に浮かぶ蜃気楼のようなダラットの街〟は、人口二〇万のベトナム随一のリゾート地となっていた。ニャチャンにしても同じである。一世紀前の小さな漁村は、人口四〇万を数える省都となり、朝夕の通勤ラッシュには、サイゴンやハノイと同様に、主要道路はバイクの洪水で横断もままならなかった。ニャチャン川河口の漁師たちの集落も、漁師岬のエルサンの家ももうなかった。エルサンを偲ばせるものといえば、当時のままのパストゥール研究所本館と、その二階の一室に集められたエルサンの遺品の品々だけだった。天体望遠鏡、籐のロッキングチェア、書斎机、書棚（一九七〇年この伝記の著者モラレが訪れた時には空っぽだったという書棚には本が詰まっていた！）、鉄パイプ製の寝台、顕微鏡、消毒用機器、ペスト関連文書、等々。いかにもエルサンらしい質素な品々だったが、エルサンに対する思い入れがなければ、博物館の名前が憚られる程の展示だった。案の定、出口に置かれていた記名帳には、日本語で、厳しい非難が殴り書きされていた：《こんなものを見せるなら高い入場料をとるな！》きっと、ニャチャンの観光名所を探しあぐねてここに迷い込んだ、エルサンの名もペストの大流行も知らない若者なのだろう。一世紀前人々を恐怖のどん底に陥れた疫病がどんなものだったかを知るいい機会だったのに……と思うと残念である。

二十世紀初頭の大流行以来、幸いなことに、ペストは鳴りを潜めている。一方、一九七六年に〝出現〟したエボラ出血熱は中央アフリカで散発を繰り返し、終に二〇一四年、世界的流行の兆しを見せ始めた。エイズウイルスを始めとして、サーズウイルス、ニッパウイルスなど、この半世紀の間に〝出現〟したウイルスを数え上げるだけでも、科学の力で疫病は根絶出来るというのは幻想だったことが分かる。西アフリカでエボラ出血熱と闘う人々の現状をテレビの映像で目の当たりにしながら、ふと、防護服姿で立ち働く医療関係者にまじってエルサンの姿を見る思いがしたのは、ペスト患者のあふれる香港で孤軍奮闘するエルサンの姿が鮮烈に脳裏に焼き付いていたからだろうか。お蔵入りしている翻訳原稿が日の目を見るには、この機会を措いてないと思った。

幸い、十年余り前に関西日仏学館の阿部先生から紹介された人文書院の谷誠二氏にご助言とご尽力をいただき、漸くエルサンの伝記は出版の運びとなった。この場を借りてお二人に厚くお礼申しあげたい。難解だった語句の訳出にはアンスティチュ・フランセ関西のジャック・ラローズ先生にご協力いただいた。フランス留学以来、何かにつけて御教示をいただいた故藤原公策東京大学名誉教授にはこの度も獣疫のことでお教えいただいた。先生には出版の遅れたことを詫び、感謝の祈りを捧げたい。

京都・修学院にて　瀬戸　昭

二〇一五年四月

人名索引

著者略歴

Henri H. Mollaret et Jacqueline Brossollet

アンリ・モラレ（1923-2008）、パリ・パストゥール研究所で 1960 年から 1990 年までペスト部部長、WHO 専門家として多くのペスト汚染国で研究調査活動。単独で、あるいはペスト史学者ジャックリーヌ・ブロソレと共同執筆で、本書や『なぜペストなのか？　ネズミ、ノミ、リンパ腺腫』のほか、ペストとその他の伝染病史に関する著書多数がある。

訳者略歴

瀬戸　昭（せと・あきら）

1939 年香川県生まれ。京都大学医学部卒、医学研究科修了、医学博士。フランス政府給費留学生としてパリ・パストゥール研究所に留学、パリ大学博士（理学）。京都大学医学部助手、助教授を経て、滋賀医科大学教授。定年後、JICA シニア・ボランティアとしてモロッコ王国に二年間滞在。

ISBN978-4-409-94008-2　C0047

見えない敵との闘い
パストゥール最後の弟子エルサンの生涯

二〇一五年六月二〇日　初版第一刷印刷
二〇一五年六月三〇日　初版第一刷発行

著　者　アンリ・H・モラレ
　　　　J・ブロソレ
訳　者　瀬戸　昭
発行者　渡辺博史
発行所　人文書院
〒六一二-八四四七
京都市伏見区竹田西内畑町九
電話〇七五・六〇三・一三四四
振替〇一〇〇〇-八-一一〇三
印刷　創栄図書印刷株式会社
製本　坂井製本所

落丁・乱丁本は小社送料負担にてお取り替えいたします

http://www.jimbunshoin.co.jp/